Tanja Queckenstedt
Ein Kopf voller Ideen
Wie Kreativität unseren Alltag bereichert

W0233683

Das Buch

Kreativität zeichnet nicht nur Künstler und Erfinder aus. Auch im Leben von scheinbar gewöhnlichen Menschen sprudeln Ideen und schlagen Geistesblitze ein – wenn wir es zulassen. Manchmal fällt uns die Lösung für ein kniffliges Problem plötzlich beim Tagträumen ein. Und wenn wir die Gedanken spielen lassen, kommt uns eine umwerfende Idee für das nächste Projekt.

Fundiert und unterhaltsam macht uns Tanja Queckenstedt mit der launischen Muse bekannt und zeigt, wie wir sie hervorlocken können. Wissenschaftliche Erkenntnisse, Fallbeispiele, Anekdoten und Übungen machen das Buch zu einem inspirierenden Begleiter für alle, die resilienter, erfolgreicher und glücklicher werden wollen.

Die Autorin

Tanja Queckenstedt ist Wirtschaftspsychologin B.A., Führungskräftecoach und Dozentin und wurde 1980 in Immenstadt im Allgäu geboren. Mit Zwischenstationen in München, Detroit und Amsterdam hat sie viele Jahre in der Musikbranche mit internationalen Künstler:innen gearbeitet, bevor sie sich der Wirtschaftspsychologie zuwandte. In Berlin arbeitet sie heute weiter mit Kreativschaffenden und Führungskräften und berät Unternehmen zu Kreativität, New Work und mentaler Gesundheit. Zu den Themen Achtsamkeit und Kollaboration publizierte sie in wissenschaftlichem Kontext. Mehr unter www.tanjaqueckenstedt.de.

Tanja Queckenstedt

mit
Lisa Bitzer

Ein
Kopf
voller
Ideen

Wie Kreativität unseren Alltag bereichert

Deutsche Erstveröffentlichung bei
Topicus, Amazon Media EU S.à r.l.
38, avenue John F. Kennedy, L-1855 Luxembourg
September 2021
Copyright © der deutschsprachigen Ausgabe 2021
By Tanja Queckenstedt, Lisa Bitzer
All rights reserved.
Basierend auf einer Audible Original-Produktion

Umschlaggestaltung: bürosüd⁰ München, www.buerosued.de
Originaldesign: Obacht, www.obacht.co
Umschlagmotiv: © alanadesign/Shutterstock;
© Vanessa Schmidt photography, Vanessa Schmidt Visuals
Lektorat, Korrektorat und Satz: VLG Verlag & Agentur,
Haar bei München, www.vlg.de
Gedruckt durch:
Amazon Distribution GmbH, Amazonstraße 1, 04347 Leipzig /
Canon Deutschland Business Services GmbH,
Ferdinand-Jühlke-Straße 7, 99095 Erfurt /
CPI books GmbH, Birkstraße 10, 25917 Leck

ISBN 978-2-49670-738-0

www.topicus-verlag.de

Für Onno

INHALTSVERZEICHNIS

ÜBUNGSVERZEICHNIS

Vorwort

Feuerwerke der Fantasie

Jeder hat sie, aber nicht alle nutzen sie. Dabei kann sie in unserem Gehirn wahre Feuerwerke entfachen, uns in Euphorie versetzen und dafür sorgen, dass wir uns entspannen. Wie kaum eine andere Kraft hat sie einen unschätzbaren Wert für unsere Welt. Die Rede ist von Kreativität!

Hast du dich schon einmal gefragt, was man eigentlich darunter versteht? Wo Kreativität herkommt? Wo sie hingeht? Und ob man sie trainieren kann?

In den folgenden Kapiteln werden wir uns intensiv mit Kreativität auseinandersetzen. Du wirst spannende Details aus der Psychologie und Neurowissenschaft erfahren, entdecken, wie die Persönlichkeit von Kreativen beschaffen ist, und lernen, wie sich die Erkenntnisse der Kreativitätsforschung auf dein Leben anwenden lassen. Einige einfach gehaltene Übungen sollen dir außerdem Impulse geben, wie du die Theorie in die Praxis umsetzen kannst. Und egal, ob du bereits kreativ arbeitest, kreative Hobbys ausübst oder dich bislang noch gar nicht kreativ ausgetobt hast: Von Menschen, die sich die meiste Zeit ihres Lebens mit ihrer Kreativität auseinandersetzen, können wir eine Menge lernen und viele ihrer Strategien auf uns übertragen. Denn auch wenn wir Menschen für ihre kreativen Leistungen in Wissenschaft, Musik, Kunst oder Film bewundern, uns manchmal sogar fragen: »Wie machen die das?!«, kochen auch die ganz Großen nur mit Wasser. Selbst Genies wie Leonardo da Vinci oder sogenannte Wunderkinder wie Wolfgang Amadeus Mozart oder Clara Schumann.

Allerdings verfügen viele Kreative über eine besondere Persönlichkeitsstruktur, mit der wir uns näher beschäftigen wollen. Dafür werden wir eine Reise in das menschliche Gehirn unternehmen und versuchen, dort die Kreativität aufzuspüren. Ich werde dir erklären, was ein Ziegelstein, Langeweile, Island, der Tiefsee-Anglerfisch, Otto und Erna, Spaziergänge im Park und Haare im Waschbecken mit Kreativität zu tun haben. Und dir von den Gesprächen berichten, die ich mit einigen Kreativen geführt habe.

Wir werden uns Fragen wie den folgenden widmen: Was können Alltagskreative von Profis lernen? Warum sind Handarbeiten gut für die innere Zufriedenheit? Weshalb macht Singen glücklich? Und wieso soll ich mich nicht beirren oder gar davon abbringen lassen, mein kreatives Hobby auszuleben, selbst wenn ich es niemals zu wahrer Kunstfertigkeit bringen werde?

Die wenigsten Menschen, die einem kreativen Hobby nachgehen, gelangen dadurch zu großer Anerkennung oder gar Ruhm. Dennoch ist Kreativität in unserem Alltag elementar, und die Beschäftigung mit ihr sorgt für Ausgeglichenheit und Wohlbefinden. Sie baut Stress ab, hat das Potenzial, Ängste zu reduzieren, und hilft uns, mit einem positiven Blick in die Zukunft zu sehen. Ja, du hast richtig gehört! Das alles vermag Kreativität. Das Basteln eines Kastanienmännchens, das Nähen eines Kleides oder das Verfassen eines Gedichts zum Geburtstag sind also mehr als ein netter Zeitvertreib. Sie sorgen dafür, dass dein Geist gesund und deine Sinne geschärft bleiben.

Gemeinsam mit dir möchte ich herausfinden, wie du deiner Kreativität mehr Raum geben kannst und welche Auswirkungen sie auf dein Leben hat. Dafür musst du nicht mit einem Talent gesegnet sein, um das dich alle Welt beneidet. Denn wie wir schon bald erfahren werden, hat reine Begabung einen kleineren Anteil an kreativen Leistungen, als die meisten von uns denken.

Der amerikanische Schriftsteller Truman Capote, der »Frühstück bei Tiffany« und zahlreiche Kurzgeschichten und Drehbücher schrieb, soll einmal gesagt haben: »Alle Menschen haben die Anlage, kreativ tätig zu sein. Nur merken es die meisten nie.«[1]

Tatsächlich haben Capotes Worte auch viele Jahrzehnte später nicht ihre Gültigkeit verloren. Wie ein Marktforschungsinstitut ermittelte, betätigen sich 65 Prozent aller Deutschen regelmäßig kreativ – allerdings fast ausschließlich in ihrer Freizeit, in Disziplinen wie Basteln, Zeichnen, Malen, Handarbeit, Musizieren, Fotografie oder Dekorieren.[2] Die meisten tun das aus Spaß, zur Entspannung oder als Ausgleich zum stressigen Alltag. Im Beruf können nur die wenigsten, gerade einmal 13 Prozent, ihre Kreativität ausleben. Genauso viele gaben an, sich selten oder nie kreativ zu betätigen. Und das, obwohl laut einer anderen Befragung sage und schreibe 94,9 Prozent der Untersuchten meinten, dass Kreativität für die Zukunftsfähigkeit unserer Gesellschaft wichtig ist.[3] Zusammengefasst bedeutet das: Fast alle sind der Meinung, dass Kreativität eine hohe Bedeutung hat, aber nur die wenigsten können in ihrem Beruf kreativ sein. Ein Großteil der Deutschen betätigt sich immerhin im privaten Bereich gestalterisch oder schöpferisch – und manche tun einfach gar nichts Kreatives.

Kreative Ideen und unkonventionelle Lösungen werden immer wichtiger. Digitalisierung und Globalisierung haben den Planeten gefühlt zusammenschrumpfen lassen. Die Menschheit vermehrt sich so rasch wie nie. Immer größer wird die Schere zwischen Arm und Reich. Der Arbeitsmarkt wird bald schon ganz anders aussehen als heute. Und die Ressourcen werden immer knapper. Der Klimawandel steht nicht nur vor der Tür, er ist bereits in unser Leben eingedrungen und wird unseren Alltag maßgeblich verändern. Wir brauchen kreative Köpfe, die es wagen, an das Unmögliche zu glauben, heute mehr denn je! Der Mensch verfügt als einziges Lebewesen über die Fähigkeit zum kreativen Denken. Ich bin der Meinung, dass Kreativität daher nicht nur Privatangelegenheit ist, sondern unsere Gesellschaft insgesamt positiv beeinflussen muss.

Ich lade dich ein, mit mir der Kreativität im Allgemeinen, aber auch deiner individuellen und sehr speziellen Kreativität auf die Spur zu kommen. Denn wie schon der bekannteste Forscher zur Flow-Theorie, Mihály Csíkszentmihályi, sagte: »Was letztendlich wirklich zählt, ist nicht, ob Ihr Name an einer anerkannten Entdeckung klebt, sondern ob Sie ein erfülltes und kreatives Leben geführt haben.«[4]

I.

KREATIVITÄT

DER STOFF, AUS DEM DIE IDEEN SIND

Was kommt dir in den Sinn, wenn du an einen kreativen Menschen denkst? Womöglich fällt dir ein Künstler ein, der in seinem Atelier vor einer großen Staffelei steht und malt. Vielleicht hast du auch einen Schriftsteller im Kopf, der in einem abgelegenen Haus an einer steilen Klippe vor einer alten Schreibmaschine sitzt und gerade an seinem Roman arbeitet. Oder das Bild eines Musikers steigt vor deinem inneren Auge auf, der auf seiner Gitarre zupft und eine Melodie für seinen nächsten Hit ersinnt. Kreativität verbinden wir sehr häufig mit darstellender oder bildender Kunst.

Dabei muss es doch auch jemanden gegeben haben, der die Schuhe designt hat, die wir tragen. Oder das Fahrrad, mit dem wir fahren. Irgendjemand ist eines Tages auf die Idee gekommen, dass es eine gute Idee wäre, sich die Finger nicht mehr am heißen Essen zu verbrennen, sondern Gabel und Löffel zu verwenden. Auch der Stuhl, auf dem du gerade sitzt, oder das Sofa, auf dem du liegst, haben einen Schöpfer. Wir sind permanent von materiellen und immateriellen Dingen umgeben, die einen geistigen Urheber haben. Damit meine ich eine Person, die dieses »Ding« kreiert und damit eine Absicht verfolgt hat. Diese Absicht muss keineswegs künstlerisch sein. Wenn wir uns also auf die Suche nach menschlicher Schöpferkraft begeben, müssen wir nicht unbedingt in den Louvre oder in die Oper gehen. Wir können dort anfangen, wo wir gerade sind.

Vor langer Zeit war Kreativität den Göttern vorbehalten. Denn die Natur, die Erde und das Universum, also die nicht von Menschenhand geschaffene Welt, haben einigen Religionen zufolge einen kreativen Schöpfer. Der christliche Gott erschuf der Überlieferung nach in sechs Tagen eine ganze Menge: das Licht, die Himmelskörper, Tiere, Pflanzen, den Menschen und so weiter. Kein Wunder, dass er am siebten Tag eine Pause brauchte.

Auch andere Kulturen glauben an den Schöpfungsmythos: Im Hinduismus wird Brahman verehrt, der nach dem Glauben der Hindus die Einzelteile der Welt immer wieder neu zusammensetzt. In der japanischen Mythologie ist es ein Geschwisterpaar, das den Kosmos erschaffen hat, bei den Maori sind es die Gottheiten Rangi und Papa, um nur einige wenige zu nennen. Alles, was unsere Welt ausmacht, basiert den Überlieferungen nach auf einer Idee.

Die Auseinandersetzung mit dem Schöpferischen taucht in jeder Kultur dieser Erde auf – und prägt bis heute unser direktes Umfeld. Denn in unserem alltäglichen Leben finden sich unzählige dieser Ideen. Kreativität umgibt uns immerzu. Selbst über die Gestaltung eines Brillenetuis hat sich irgendwann einmal jemand Gedanken gemacht – vielleicht keine Gottheit, aber zumindest ein kreativer Geist.

Was wäre der Mensch ohne Kreativität? Im Gegensatz zu vielen anderen Lebewesen auf diesem Planeten verfügt unsere Gattung nicht nur über die Fähigkeit, kreative Lösungen für ein Problem zu finden – das können ein Tintenfisch oder ein Mauersegler nämlich auch. Allerdings ist bislang nicht viel über musikalisch begabte Eichhörnchen, künstlerisch versierte

Islandpferde und Chihuahuas bekannt, die neue mathematische Formeln entwickeln. Versteht man Kreativität also als die Befähigung und den Wunsch, Kunstwerke zu erschaffen oder Neues zu erfinden, sind wir mit unserem Talent allein auf der Erde.

Kreativität ist jedoch viel mehr als das. Auf einer allgemeineren Ebene kann man sie als die Gabe verstehen, auf neue, unvorhersehbare Art mit Herausforderungen umzugehen, was eine gewisse Anpassungsfähigkeit des eigenen Verhaltens voraussetzt. Stell dir vor, du siehst dich mit einem Problem konfrontiert. Das kann etwas sehr Einfaches sein, zum Beispiel findest du im Umkreis von vier Blocks um dein Zuhause keinen Parkplatz. Du könntest jetzt noch dreißig weitere Minuten deine Runden im Viertel drehen. (Und dabei wie Herbert Grönemeyer einen großen Hit komponieren, dessen erste Refrainzeile lautet: »Ich drehe schon seit Stunden hier so meine Runden …« – das wäre wahre Schöpferkraft!) Oder du denkst über eine andere Lösung deines Problems nach und veränderst dein gewohntes Verhalten. Du parkst vor einer Einfahrt und wirst vermutlich abgeschleppt. Du stellst dein Auto auf einem Park-and-Ride-Parkplatz außerhalb ab und fährst mit dem Bus nach Hause. Du versenkst die Karre in einem Fluss oder schenkst sie einem Passanten. Es gibt eine Menge Möglichkeiten, mit deiner Situation umzugehen – auch wenn nicht jede gleichermaßen zielführend ist.

Diese Art des kreativen Denkens, das der Lösung von Problemen vorbehalten ist, gehört uns nicht exklusiv, das können auch Tiere. Evolutionär gesehen war und ist die Fähigkeit, unterschiedliche Lösungen auszuprobieren, auf jeden Fall von Vorteil. Denn ein Lebewesen, das auf Unvorhersehbares variabel reagieren kann, hat bessere Überlebenschancen und passt sich schneller an neue Umgebungen an.

Der Unterschied zwischen Menschen und Tieren liegt vor allem darin, dass Menschen nicht nur aufgrund von äußeren

Reizen kreativ agieren, sondern auch aus eigenem Antrieb heraus. Vermutlich haben schon viele andere Lebewesen vor uns Bekanntschaft mit dem Feuer gemacht – aber der Mensch war bislang das einzige Wesen, das herausgefunden hat, was man mit Feuer alles anstellen kann. Die Höhle wärmen. Fleisch braten. Mais reinwerfen und Popcorn bekommen. Feuerwerke zünden. Feinde fernhalten. Und so weiter.

Kreativität hat neben einigen anderen Faktoren dazu geführt, dass wir uns vom Menschenaffen weiterentwickelten, Werkzeuge erfanden, Unterkünfte bauten und irgendwann anfingen, im Universum nach anderen Lebensformen zu suchen. Sie stellt einen zentralen evolutionären Faktor unserer Gattung dar, bringt uns dazu, »unser Denken über Dinge zu ändern, und wird als treibende Kraft angesehen, die die Zivilisation vorwärtsbewegt«.[5]

Kreativität ist demnach ein elementarer Bestandteil des menschlichen Seins. Sie übt seit jeher eine ungemeine Faszination auf uns aus. Auch wenn sie im Alltag überall und fortwährend präsent ist, vermittelt uns ein kreativer Moment das Gefühl, Teil von etwas Großem zu sein. Ich bezeichne es als den schöpferischen Augenblick: Uns wird mit einem Mal bewusst, dass wir gerade etwas erschaffen haben – aus eigener Kraft und Motivation. Mihály Csíkszentmihályi, der durch seine Theorie zum Flow-Erleben bekannt wurde, sagte einmal dazu: »Kreativität ist so faszinierend, weil sie uns aus dem Alltag heraushebt, weil sie uns das Gefühl gibt, intensiver zu leben als sonst.«[6]

Im normalen Leben muss man kein sogenanntes Wunderkind wie Lang Lang oder Genie wie Galileo Galilei sein, um seine Kreativität zur Entfaltung zu bringen. Wir müssen, um kreativ zu sein, keinen Roman schreiben, keinen Film drehen und keine bahnbrechende Erfindung machen. Auch kommt Kreativität nicht immer in Form eines Geistesblitzes daher, bei dem wir das Gefühl haben, dass die sprichwörtliche Glühbirne über dem Kopf plötzlich angeknipst wird. Kreativ sein heißt nicht, auf die einzige geniale Idee unseres Lebens zu warten, die uns plötzlich überkommt und unser Dasein für immer verändert.

Besonders in unserer Kultur denken wir bis heute, dass Kreativität einfach so vom Himmel fällt oder einer ausgewählten Personengruppe vorbehalten ist: den Begabten, den Genies, den Kunstschaffenden. Ich darf schon mal verraten, dass wir uns damit auf dem Holzweg befinden. Denn über Kreativität verfügen grundsätzlich alle, aber sie muss erkannt, trainiert und gefördert werden.

Natürlich gibt es Menschen, bei denen ist die Kreativität einfach da und so offensichtlich, dass sie gar nicht anders können, als sie auszuleben. Das kommt vor – genau wie Ausnahmetalente beim Sport, die mit dem Ball oder dem Schläger umgehen können wie kaum einer vor ihnen. Aber auch diese Sportler brauchen Übung und Förderung. Genauso verhält es sich mit Kreativität. Sie ist in jedem vorhanden, es gelingt jedoch nur einem Bruchteil von uns, sie so zu fördern und zu kultivieren, dass sie ein essenzieller Bestandteil des eigenen Lebens wird.

Aber wenn das gelingt … dann geht es richtig los. Kreativität stärkt nämlich nicht nur das eigene Wohlbefinden und macht nachweislich zufriedener. Sie verbessert auch unsere Konzentrationsfähigkeit und festigt die psychische Widerstandskraft. Außerdem vermindert sie Stress – vorausgesetzt, man weiß mit ihr umzugehen. Leider wurde uns ab Werk keine Gebrauchsanweisung für unser Gehirn und seine Verwendung beigelegt. Herrje, wie viel einfacher wäre unser Leben, wenn wir wüssten, wie wir die grauen Zellen da oben benutzen sollten! Das Schöne ist aber, dass die Psychologie und die Neurowissenschaft zumindest bei der Inbetriebnahme des Organs zwischen unseren Ohren helfen können. Und auch in Bezug auf unsere Kreativität, und was wir alles mit ihr anstellen können.

Es ranken sich viele Mythen um die Kreativität. Faszinierend dabei ist, dass die Forschung im Grunde sehr wenig über

Kreativität weiß, obwohl sie uns so sehr begeistert und zudem allgegenwärtig ist. Bis vor wenigen Jahrzehnten hielt man die kreative Arbeit aber für den Geistesblitz, den ich gerade erwähnt habe. So ein Blitz kommt unverhofft und vor allem spontan vom Himmel heruntergeschossen – und wirkt deswegen wie das Geschenk einer höheren Macht. Über viele Jahrhunderte gaben sich die Menschen mit der Annahme zufrieden, dass diese Geniestreiche nicht plan- und erst recht nicht reproduzierbar seien. Man musste schon auf die Muse warten, bis sie denn endlich zum Küssen bereit war, oder auf eine göttliche Eingebung, und zwar im wahrsten Sinne des Wortes. In der frühen Antike dachte man nämlich wirklich, dass bei der Erschaffung von Neuem stets die Götter ihre Finger im Spiel hätten.

Wenig überraschend, dass diese Eingebung wie ein Wunder gefeiert wurde. Als Archimedes von Syrakus in der Badewanne das Prinzip des Auftriebs begriff, rief er angeblich laut: »Heureka!« Das ist Altgriechisch und heißt so viel wie: »Ich habe es gefunden!« Bis heute wird der Begriff in der Wissenschaft verwendet, wenn eine schwierige Aufgabe gelöst wurde. Heureka steht aber auch als Synonym für den Moment der plötzlichen Erkenntnis – den Geistesblitz.

Erst Ende des 19. Jahrhunderts, mit dem Aufstieg der ersten psychoanalytischen Theorien, änderte sich der Blick auf die Schöpfungskraft. Der Begriff »Kreativität« tauchte zum ersten Mal auf. Dabei kreiert der Mensch seine Welt, seit es ihn gibt, sowohl physisch als auch geistig, egal ob es um das Rad, das Periodensystem der Elemente oder einen Limerick geht. Erst seit ein paar Jahrzehnten widmet man sich in der Forschung intensiv dem Phänomen Kreativität und versucht herauszufinden, wie sie funktioniert. Und das ist auch notwendig, denn in Zukunft wird sich die Welt mit immer komplexeren Problemen konfrontiert sehen. Der Arbeitsmarkt, nicht nur in der westlichen Welt, steht vor großen Herausforderungen, das marktwirtschaftliche System, das über Jahrhunderte funktioniert hat, zerbröselt zunehmend. Die Konsument:innen sind gesättigt, die Märkte überfrachtet – das kapitalistische Prinzip ist in arger Bedrängnis. Wie werden wir die immer größere Anzahl von Menschen auf unserem Planeten mit Nahrung und Wasser versorgen? Wo sollen wir alle leben, wenn große Teile des Planeten in absehbarer Zeit unbewohnbar werden? Wie gehen wir mit Pandemien, globalen Krisen und schwindenden Ressourcen um? Welche Welt wollen wir erschaffen, in der alle unter fairen und guten Bedingungen leben können? Kreativität ist die Grundlage von Innovation und war noch nie zuvor seit Bestehen der Menschheit so wichtig wie heute. Unsere weitere Existenz auf diesem Planeten wird auch davon abhängen, ob wir zukünftig kreative, flexible und innovative Lösungen entwickeln.

Aber fangen wir doch einmal von vorn an. Der Begriff »Kreativität« ist in unserem täglichen Sprachgebrauch in aller Munde, und doch kann kaum jemand sagen, was er eigentlich bedeutet. Als kreative Köpfe bezeichnen wir Menschen, die vor Ideen sprudeln. Auch eine Freundin, die schön zeichnen kann, nennen wir kreativ. Dennoch bleibt der Begriff schwammig. »Kreativität« leitet sich vom Lateinischen »creare« ab, was bedeutet: etwas Neues schöpfen, erfinden, erzeugen, herstellen. Das Wort wird erst seit 1973 im Duden aufgeführt. Reichlich spät, möchte man meinen. Noch viel merkwürdiger ist, dass sich die Wissenschaft bei der allgemeingültigen Definition zum Thema Kreativität bis heute nicht einig ist. Konsens besteht unter den Gelehrten darüber, dass Kreativität bedeutet, etwas Neues und gleichzeitig Nützliches und Angemessenes zu erschaffen.

Und genau da fangen die Probleme an. Denn was bedeutet »Neues«? Was »erschaffen«? Was ist »nützlich«, was »angemessen«? Seit mehr als fünfzig Jahren grübeln kluge Köpfe aus den unterschiedlichsten Disziplinen wie Psychologie, Soziologie, Biologie und Ökonomie darüber, wie sie Kreativität so definieren können, dass es für alle passt. Stell dir das wie ein riesiges Brainstorming vieler schlauer Köpfe vor, bei dem die unterschiedlichsten Theorien entwickelt, hervorgeholt und weitergesponnen werden, aber es gelingt keinem Einzigen, eine Definition zu formulieren, mit der sich alle zufriedengeben.

Auch zwei Berufskreative, mit denen ich über das Thema gesprochen habe, liefern zwei vollkommen unterschiedliche Umschreibungen von Kreativität. Maren Ade, Filmregisseurin, Drehbuchautorin, Filmproduzentin und 2017 mit »Toni Erdmann« für den Oscar nominiert, sagt: »Kreativität bedeutet für mich in erster Linie, geduldig zu sein und mir Zeit zu lassen, eine wirklich persönliche Verbindung zu dem Stoff herzustellen. Für mich gibt es immer mehr als einen Blickwinkel in einer Geschichte.« Gleichzeitig bedeutet kreatives Arbeiten für Maren, aus der realen Welt abtauchen zu dürfen.

Eine sehr individuelle und spannende Aussage zur Kreativität machte auch der Musiker Sebastian Madsen, Frontmann der Band Madsen. Für ihn ist die Frage, was Kreativität bedeutet, ähnlich schwer zu beantworten wie: Was ist Liebe? Dennoch hat er es für unser Buch versucht. Sebastian sagt: »Kreativität ist eine Art zu kommunizieren und sich alternativ auszudrücken. Für mich persönlich bedeutet sie auch Frieden, weil ich in kreativen Phasen das Gefühl habe, dass ich nichts Besseres tun kann in meinem Leben, um glücklich und zufrieden zu sein.«

Diese sehr persönlichen Einschätzungen von Maren und Sebastian verdeutlichen, dass Kreativität individuell ist und in jedem Kreativen anders zu wirken scheint.

Das macht eine allgemeine Definition des Begriffs nicht leichter. Die Wissenschaft ist sich nicht einig, die Kreativen sind es nicht, also machen wir aus der Not eine Tugend und gehen vom kleinsten gemeinsamen Nenner der wissenschaftlichen Bemühungen um eine einheitliche Definition aus: Als Kreativität gilt die Fähigkeit, ein Erzeugnis zu erschaffen, das sowohl neuartig als auch nützlich ist.

Neuartig heißt, dass die Gedanken dazu in mir entstanden sind. Wenn ich lediglich Ideen kopiere, bin ich nicht ihr Urheber. Falls du also überlegt haben solltest, ein Gedicht zu schreiben, das mit den Worten »Wer reitet so spät durch Nacht und Wind« beginnt, muss ich dich enttäuschen. Diesen Einfall hatte Goethe schon 1782, er wäre also nicht neu. Nur neue Gedanken gelten als kreativ.

Allerdings bedeutet »neu« nicht, dass etwas noch nie da gewesen ist, denn auch eine Rekombination bereits vorhandener kreativer Erzeugnisse wird als kreatives Produkt verstanden. Man unterscheidet hierbei zwischen additiver und subtraktiver Kreativität. Die Begriffe kennst du sicher noch aus dem Matheunterricht: Bei der Addition wird etwas hinzugefügt, bei der Subtraktion abgezogen. Ein additives kreatives Produkt könnte der LED-Toilettenpapierhalter sein: ein handelsüblicher Klopapierhalter mit LED-Leuchten, die das Papier erhellen. (Falls du glaubst, das gibt es nicht, muss ich dich leider enttäuschen …) Natürlich könnte man auch einfach eine Lampe über dem Halter befestigen – aber das wäre dann keine neue und »kreative« Erfindung. Ein subtraktives kreatives Produkt ist ein dreirädriges Auto wie beispielsweise der Messerschmitt KR200. An den Beispielen, die ich gewählt habe, erkennst du: Echte Innovation kommt sehr selten vor. Viel häufiger handelt es sich um Weiterentwicklungen oder Imitationen.

Kommen wir zum Begriff »nützlich« – was bedeutet das, bitte schön? Wie »nützlich« ist ein Werk Jackson Pollocks? Oder die Architektur des Guggenheim-Museums in Bilbao? Oder der Auspuffgrill, die Krawattenflasche und der Männer-BH? Ich kann dich zumindest hier beruhigen. Als »nützlich« wird bezeichnet, was Wertschätzung erlangt, egal welcher Natur diese Wertschätzung ist.

Manche Wissenschaftler:innen aus der Kreativitätsforschung legen als Merkmal für kreative Produkte deren Qualität,

Bedeutung und Entstehungsgeschichte zugrunde.[7] Andere verlangen, dass das erschaffene Erzeugnis originell, brauchbar und angemessen sein soll.[8] Spätestens hier wird es schwierig, Grenzen zu ziehen, denn ein Auspuffgrill ist ohne Frage originell – aber ist er auch brauchbar? Oder gar angemessen?

Besonders die Angemessenheit ist ein schwer zu erfüllendes Kriterium. Wie kann ein neuer Roman »angemessen« sein? Im wissenschaftlichen Kontext ist das Kriterium sicher einfacher zu erfüllen: Es gibt eine Fragestellung, für die eine neue Theorie oder Lösung entwickelt wird. Diese kann man zweifelsohne als »angemessen« bezeichnen. Wie jedoch geht man bei einer Bronzeskulptur vor? Oder einer Oper? Bei Kunstwerken und technischen Innovationen resultiert die Angemessenheit oft aus dem zeitgenössischen Geschmack. Trifft ein Artefakt diesen, ist es offensichtlich »angemessen«, denn es erfüllt ein Bedürfnis, das allem Anschein nach vorhanden war. Als zum Beispiel das iPhone am 29. Juni 2007 auf den Markt kam, gab es einen regelrechten Hype um diese neue Art von Smartphone – weshalb niemand ernsthaft bezweifeln dürfte, dass das Kriterium »Angemessenheit« bei diesem Artefakt erfüllt ist.

Es geschieht jedoch manchmal, dass große Werke ihrer Zeit voraus sind. Michael Ende, Erfinder von »Momo«, »Die unendliche Geschichte« und »Jim Knopf«, litt zeit seines Lebens darunter, nicht als Autor von Erwachsenenliteratur anerkannt zu werden. Andere Autoren, wie Hans Fallada, waren zu Lebzeiten nur einigen wenigen bekannt, gelangten post mortem jedoch zu Weltruhm. Die Angemessenheit ist also mit Vorsicht zu genießen, denn manchmal tritt sie erst Jahre, wenn nicht gar Jahrhunderte später zutage. Das tröstet einen Johann Sebastian Bach natürlich kein bisschen, der sein Leben lang kaum Anerkennung erfuhr, heute jedoch als einer der kreativsten und besten Komponisten der Welt gilt.

Wir aber wissen aus diesen Beispielen: Die Angemessenheit der Kreativität liegt immer im Auge des Betrachters und hängt von zeitgenössischen Bewertungen ab.

Vor allem Erfindungen werden oft nicht ernst genommen, weil die Welt ihren Nutzen nicht erkennt. Der Österreicher Peter Mitterhofer kann davon ein Lied singen. Er erfand 1864 die Schreibmaschine. Leider sah der kaiserliche Gutachter von Franz Joseph I. den Sinn darin nicht, und Mitterhofer musste mit seiner Maschine enttäuscht nach Hause ziehen. Zehn Jahre später hatte der Amerikaner Christopher Scholes mehr Glück: Er entwickelte ein ähnliches Artefakt, stellte es dem Unternehmen Remington vor und ging damit in Serienproduktion. Heute gilt er als Erfinder der Schreibmaschine, obwohl Mitterhofer eigentlich früher dran war.

Mihály Csíkszentmihályi spricht in seinem Buch über Kreativität davon, dass es, egal bei welcher Erfindung, niemals nur einen einzelnen Menschen gibt, der daran beteiligt ist. Es ist vielmehr so, dass unsere Kultur den tiefen Wunsch nach Heldengeschichten hat, weshalb wir selten die ganze Entstehungsgeschichte von etwas im Blick haben, sondern lieber den Einzelnen verehren. Deswegen gilt Bell als der Erfinder des Telefons, Tesla als Erfinder des E-Autos und Marie Curie als Entdeckerin der Radioaktivität. Fakt ist jedoch, dass den Entdeckungen und Erfindungen dieser Personen unzählige gescheiterte Versuche anderer vorausgingen. Diejenigen, die in die Geschichte eingingen, profitierten vom gesammelten Wissen anderer, das ihr Denken anregte und sie mit Erfahrungen versorgte. Wörtlich sagt Csíkszentmihályi: »Zu behaupten, Einstein sei der Erfinder der Relativitätstheorie, ist so, als wollte man sagen, dass der Funke für das Feuer verantwortlich sei. Der Funke ist notwendig, aber ohne Luft und Brennmaterial würde es keine Flamme geben.«[9]

Das in meinen Augen Interessanteste an Erfindungen ist, dass man sie nicht aktiv suchen kann. Natürlich kannst du dich jetzt hinsetzen und eine neue Sache erfinden – oder es probieren. Meistens gehen einer Erfindung jedoch eine Notwendigkeit und viele, viele Gedankengänge voran. Doch die eigentliche Idee ploppt urplötzlich im Hirn des Erfinders auf, was dieser als Geistesblitz wahrnimmt. In Wahrheit hat er aber schon lange auf seinem Bedürfnis herumgekaut und nach einer Lösung für das Problem gesucht.

Sind nun alle Erfindungen kreative Erzeugnisse? Nein, denn nicht alles, was neu und originell ist, ist auch nützlich – dennoch gelten Erfindungen als Ergebnis eines kreativen Denkprozesses.

Auch wenn sich die Forschung nicht auf eine Definition von Kreativität verständigen kann, ist sie sich doch einig darüber, dass es zwei Arten von ihr gibt: zum einen die Kreativität, die neue Ideen generiert; zum anderen die, die Lösungen für Probleme findet.

Aus der Praxis weiß man außerdem, dass ein Mensch vor allem in den Disziplinen kreativ ist, die ihn begeistern. Eine leidenschaftliche Bäckerin tut sich demnach sehr viel leichter, ein noch nie da gewesenes Rezept zu ersinnen als eine neue mathematische Formel zu entwickeln.

Du siehst: Kreativität, so universell sie sich auch manifestieren mag, kommt in den unterschiedlichsten Formen zum Ausdruck und ist deswegen schwer unter den Hut einer einzigen Definition zu bringen. Der eine findet sie bei einer brillanten Pianistin, der Nächste bei einem talentierten Mathematiker, ein anderer beim Erfinder einer Mondrakete. Vermutlich ist genau diese Vielfalt, in der uns Kreativität begegnet, schuld daran, dass es so schwer ist, eine einheitliche Definition zu finden.

Wenn Kreativität im Auge des Betrachters liegt, sind deine Kritzeleien auf dem Notizblock also genauso wertvoll wie die Kunstwerke Picassos. Richtig? Leider nein – obwohl ich mir sicher bin, dass sich deine Scribbles sehen lassen können! Aber außergewöhnliche Kreativität führt, im Gegensatz zu alltäglicher, zu Werken, die nicht nur für einen selbst, sondern auch für andere bedeutsam sind. Und, Hand aufs Herz, das Metropolitan Museum of Art hat sich noch nicht wegen deiner Strichmännchen bei dir gemeldet, oder?

Du musst trotzdem nicht traurig sein. Denn Kreativität hat nicht nur schöne Seiten. Vor allem Menschen, die nicht täglich kreativ arbeiten, unterschätzen häufig, dass sich Kreativität in den seltensten Fällen von allein einstellt, sondern eine besondere Umgebung braucht, um sich entfalten zu können. Außerdem verlangt sie nach Fürsorge. Stell sie dir wie einen Marmorklotz vor: Wird er nicht bearbeitet, ist es schwer, in ihm ein für die Menschheit bedeutsames Kunstwerk zu erkennen. Es braucht schon einen sehr erfahrenen und visionären Geist wie Michelangelo, um im Marmorblock einen David zu erkennen und ihn daraus zu befreien – außerdem viele Stunden Übung, eine fundierte Ausbildung und zahlreiche Fehlversuche. Genauso verhält es sich mit der Kreativität. Wird sie nicht »bearbeitet«, umsorgt, gepflegt und entwickelt, bleibt sie ein Steinklotz ohne nennenswerte Eigenschaften.

Heute wissen wir, dass Kreativität nicht nur ein nettes Talent ist, das einem in die Wiege gelegt wird, sondern Ausdruck eines ewigen Konflikts in der Person des Kreativen. Es gibt sogar Kreative, die unter ihrem Talent richtiggehend leiden! Denn was – bis heute – wie ein Geistesblitz anmutet, ist in Wahrheit das Ergebnis eines sehr langen, manchmal bewussten, manchmal unbewussten Denkprozesses.

Vielleicht fragst du dich gerade, was das für ein Konflikt sein soll, in dem sich die Kreativen befinden. Ist doch klasse, wenn einem das Universum so eine Gabe in die Wiege gelegt hat!

Ich hole mal etwas weiter aus. In den alten Hochkulturen Ägyptens und Asiens, aber auch im Christentum, glaubten die Menschen daran, dass das Schöpferische, das Kreative, Ergebnis eines Kampfes zwischen konstruktiven und destruktiven

Mächten war. Das heißt konkret: Gab es ein Wesen, das die Welt erschaffen hatte, kannte man immer auch einen bösen Gegenspieler, der sie zerstören wollte. Kreativität ist also Ausdruck zweier widerstrebender Mächte. Aus meiner Arbeit mit Kreativen weiß ich, wie viel Wahrheit in diesen Annahmen steckt. Kreatives Arbeiten macht nicht immer nur Spaß – es kann schmerzhaft, frustrierend und deprimierend sein. Es setzt sich aus aktivem Gestalten und passivem Geschehenlassen zusammen. Aber dazu später mehr.

Wenn wir heute von Kreativität sprechen, haben wir vielleicht noch den von der Muse geküssten Künstler vor Augen. Meistens sprechen wir jedoch nicht von der zufälligen Kreativität, sondern von der angewandten, gegenwärtigen oder absichtlichen. Diese wurde 1949 von Joy Paul Guilford, der in der Persönlichkeits- und Intelligenzforschung Rang und Namen hatte, in seiner Antrittsrede als Präsident der American Psychological Association als eine allumfassende Kraft beschrieben, die in vielen Lebensbereichen und Anwendungsfeldern wirkt. Er »demokratisierte« den Begriff der Kreativität, behauptete sogar, jeder Mensch sei kreativ. Ein absoluter Tabubruch zu dieser Zeit – und eine radikale Abkehr vom bis dato geltenden Paradigma, Kreativität sei den Hochbegabten vorbehalten. Der »göttliche Funke« war plötzlich für alle da. Das hatte Auswirkungen auf die Forschung, in der die Kreativität bislang vernachlässigt wurde, aber vor allem auf den Kreativitätsbegriff als solchen.

Guilford selbst beschäftigte sich in den folgenden Jahren mit empirischen Forschungen, im Zuge derer er die Kreativität untersuchte. Er kam zu dem Ergebnis, dass sich Kreativität aus zwei verschiedenen »Denkarten« zusammensetzt: konvergentem und divergentem Denken. Konvergentes Denken führt zu einer einzigen Lösung eines Problems – es ist logisch und schlussfolgernd.[10] Divergentes Denken bedeutet, sich offen, unsystematisch und experimentierfreudig einem Problem zu nähern – also kreativ zu denken. Manchmal wird es auch als laterales Denken oder Um-die-Ecke-Denken bezeichnet.[11]

Wie vieles andere auch kann man divergentes Denken trainieren. In der folgenden Übung möchte ich dich bitten, die fünf Begriffe, die ich dir aufzählen werde, in einer kurzen Geschichte unterzubringen. Es muss kein »Ulysses« werden, und du darfst die Geschichte auch nur in deinem Kopf erzählen. Lege dafür einfach kurz dieses Buch beiseite und häng deinen eigenen Gedanken nach.

Möglicherweise ist gerade nicht der richtige Zeitpunkt für eine Übung? Kein Problem! Du kannst in diesem Fall einfach zum nächsten Absatz weiterblättern und die Übung ein anderes Mal machen. Das gilt übrigens auch für alle anderen Übungen in diesem Buch, die du ganz nach Bedarf und Zeit ausprobieren oder aber vorerst überspringen kannst.

—— ÜBUNG ——

Die Fünf-Wort-Geschichte

Entwickle aus den fünf folgenden Begriffen eine kurze Geschichte:

Haus

Apfelsine

Bumerang

Rollschuh

Dreieck

Welche Geschichte fällt dir dazu ein?

———————

Falls dir die Geschichte sehr schwerfällt, kannst du alternativ überlegen, welche der Gegenstände ungewöhnlichen Zwecken dienen könnten. Oder: Was kannst du aus den Dingen machen, die du eigentlich wegwerfen würdest – außer dem, wozu du sie offensichtlich nicht (mehr) brauchst? Einer leeren Klopapierrolle? Einem hässlichen Blumentopf? Einer Apfelschale? Einem ausrangierten Strickpullover?

Ungewöhnliches in Gewöhnlichem zu entdecken, sorgt für gesteigertes divergentes Denken und fördert damit die Kreativität. In deinem Gehirn verlässt dein »normales« Denken in diesen Momenten die altbekannten Pfade und verknüpft alte Informationen zu neuen Ideen. Die Übung geht übrigens auf den Grandseigneur der Psychologie, Philip Zimbardo, zurück, den du vielleicht aus dem Stanford-Prison-Experiment kennst.

Auf der Grundlage von Guilfords Forschungen wurde die Kreativitäts- und Intelligenzforschung in den folgenden Jahrzehnten stark ausgeweitet, auch dank technischer Innovationen wie dem MRT, das erstmals ermöglichte, einen Blick in das Innenleben des Gehirns zu werfen, ohne dass der Untersuchte vorher sterben musste.

Den wegweisenden Untersuchungen Guilfords und anderer haben wir heute zu verdanken, dass wir Kreativität sehr viel differenzierter betrachten, als das früher der Fall war. Kreativität ist überall – und doch brauchen wir eine Methode, um die Alltagskreativität von der herausragenden Kreativität abzugrenzen.

Die Wissenschaft unterscheidet hier zwischen Big C und Little C. Unter Big C versteht man die Kreativität, die wir den sogenannten Künstler:innen zuschreiben – also Menschen, die kreative Meisterleistungen erbringen. Diese Kreativität nennen wir alltagssprachlich Talent. Außerdem meinen wir damit auch die Bereitschaft, aus diesem Talent etwas zu machen, sich also mit ihm auseinanderzusetzen, sowie eine besondere Befähigung, mit der Außenwelt zu teilen. Ein Poet, der nur für sich

30

allein Gedichte schreibt, sich aber weigert, sie der Öffentlichkeit zugänglich zu machen, hat vielleicht die Voraussetzungen für eine Big-C-Kreativität, sein Schaffen wird jedoch nicht zu dieser gezählt. Egal, wie besonders seine Gabe ist: Er bleibt in der Sparte des Little C, der Alltagskreativität, die jeder Mensch besitzt. Zumindest in der Anlage ist das so, denn mittlerweile weiß man, dass besondere Lebensumstände die Kreativität manchmal negativ beeinflussen, es also zu einer »funktionellen« Nichtkreativität kommen kann. Die Forschungsdisziplin der Positiven Psychologie geht jedoch davon aus, dass jeder Mensch von Geburt an über ein gewisses Maß an Alltagskreativität verfügt, selbst wenn diese durch bestimmte Bedingungen im Laufe seines Lebens in den Hintergrund rückt.

Die Alltagskreativität, das Little C, bringt dich dazu, Klamotten neu miteinander zu kombinieren, dir Geschichten auszudenken oder ein Kuchenrezept zu erfinden – aber auch, einen Liebesbrief zu schreiben, ein Makramee zu knüpfen oder dir eine originelle Ausrede einfallen zu lassen, warum du den Besuch bei deiner Schwiegermutter am Wochenende leider absagen musst.

Wie du dir denken kannst, ist der Übergang von Little C zu Big C fließend. Und wenn eines der Kriterien ist, seine kreativen Erzeugnisse der Öffentlichkeit zugänglich zu machen, fragt man sich natürlich schon: Wie viele Leute müssen denn zu meinem Konzert kommen, damit ich als Big-C-Kreativer gelte? Wie viel Einfluss muss mein neues Rezept für einen Schokoladenkuchen auf das Leben anderer haben? Damit kommen wir zur guten Nachricht. Es gibt nämlich keine klare Trennlinie. Franz Kafka, der heute von vielen Literaturbegeisterten verehrt wird, wurde zu Lebzeiten kaum veröffentlicht, geschweige denn gekannt – und trotzdem gilt er heute als einer der Wegbereiter der modernen Literatur.

Erinnere dich an eines der Merkmale von Kreativität, das ich weiter oben genannt habe: Sie soll nützlich sein, also unterhalten, erfreuen, zum Denken anregen, gefallen, eine Diskussion in Gang setzen et cetera. Sie soll also nicht nur dir selbst nützen – ansonsten würde man deine Auseinandersetzung mit der Frage, wie du bei einem Streik im öffentlichen Nahverkehr zum Flughafen kommst, ja als künstlerische Tätigkeit deinerseits verstehen.

Herausragende Kreativität liegt dann vor, wenn viele Menschen den kreativen Gedanken als nützlich erachten. Auch die Qualität des Erschaffenen spielt hierbei eine Rolle. Denn auch wenn du findest, dass niemand zuvor jemals ein Mandala so ausgemalt hat wie du: Vermutlich wirst du mit deiner Schöpfung bei Sotheby's keine Millionenbeträge erzielen. Zu den Big-C-Kreativen gehören genau die Kunstschaffenden, an die du am Anfang des Kapitels vermutlich gedacht hast, als ich dich gefragt habe, wer dir in den Sinn kommt, wenn du an einen kreativen Menschen denkst: Claude Debussy, Lady Gaga, Jane Austen, Robert de Niro, Virginia Woolf und so weiter. Häufig sind diese Menschen nicht nur in einer künstlerischen Disziplin außerordentlich gut, sondern schöpfen buchstäblich aus dem Vollen. Und so kommt es, dass kreative Überflieger auf der einen Seite Bestseller schreiben und parallel das opulente Bühnenbild für ein Theaterstück kreieren, als erfolgreiche Musiker:innen durch die Lande ziehen und zugleich beeindruckende Kunstwerke erschaffen, in der Mode für Furore sorgen und nebenbei Gedichte veröffentlichen, die in Staunen versetzen. Ihre kreative Arbeit, gleich ob in einer oder in mehreren Domänen, hat fraglos eine starke Auswirkung auf unser Leben. Sie ist selten und damit etwas Besonderes.

Das soll die Little-C-Kreativität nicht schmälern – sie ist nicht schlechter oder weniger wert, nur eben etwas ganz anderes. Es sind die alltäglichen Ideen, kreativen Lösungen und Aha-Momente eines Einzelnen, die unsere Welt so bunt und vielfältig machen. Auch wenn Little-C-Kreationen meist keinen

Ruhm und in den seltensten Fällen öffentliche Anerkennung nach sich ziehen, sind sie dennoch von elementarer Wichtigkeit für unsere Spezies. Natürlich hat es keinen Einfluss auf das Weltgeschehen, wenn du deinem Hund einen neuen Trick beigebracht hast. Trotzdem haben uns auch die kleinen Ideen schon große Schritte weitergebracht – und darauf kommt es doch letztendlich an. Du darfst dich glücklich schätzen, deine Kreativität in all ihren Facetten und in den unterschiedlichsten Bereichen ausleben zu können, anstatt darauf zu hoffen, dass dir irgendwann der Durchbruch gelingt. Oder dich zu grämen, weil du es mit deinem Talent immer noch nicht auf die große Bühne oder Leinwand geschafft hast. Wenn es dir gelingt, dich auf die alltäglichen kreativen Momente zu konzentrieren und sie mit Erfüllung und Genugtuung zu erleben, wirst du einen ganz neuen Zugang zu deiner Kreativität bekommen und Kräfte freisetzen, denen du bislang nicht begegnet bist. Oder um den Autor Henry van Dyke zu bemühen: »Nutze die Talente, die du hast: Die Wälder wären still, wenn nur die begabtesten Vögel sängen.«

Vielleicht fragst du dich jetzt, wie deine heimischen Strickarbeiten oder das Vogelhäuschen, das du neulich im Keller zusammengezimmert hast, unsichtbare Kräfte in dir freisetzen sollen. Es ist ganz einfach: Kreatives Arbeiten steigert deine Konzentrationsfähigkeit und trainiert deine Feinmotorik, egal ob es um das Verzieren einer Torte oder das Bemalen einer Wand geht. In Studien hat man sogar herausgefunden, dass kreative Arbeit stimmungsaufhellend wirkt.[12] Bereits nach einer Dreiviertelstunde sinkt nachweislich das Stresshormon Cortisol, vor allem wenn du musizierst oder singst. Sind das nicht gute Nachrichten?

Dem amerikanischen Erziehungswissenschaftler Howard Gardner zufolge ist die entscheidende Frage nicht »Wie kreativ bin ich?«, sondern: »Wie bin ich kreativ?« In diesem Buch soll es um genau diese Frage gehen: Wie bist du kreativ? Welche Auswirkung hat Kreativität auf dein persönliches Wohlbefinden, aber auch auf dein Leben? Und wie gelingt es dir, mehr Kreativität in deinen Alltag zu integrieren, um ein ausgeglichener, stressresistenter und geistig flexibler Mensch zu werden?

—— ÜBUNG ——

Wecke deine Kreativität

Wie kannst du deine Alltagskreativität hervorkitzeln? Hier sind ein paar Ideen:

- Vergiss die göttliche Eingebung. Wirklich, kaum ein Mensch auf dieser Welt hat diesen Geistesblitz, der ihn zum gefeierten Künstler macht. Freu dich über ein Dutzend guter Einfälle, statt dich zu grämen, dass dir kein Geniestreich gelungen ist.

- Geh mit offenen Augen durch die Welt und suche nach Inspiration. Sei aufmerksam für Dinge, die dich anregen und beflügeln. Was setzt deine Fantasie in Gang? Was sorgt für dieses angenehme Kribbeln im Bauch oder für inspirierende Gedanken in deinem Kopf? Falls dir eine Idee in den Sinn kommt, halte sie sofort in einem Notizbuch oder auf einem virtuellen Merkzettel in deinem Handy fest, denn solche Einfälle sind flüchtig!

- Werde Entdecker:in und fang an, die Dinge in deinem Alltag zu hinterfragen. Wo kommt das Wasser her, das aus dem Hahn fließt? Wie viele Menschen passen in den Bus? Wie entsteht ein Regenbogen? Warum ist Milch weiß und nicht etwa rosa? Es klingt banal, aber je mehr du nachhakst und infrage stellst, desto eher erkennst du Zusammenhänge und erlangst Erkenntnisse, die inspirierend auf dich wirken können.

- Fang an, dir Sinnfragen zu stellen: Warum muss das so sein und nicht anders? Wieso sind Dinge, wie sie sind? Wie könnte man sie anders machen? Welche Auswirkungen hätte das auf dein Leben und die Welt?

- Mach dir bewusst, dass es in Sachen Kreativität die kleinen Schritte sind, die dich zu einem ausgeglicheneren Menschen machen. Manche Kreative leiden gar unter ihrem Talent und dem ständigen Wunsch, etwas Geniales zu produzieren. Schätze also, was dir gegeben wurde: die Fähigkeit, allein durch dein kreatives Denken zufriedener zu werden.

Kreativität findet man überall, in allen Kulturen und Ländern dieser Welt. Trotzdem gibt es Orte, die anscheinend besonders kreativitätsfördernd sind.

Vor einigen Jahren wurde ich nach Island eingeladen, um die Musikszene des Landes kennenzulernen und mit einigen Künstlern zusammenzuarbeiten. Ich war überwältigt, nicht nur von der Natur und der unglaublichen Landschaft, sondern vor allem von der Musikalität, die mir an jeder Ecke begegnete. In Kneipen gab es am Abend Livemusik, aber auch zu Hause wird bei den Isländern viel musiziert. Das liegt zum einen daran, dass die Isländer bei der Erziehung ihrer Kinder

Wert darauf legen, sie ein Instrument erlernen zu lassen. Darüber hinaus wird in dem kleinen Inselstaat darauf geachtet, den Kindern einen kreativen Umgang mit Problemstellungen aufzuzeigen und sie zu autonomen Persönlichkeiten zu erziehen, statt ihnen lediglich sinnloses Faktenwissen einzutrichtern. Zum anderen habe ich gelesen, dass die isolierte Lage der Insel mitten im Nordatlantik, fernab des europäischen Festlandes, und die langen, dunklen Winter dafür sorgen, dass die Isländer eine sehr starke intrinsische Motivation verspüren, etwas Kreatives zu erschaffen, am liebsten in der Gemeinschaft. Allerdings lehnen die meisten Isländer:innen die Theorie ab, dass die außergewöhnlichen Landschaften um sie herum eine besondere Quelle der Inspiration sind. Sie sehen eher die kulturell prägende Gesellschaft als Katalysator ihrer Kreativität. Das Lustigste ist: Die Einwohner Islands selbst halten sich noch nicht einmal für besonders kreativ. Vielleicht deshalb, weil sie von so vielen Kreativen umgeben sind, dass ihnen ihre eigene Fähigkeit »normal« vorkommt.

Im Laufe meines Aufenthalts erfuhr ich auch, dass die isländische Musikszene deshalb so umtriebig ist, weil der Staat mit unterschiedlichsten Zuschüssen die Leidenschaft seiner Bevölkerung zu unterstützen versucht. Beispielsweise schreibt die Regierung jährlich Hunderte sogenannter Künstlerlöhne aus, eine Art Grundgehalt für Kreative.[13] Ein idealer Nährboden für kreativen Austausch und Talentförderung. Denn obwohl nur 330 000 Menschen auf Island leben, stammen einige der bedeutendsten zeitgenössischen Kreativen aus Musik, Design und Kunst von der Insel, unter anderem der weltweit bekannte Performancekünstler Ragnar Kjartansson, die Installations- und Skulpturkünstlerin Katrín Sigurdardóttir und natürlich Björk, die man wohl nicht nur wegen ihres Schwanenkleides kennt. Island gilt als eines der innovativsten und kreativsten Länder weltweit. Immerhin 25 Prozent der Bevölkerung arbeiten in einem kreativen Beruf. Zum Vergleich: In Deutschland sind etwa drei Prozent in der Kultur- und Kreativbranche tätig.[14] Zehn Prozent der Isländer:innen haben schon einmal ein Buch veröffentlicht, während es bei uns im Jahr 2009 gerade einmal 6561 selbstständige Schriftsteller:innen gab.[15]

Dass die Bevölkerung Islands so kreativ ist, liegt also bestimmt nicht nur an der abgelegenen Lage oder den langen, dunklen Wintern. Diese Einschätzung teilt die Psychologin Barbara Kerr. Sie reiste 2011 mit ihrer Tochter nach Prag und hatte dabei einen zweitägigen Stopover in Reykjavík. Kerrs Tochter war so begeistert von der kreativen Energie der Stadt, dass sie zwei Jahre später erneut nach Island flog, um mit anderen Kreativen zu arbeiten. Und ihre Mutter war von den Erzählungen so angetan, dass sie kurz darauf selbst noch einmal in das Land kam, diesmal mit acht Studierenden im Schlepptau, mit deren Hilfe sie die isländische Kultur genau unter die Lupe nahm. Die kleine Forschungsgruppe fragte sich: Warum ist Island so kreativ? Sie untersuchte die Bedingungen in dem Land, die kulturelle Infrastruktur, die kreativen Artefakte, sprach mit Kunstschaffenden und Kreativen und fand heraus, dass die bemerkenswerte Kreativität Islands das Resultat individueller Einstellung, sozialer und kultureller Einflüsse sowie des besonderen Bildungssystems des Landes ist. Darüber hinaus stellte sie fest, dass ein Großteil der Isländer:innen über einige Persönlichkeitsmerkmale verfügt, die ein kreatives Leben positiv beeinflussen: Unabhängigkeit und Toleranz, vor allem aber der Wunsch, neue Erfahrungen zu machen.

Wie aber werden die Isländer:innen zu diesen offenen, toleranten und neugierigen Menschen? Ein Grund für diese Besonderheit liegt laut Kerr in den Familien und im Schulsystem. Auf Island werden keine traditionellen Rollenbilder gelebt, die Paare praktizieren stattdessen größtenteils eine gleichberechtigte Beziehung, in der Haushalt und Kindererziehung fair geteilt werden und die individuelle Selbstverwirklichung sowohl für Männer als auch für Frauen ein hohes Ideal darstellt. Zu Hause wie auch im schulischen Umfeld werden die Kinder dazu ermuntert, sich auszuprobieren, zu experimentieren und kreativ zu arbeiten. Besonders Handarbeit hat auf Island einen hohen Stellenwert. So bemerkte die Forschungsgruppe, dass die meisten männlichen Isländer stricken können und isländische Frauen souverän mit Hammer, Nagel und Säge umgehen. Sie lernen das in der Schule. Die Forschergruppe kam zu dem Ergebnis, dass isländische Kinder nicht nur in einem kreativen Umfeld aufwachsen, sondern der Schöpferkraft in allen Bereichen des Lebens ein so hoher Stellenwert beigemessen wird, dass sich die Menschen in Island besonders kreativ entfalten können.[16] Denn ein Umfeld, das dir immer wieder versichert, dass du in der Lage bist, Probleme mithilfe deiner Fähigkeiten und deiner Kreativität zu lösen, generiert beinahe von selbst kreative, divergent denkende Menschen.

Gibt es also Umfelder, die Kreativität besonders fördern? Unbedingt! Musst du deswegen nach Island ziehen? Nein. Du kannst bleiben, wo du bist, und trotzdem für eine kreativitätsfördernde Umgebung sorgen. Dazu komme ich später noch einmal.

Zunächst möchte ich dir ein paar interessante Dinge über die kreative Persönlichkeit erzählen. In der Forschung wurde bislang vor allem die Big-C-Persönlichkeit untersucht. Da man mittlerweile aber davon ausgeht, dass jeder Mensch ein gewisses Maß an Kreativität besitzt, sind die Erkenntnisse aus der Forschung natürlich auch für die Alltagskreativen interessant.

Schauen wir uns die kreative Persönlichkeit genauer an. Zunächst einmal stellen wir fest, dass zehn Wissenschaftler:innen, die sich mit dem Thema beschäftigen, zu zwölf unterschiedlichen Antworten auf die Frage kommen, wie der Kreative im Grunde seines Wesens gestrickt ist. Überhaupt stellt sich die Frage: Jeder Mensch hat doch eine ganz individuelle Persönlichkeit, wie können Charaktere überhaupt miteinander verglichen werden?

Die Persönlichkeitspsychologie arbeitet hier unter anderem mit einem nützlichen Modell, den sogenannten Big Five. Darunter werden fünf unabhängige Persönlichkeitsdimensionen zusammengefasst, anhand deren Ausprägung die Psychologie in der Lage ist, eine Person zu beschreiben. Denn jeder Mensch verfügt der Theorie zufolge über bestimmte Merkmale in allen fünf Kategorien – lediglich die Ausprägung ist von Mensch zu Mensch unterschiedlich.

Die Big Five sind:

- Extraversion oder Extravertiertheit (womit man eine nach außen gewandte Haltung beschreibt)

- Neurotizismus (womit die emotionale Labilität und Verletzlichkeit gemeint sind)

- Gewissenhaftigkeit (beziehungsweise Disziplin und hohe Leistungsbereitschaft)

- Verträglichkeit (worunter Rücksichtnahme, Kooperationsbereitschaft und Empathie zusammengefasst werden)

- sowie Offenheit für Erfahrung (also Neugier und Entdeckergeist)

Attribute wie Herzlichkeit, Geselligkeit, Aktivität, Abenteuerlust und Frohsinn beschreiben beispielsweise eine stark ausgeprägte Extraversion. Charakteristisch für einen hohen Neurotizismuswert sind Ängstlichkeit, Nervosität, Anspannung und

Unsicherheit, wohingegen gewissenhafte Menschen Ordnung lieben, ihren Pflichten bewusst nachgehen und im Großen und Ganzen Besonnenheit an den Tag legen.

Das Big-Five-Modell wird sowohl in der Psychologie als auch vor Gericht, beim Online-Dating und in der Berufsberatung angewandt – man kann also sagen, es hat sich in der Praxis bewährt.

Und? Wie sieht in deinen Augen die Persönlichkeit von Kreativen aus? Wer fällt dir ein, wenn du an einen kreativen Geist denkst? Der cholerische Klaus Kinski? Der introvertierte Steve Jobs? Oder die exzentrische Madonna?

Von den fünf Persönlichkeitsdimensionen der Big Five gibt es vor allem eine, die bei fast allen Kreativen stark ausgeprägt ist. Überraschenderweise ist es weder Extraversion noch Neurotizismus, sondern die Offenheit für Erfahrung. Sie äußert sich in einer besonderen Aufgeschlossenheit gegenüber noch nicht da gewesenen Ideen und Erlebnissen, Neugierde sowie der Fähigkeit, die eigene Fantasie einzusetzen. Menschen mit dieser Ausprägung sind eher bereit, Normen kritisch zu hinterfragen.

Die »klassischen Kreativen« gibt es nicht – denn sowohl die schüchterne Florence Welch von Florence and the Machine als auch der extrovertierte Robbie Williams haben mit ihren Werken und ihrem Talent einen eindeutigen Fußabdruck in der Musikbranche hinterlassen. Oft wird behauptet, Künstler:innen seien »Rampensäue«. Interessanterweise wurde in Studien das Gegenteil belegt: Kreative sind oft introvertiert und ziehen sich gern mal zurück, haben aber auch extrovertierte Anteile in sich, die sie in Kontakt mit anderen treten lassen.

Das wirkt zunächst einmal wie ein Widerspruch; tatsächlich vereinen Kreative jedoch viele gegensätzliche Eigenschaften in sich. Sie verfügen einerseits auf ihrem Gebiet über wahre Kennerschaft, sind andererseits jedoch weltoffen und neugierig. Ihre Fantasie verbinden sie mit einem bodenständigen Realitätssinn.

Häufig tragen sie sowohl männliche als auch weibliche Anteile in sich, die sie gleichermaßen zum Ausdruck bringen. Und sie empfinden sehr intensiv – sowohl Freude als auch Leid.

Es lässt sich außerdem festhalten, dass Kreative in der Lage sind, divergent zu denken – also neue Perspektiven einzunehmen, verschiedene Strategien für ein Problem zu entwickeln und zu originellen Lösungen zu kommen. Selbstverständlich sind Kreative aber auch in der Lage, konvergent zu denken, also logische Schlussfolgerungen zu ziehen.

Häufig sind Kreative überdurchschnittlich intelligent, beharrlich und ausdauernd – würden sie bei jeder Unzufriedenheit gleich hinwerfen, kämen sie nämlich nicht weit. Überleg doch mal, wie lang es dauert, die Decke der Sixtinischen Kapelle anzumalen oder den deutschen Reichstag zu verhüllen. Kunst ist oft mühsam. Auch eine hohe intrinsische Motivation, kreativ zu arbeiten, zeichnet diese Menschen aus. Man muss sie nicht andauernd antreiben, damit sie aktiv werden, sie tun es von sich aus, weil es ihnen ein inneres Bedürfnis ist. Und es macht ihnen oft nichts aus, mit Unsicherheiten zu leben, im Gegenteil, Widersprüche oder Gegensätzlichkeiten beflügeln sie mitunter sogar. Man nennt das auch Ambiguitätstoleranz – der Horror für alle, die sich nach einem Bausparvertrag sehnen und lieber eine Versicherung mehr als eine zu wenig abschließen. Kreative indes haben sogar Freude an der »Uneindeutigkeit« und der Spontaneität, die sie immer wieder beweisen müssen. Problemen stellen sie sich mit Begeisterung, denn wer ein Hindernis überwinden muss, wächst buchstäblich über sich hinaus. Genau das finden Kreative spannend – es stimuliert und ermuntert sie, eine unorthodoxe Lösung zu finden oder auf unkonventionellen Wegen zu gehen.

Häufig fragen sich Menschen, ob Kreativität angeboren ist oder erlernt werden kann. Auch hier ist sich die Wissenschaft mal wieder uneinig. Aber wie bereits erwähnt, haben das Umfeld und die Arbeit mit dem eigenen Talent großen Einfluss

41

darauf, ob ein Mensch tatsächlich so kreativ wird, wie er es qua Disposition werden könnte. Ohne Ausdauer und den Wunsch, der eigenen Gabe Ausdruck zu verleihen, bleibt die musikalische oder mathematische Begabung wie der sprichwörtliche ungeschliffene Diamant nicht mehr als ein komprimierter Haufen Kohlenstoff. Erst wenn er zugeschnitten, bearbeitet und poliert wird, kann er eines Tages glänzen.

Womit wir beim nächsten Punkt angekommen wären, der Intelligenz. Um besonders kreativ zu sein und schöpferisch zu arbeiten, ist Intelligenz eine Grundvoraussetzung – allerdings kein Garant. Das heißt: Ein Hochintelligenter muss nicht zwangsläufig besonders kreativ sein, wohingegen ein Kreativer in der Regel einen IQ von über 115 aufweist. Gleichzeitig ist das Motto in der Kreativität »Bright but not brilliant«. Das bedeutet nichts anderes, als dass ein IQ von 120 und mehr keinen nennenswerten Einfluss mehr auf den kreativen Output hat. Man wird vielleicht schlauer, aber nicht kreativer. Damit ist belegt: Du musst eben *kein* Genie sein, um es als Künstler:in weit zu bringen. Das antiquierte Verständnis vom kreativen Genius ist damit vom Tisch.

Tatsächlich geht man davon aus, dass die Persönlichkeitsmerkmale von Kreativen im Vergleich zum Intelligenzquotienten viel wichtiger sind. In einer Studie, die über dreihundert herausragende kreative Persönlichkeiten von Goethe bis Darwin untersuchte, wurde bereits 1926 herausgefunden, dass die Intelligenz der untersuchten Personen ein zu vernachlässigender Faktor für den kreativen Erfolg war.[17] Stattdessen kam die Forscherin zu dem Schluss, dass die Beharrlichkeit des Kreativen einen viel größeren Einfluss auf die Anerkennung in seinem Fachgebiet hatte.

Immerhin: Intelligenz hilft. Bei vielem – und damit auch bei der Kreativität. Allerdings gibt es nicht nur eine Art von Intelligenz, sondern viele verschiedene. Wenn wir normalerweise von Intelligenz sprechen, meinen wir eine Art universellen Geist: belesen, klug, scharfsinnig …

Vielleicht bist du aber schon einmal dem Ausdruck »emotionale Intelligenz« begegnet. Damit bezeichnet man die Fähigkeit, fremde und eigene Gefühle richtig wahrzunehmen, zu verstehen und zu beeinflussen. So unterschiedlich die Kreativität sein kann, die es auf der Welt gibt, so verschieden sind auch die Intelligenzen, die Menschen auszeichnen.

Auch Kulturkreise haben einen Einfluss auf unsere Bewertung von Intelligenz. Bei meinem Besuch auf Bali vor einigen Jahren erfuhr ich, dass dort musikalische und motorische Intelligenz als sehr wichtig eingeschätzt werden. Und zwar deshalb, weil auf Bali künstlerische Darbietungen zum Alltag gehören. Musikalität und die Fähigkeit, sich grazil und rhythmisch zu bewegen, haben einen hohen Stellenwert, wohingegen andere Arten von Intelligenz als weniger wichtig erachtet werden. Nicht, dass man auf Bali nicht auch Mathecracks oder Sprachgenies ehrt. Die Kultur hat aber eben einen Schwerpunkt auf eine andere Form der Intelligenz gelegt.

Intelligenz ist nicht gleich Intelligenz. Musikalisch Hochbegabte können beispielsweise in Bezug auf räumliche oder interpersonale Intelligenz die absoluten Tieffflieger sein, selbst wenn sie auf ihrem Gebiet glänzen. Sprachlich Hochintelligente sind logisch-mathematisch möglicherweise vollkommen unbegabt. Ich erläutere das, weil der Begriff der Intelligenz in unserer Kultur häufig sehr eindimensional betrachtet wird. Dies führt dazu, dass die Aussage, Kreativität und Intelligenz hingen miteinander zusammen, oftmals missverstanden wird. Man kann außerordentlich schöpferisch sein, aber niemals ein Buch gelesen haben oder außerstande sein, beim Trivial Pursuit eine einzige Frage richtig zu beantworten. In der Regel verfügt ein kreativer Mensch aber in mindestens einer der Unterkategorien von Intelligenz über besondere Fähigkeiten. Diese Intelligenz ist notwendig, aber nicht hinreichend – sie allein genügt also nicht, um ein überaus kreatives Leben zu führen, es müssen schon ein paar andere Faktoren hinzukommen.

Dazu gehören neben Begabung, Motivation und fördernden Rahmenbedingungen auch verschiedene Persönlichkeitsmerkmale, welche die Kreativität positiv (oder auch negativ) beeinflussen können. Denk noch einmal an die Big Five der Persönlichkeitstheorie: Extraversion, Neurotizismus, Gewissenhaftigkeit, Verträglichkeit und Offenheit für Erfahrung. Im Falle eines kreativ denkenden Wissenschaftlers ist ein Merkmal wie Gewissenhaftigkeit zum Beispiel unabdingbar – wohingegen ein Installationskünstler auch ohne diese ausgeprägte Eigenschaft brillieren kann. Dem gegenüber steht zum Beispiel ein hohes Maß an Sensibilität und Empfindsamkeit. Förderlich für die Schöpferkraft eines Poeten, aber zu vernachlässigen bei den Leistungen eines Mathematikers. Du siehst, wie komplex das Thema ist. Manche Persönlichkeitseigenschaften begünstigen bestimmte Arten von Kreativität, andere hemmen sie. Die Zusammenhänge legen nahe, dass bei den Personen, die aufgrund ihrer Kreativität bekannt sind, Persönlichkeitsmerkmale, Intelligenzquotient und kreative Neigung vermutlich miteinander korrespondieren und der Kreativität somit bestmöglich Ausdruck verliehen werden kann.

Wenn wir über Kreativität sprechen, meinen wir drei unterschiedliche Bestandteile:

- die kreative Person,

- den kreativen Prozess beziehungsweise die kreative Aktivität

- und das kreative Produkt beziehungsweise die kreative Leistung.

Vor allem die Unterscheidung zwischen Aktivität und Leistung ist sehr wichtig bei der Betrachtung und Bewertung kreativer Persönlichkeiten. Mit der Aktivität beschreibt man die Häufigkeit der Ausführung – bei einem Musiker zum Beispiel, wie lange er schon Gitarre spielt und wie viele Stunden am Tag er übt. Die Leistung stellt hingegen dar, wie hoch der kreative Output ist: Hat der Musiker bereits selbst Lieder geschrieben, also etwas Eigenes in die Welt gebracht? Der beste Mathematiker des Planeten wird wenig kollegiale Anerkennung erhalten, wenn er sich hauptsächlich mit dem Nachrechnen beschäftigt – egal, wie viele Jahre seines Lebens er damit verbringt. Erst die kreative Leistung, in seinem Fall eine Formel, ein neuer Rechenweg, ein anderer Ansatz und so weiter, machen ihn zum tatsächlichen kreativen Schöpfer.

Vielleicht hast du schon mal von der 10 000-Stunden-Regel gehört, die in den 1990er-Jahren von Anders Ericsson bekannt gemacht wurde. Dem amerikanischen Psychologen zufolge braucht man etwa 10 000 Stunden Übung, um ein Meister seines Fachs zu werden, egal in welcher Disziplin – und egal, wie groß das vorhandene Talent ist. 10 000 Stunden Training würdest du bei täglichem knapp dreistündigem Training in zehn Jahren erreichen. Ja, du hast richtig gehört: drei Stunden täglich an 365 Tagen im Jahr für eine Dekade. Laut dem Wissenschaftler gilt diese Regel sowohl für sogenannte Wunderkinder als auch für Normalos. Es wird dich aber vermutlich nicht überraschen, wenn ich dir sage, dass diese Theorie ordentlich Gegenwind bekommen hat. In der Sportwissenschaft geht man zum Beispiel davon aus, dass nur circa zwanzig Prozent der sportlichen Leistungen durch Trainingsstunden erzielt werden, wohingegen Begabung und Leidenschaft für viel wichtiger erachtet werden. Ich denke, dass sowohl Quantität als auch Qualität in diesem Zusammenhang eine Rolle spielen, da eine besondere Begabung, zum Beispiel bei Bewegungsabläufen oder beim Zeichnen, Rechnen oder Konstruieren, sicherlich hilfreich ist. Genau wie die Leidenschaft, die einen auch in schwierigen Phasen motiviert, am Ball zu bleiben.

Viel wichtiger als die Frage, ob die 10 000-Stunden-Regel nun stimmt oder nicht, ist ohnehin die Erkenntnis: Ohne Fleiß kein Preis. Das gilt vor allem für Ausnahmetalente, denn die sind oftmals besonders eifrig.

Den wenigsten Menschen ist bewusst, wie lange es zuweilen dauern kann, bis sich der Erfolg in einer kreativen Domäne einstellt. Der Sänger Harry Belafonte soll gesagt haben: »Ich habe dreißig Jahre gebraucht, um über Nacht berühmt zu werden.« Obwohl Belafonte dabei ziemlich übertreibt, immerhin gelang es ihm bereits im zarten Alter von siebenundzwanzig, sich als Sänger zu etablieren. Andere brauchen da viel länger und bringen eine Menge kreativer Leistungen, ohne dass es irgendjemand mitbekommt.

Wenn Musiker:innen ein Album herausbringen, werden darauf nur die Lieder veröffentlicht, die sie selbst und das Label für am erfolgversprechendsten halten. Was passiert mit den anderen Songs, die es nicht auf die Platte schaffen? Den Melodien, Textschnipseln, Refrains und Versionen, die geholfen haben, dieses Stück Musikgeschichte wahr werden zu lassen? Die landen in der Schublade und werden mit etwas Glück eines Tages wieder hervorgeholt, meistens jedoch vergessen. Und dennoch darf ihre Wichtigkeit nicht unterschätzt werden!

Pablo Picassos bekanntestes Werk ist »Guernica«. Diesem Gemälde gingen unzählige Vorstudien und Annäherungen Picassos voraus – dass wir dies wissen, haben wir unter anderem seiner Lebensgefährtin Dora Maar zu verdanken, die die Bildgenese des Werkes fotografisch festhielt. In Summe hat Picasso 46 Studien zu seiner Idee erstellt und acht verschiedene Versionen gemalt, ehe er endlich zufrieden war. Wobei man fairerweise sagen muss, dass ein kreativer Prozess im Grunde niemals abgeschlossen ist. Selbst wenn ein Autor am Schluss eines Romans das Wort »ENDE« schreibt, heißt das noch lange nicht, dass er mit seinem Werk glücklich ist. Auch Musiker:innen verändern in den Jahren nach dem Erscheinen eines Songs immer wieder Kleinigkeiten in Melodie, Rhythmus oder Text. Architektonische Werke haben vielleicht irgendwann eine Eröffnungsfeier, aber ich wette, wenn du einen Architekten fragst, was er mit mehr Zeit hätte besser machen können, wird er dir einige Dinge aufzählen können. Die kreative Arbeit ist niemals zu Ende, und genau deswegen haben Kreative auch immerzu etwas zu tun.

Der überbordende Schöpfungsdrang ist allen Kreativen gemein. Es klingt unglaublich, aber die Hälfte aller Kunstwerke der Welt wird von einem hochproduktiven Zehntel aller Künstler:innen erschaffen. Was für eine unglaubliche Ausbeute! Als Normalsterblicher fragt man sich natürlich: Wo kommt bloß dieses Bedürfnis her, etwas zu erschaffen? Auch hier ist das Kriterium »Offenheit für Erfahrung« von Bedeutung. Wer nämlich dieses Persönlichkeitsmerkmal in sich trägt, will nicht nur Neues erfahren, sondern verspürt auch das Bedürfnis, Neues hervorzubringen.

Sollte der Eindruck entstanden sein, dass Kreative nur aus sich selbst heraus produktiv sind, muss ich das korrigieren. Es ist ein Mythos aus der Romantik. In Wahrheit müssen auch Menschen, die Mode designen, Jazzmusik spielen, Planeten erforschen und Comics zeichnen, von etwas leben. Der schnöde Mammon motiviert also ebenso, wenn auch extrinsisch. Das Spannende: Sowohl intrinsische als auch extrinsische Motivation sind von unserem körpereigenen Belohnungssystem abhängig und werden im Gehirn vom selben Ort aus gesteuert. Man nennt diese Region im Mittelhirn ventrales tegmentales Areal und dort wird jede Menge Dopamin produziert. Dopamin wird gemeinhin zu den »Glückshormonen« gezählt, ist in Wahrheit aber ein Neurotransmitter, der überwiegend erregend wirkt und uns in Gang setzt. Immer wenn sich etwas gut anfühlt, hat das Hirn Dopamin freigesetzt. Beim Küssen, bei einem Lob von einer anderen Person, bei einem Sieg, wenn wir ein Bild bei Instagram hochladen und binnen kürzester Zeit viele Likes dafür erhalten – oder wenn wir etwas Neues erleben. In den Gehirnen von Kreativen muss es demnach jede Menge Dopamin geben, das alle naselang zur Verfügung gestellt wird und sie weitermachen lässt. Das zweihundertste Gedicht verfassen, eine Szene 17 Mal drehen, ein Motiv wieder und wieder und wieder fotografieren oder Jahre über einer chemischen Formel brüten.

Warum erzähle ich dir das? Weil ich hoffe, dass du verstehst, dass eine kreative Leistung mitunter Ausdauer und Hingabe erfordert und eine kreative Disziplin in jedem Fall Freude bereiten sollte.

Nicht jeder ist bereit, diesen Einsatz zu zeigen und sich so kreativ und künstlerisch Ausdruck zu verschaffen. Eine besondere Persönlichkeitsstruktur ist bei der kreativen Arbeit also von Vorteil. In einer Studie aus dem Jahr 2014[18] fand eine Forschergruppe heraus, dass Aktivität und Leistungen von verschiedenen Faktoren der Persönlichkeit beeinflusst werden. Offenheit für Erfahrung und divergentes Denken sorgen für eine gesteigerte kreative Aktivität, und auch Intelligenz befördert und ermöglicht die kreative Leistung.

In meinen Augen besonders spannend ist die Tatsache, dass Kreativität nicht ununterbrochen fließt. Kreative berichten von Phasen des Lernens, der Neuentdeckung und der hohen Produktivität, aber auch von Momenten, die als »kreative Inkubationsphase« bekannt sind. Es kann unerträglich und auch nervig sein, in diesen Situationen die Spannung auszuhalten. Häufig suchen Kreative dann mit wachsender Verzweiflung nach einer Lösung, um wieder in die produktive Phase überzugehen. Etwa, wenn einem Thrillerautor einfach nicht die entscheidende Wendung in seinem Plot einfallen mag. Oder wenn ein Komponist ewig und drei Tage am letzten Akkord seiner Sinfonie herumbastelt, aber keine zufriedenstellenden Ergebnisse findet. Vielleicht kennst du das selbst, wenn du angestrengt über etwas nachdenkst, aber es will dir einfach nicht einfallen – eine Stunde später, wenn du unter der Dusche stehst oder im Park spazieren gehst, hast du jedoch plötzlich die Eingebung. Warum dich dein Gehirn beim allzu konzentrierten Grübeln manchmal hängen lässt und die genialen Einfälle erst mit Verzögerung liefert, erkläre ich dir im nächsten Kapitel, wenn wir uns mit den grauen Zellen in deinem Oberstübchen befassen. Doch genau hier kommt wieder die Ambiguitätstoleranz ins Spiel, von der Kreative überdurchschnittlich viel haben. Sie beschreibt die Fähigkeit, genau diese Spannung aushalten zu können, bis die Lösung endlich offenbar wird. Wie du dir denken kannst, braucht es aber nicht nur Ambiguitätstoleranz, sondern auch Ausdauer, denn die Warterei auf den rettenden Einfall kann mitunter Jahre dauern.

In einer Untersuchung hat man herausgefunden, dass von fünfhundert bedeutenden Kompositionen gerade einmal drei vor dem zehnten Karrierejahr der Komponist:innen geschrieben wurden. Auch Maler:innen brauchen Geduld, allerdings in der Regel nur sechs Jahre.[19]

Über sechs Jahre würde der deutsche Astronom Heino Falcke vermutlich nur milde lächeln. Er musste nämlich ein Vierteljahrhundert auf das erste Bild eines schwarzen Lochs warten – obwohl er schon 1994 davon überzeugt war, dass es schwarze Löcher gibt. Allein die technischen Möglichkeiten fehlten, diese kosmischen Wunder abzubilden. Falcke entwickelte gemeinsam mit Kolleg:innen ein weltweites Netzwerk aus Teleskopen, sammelte Millionen von Daten und analysierte sie. Im April 2019 war es so weit: Dank tatkräftiger Unterstützung und eines wirklich langen Atems konnte die Forschungsgruppe um Falcke der Welt die ersten Fotografien eines schwarzen Lochs präsentieren. Falcke hätte scheitern können, genau wie viele andere vor ihm. Aber er blieb am Ball.

Jeder weiß, dass der erste Mensch auf dem Mount Everest Sir Edmund Hillary war – aber keiner kennt die vielen Abenteurer, die sich vor ihm auf den Weg machten und an der Aufgabe scheiterten. Mit einer einzigartigen Idee zum Erfolg zu kommen, erfordert hohe Risikobereitschaft. Beinahe jeder, der die Kreativität zu seiner Berufung gemacht hat, erzählt von einem bestimmten Moment in seinem Leben, wo er alles auf eine Karte setzen musste: den sicheren Job kündigen, einer bestimmten Spur nachgehen, an eine Sache glauben und alles investieren. Das erfordert Mut, aber auch starken Glauben an die eigene Person.

Und noch etwas gehört dazu: die Bereitschaft, sich auch einmal unbeliebt zu machen. Viele Kreative leben ein nicht konformes Leben. Sie halten sich oft abseits der Norm auf und pfeifen auf Konventionen, außerdem suchen viele von ihnen die Einsamkeit. Irgendwie klar, denn in den wenigsten Teammeetings unserer Zeit entstehen wegbereitende Sinfonien, literarische Meisterwerke oder wissenschaftliche Sensationen. Im Gegensatz zu vielen anderen Menschen haben Kreative also ein besonderes Bedürfnis, die Aufmerksamkeit nach innen zu richten und sich nur dieser einen Sache zu verschreiben. Die Offenheit für Erfahrung, die ich schon ein paar Mal erwähnt habe, scheint zunächst im Widerspruch zu dieser inneren Einkehr zu stehen. In Wahrheit ist sie jedoch eng mit ihr verknüpft, denn sie bezieht sich nicht nur auf Erlebnisse und Erfahrungen im Äußeren, sondern vor allem auf die Fähigkeit, über den eigenen Tellerrand zu schauen und um die Ecke zu denken. Ganz profan gesagt, haben Kreative die Gabe, nicht nur das zu sehen, was ist, sondern auch das, was sein könnte – und dafür braucht es Fantasie.

Ich habe dir am Anfang gesagt, dass jeder kreativ sein kann. In der Zwischenzeit hast du dich vielleicht gefragt, ob ich dich damit veralbern möchte, immerhin gehören zu einem kreativen

Leben offenbar jede Menge Voraussetzungen: Offenheit für Erfahrung, gute Rahmenbedingungen, Motivation, Fleiß und Ausdauer. Wer jetzt noch glaubt, Kreativität entstünde aus dem Nichts oder sei eine göttliche Gabe, für die man nichts tun muss, irrt. Es ist vielmehr ein Zusammenspiel aus unterschiedlichsten Faktoren, das einen außerordentlich kreativen Menschen von einem durchschnittlich kreativen Menschen unterscheidet. Und dennoch sprechen die meisten von uns immer von besonderen Talenten, die manche eben haben und manche nicht. Warum ist das so?

Zum einen ist es eine komfortable Ausrede, um sich nicht mit seiner eigenen, möglicherweise nur durchschnittlichen Begabung auseinandersetzen zu müssen – oder ein Vorwand dafür, sich nicht augenblicklich auf den Hosenboden zu setzen, die Blockflöte auszupacken und mit dem Üben zu beginnen. Hand aufs Herz: Es ist uns allen schon mal leichter gefallen, eine eigene Unzulänglichkeit zu ertragen, indem wir den anderen mehr Befähigung zuschrieben. »Der kann halt besser Mathe!« oder »Sie hat eben ein super Kurzzeitgedächtnis« eignen sich hervorragend, um sich aus der Selbstverantwortung zu ziehen. Das ist vielleicht nicht ehrlich, aber hochgradig menschlich.

Zum anderen wurde in unserer Kultur über Jahrhunderte das Bild des genialen Kreativen geprägt, der einfach besser als alle anderen war. Ein Glücklicher, ein Bevorzugter, das Genie unter den Normalos. Mittlerweile weiß man, dass die Familie Bach nicht musikalischer war als andere, Familie Mann nicht sprachlich virtuoser und Familie Bohr nicht wissenschaftlich versierter. Die Wissenschaft geht eher davon aus, dass es das Umfeld ist, das auf die Kinder besonders kreativer Köpfe einwirkt und sie ebenfalls ermuntert, ihre Kreativität zu entdecken. Doch diese kann nicht vererbt werden.

Mit einer Begabung oder einem Talent meint man übrigens eine Anlage, die eine Person zu besonderen Leistungen auf einem Gebiet befähigt, meist in kürzerer Zeit als andere Menschen und auf weit höherem Niveau. Viele Begabungen, vor allem künstlerischer Natur, treten bereits im Kindesalter auf, andere, wie beispielsweise wissenschaftliche Talente, zeigen sich erst später.

Erinnerst du dich noch an die 10 000-Stunden-Regel? Ich habe dir vorhin nicht erzählt, wie der Forscher Anders Ericsson überhaupt dazu kam, diese Behauptung aufzustellen. Er wollte nämlich herausfinden, ob es so etwas wie ein gottgegebenes Talent überhaupt gibt. Deswegen untersuchte er an der Berliner Universität der Künste dreißig Geigenschüler:innen und teilte sie in drei Stufen ein: gute, bessere und beste Schüler:innen. Danach befragte er sie, analysierte ihren Lebensstil, ihre Bildung und ihre soziokulturellen Hintergründe – und fand etwas Verblüffendes heraus. Das Einzige, was die Leistungsunterschiede erklärte, war die Menge der Übungseinheiten bis zum 18. Lebensjahr. Die variierte nämlich zwischen 3400, 5300 und 7400 Stunden im Durchschnitt – und jetzt rate mal, wie viel die Besten geübt hatten? Richtig, am meisten. So entstand die 10 000-Stunden-Regel, die mittlerweile allerdings als widerlegt gilt. Ericsson folgerte damals, dass Talent maßlos überschätzt werde. Er glaubte belegt zu haben, dass auch Alter und Intelligenz weniger entscheidend seien als Übung. 2014 kam eine Metaanalyse jedoch zu dem Ergebnis, dass Meisterschaft und messbare Erfolge nur zu zwölf Prozent auf solch langjähriger Übung basieren.[20] Daher wird die Frage mit den Genen von der Wissenschaft weiterhin eifrig diskutiert. Bisherige Untersuchungen konnten besondere Veranlagungen oder Erfolgsgaranten biologisch nicht nachweisen. Weder Veranlagung noch Übung allein sind also für den künstlerischen Durchbruch ausschlaggebend. Das findest du im ersten Moment vielleicht bedauerlich, denn es bedeutet: Wenn du Großes leisten willst, musst du auch Großes tun – und dich nicht auf einem vorhandenen oder nicht vorhandenen Talent ausruhen. Sorry!

Allerdings gibt es ein paar Faktoren, die auch du in Zukunft besser beachten kannst, um deiner Kreativität freien Lauf zu lassen. Einer davon ist die Umgebung, in der du dich aufhältst. Denn nur unter besten Bedingungen gelingt es dir, vollkommen selbstvergessen und vertieft in die Aufgabe, die du bearbeitest, in den Flow zu kommen. Das ist ein Zustand, dem wir uns ausführlich im vierten Kapitel widmen werden – denn in den Flow kann wirklich jeder kommen, egal wie kreativ oder talentiert er ist.

Es ist überaus hilfreich, sich für eine möglichst produktive und kreativitätsfördernde Arbeitsatmosphäre an Kreativen zu orientieren. Sie suchen und erschaffen sich in der Regel nämlich genau die Atmosphäre, in der sie möglichst gut in den Flow kommen. Für manche ist das ein lebhaftes Café am Fuße des Montmartre, andere suchen die Einsamkeit in einer finnischen Waldhütte – da tickt jeder Kreative anders. Einigen ist es wichtig, von möglichst vielen anderen kreativen Köpfen ihrer Disziplin umgeben zu sein und in den inspirierenden Austausch zu gehen. Festivals für Film und Musik, Ereignisse wie eine Buchmesse, Co-Working-Spaces oder wissenschaftliche Institute sind deshalb ein wahrer Hort für schöpferische Kraft. Manche bevorzugen auch die Abgeschiedenheit und Ruhe, um sich von nichts ablenken zu lassen.

Um neue Impulse zu erhalten und die Gedanken in eine andere Richtung wandern zu lassen, nehmen sich Kreative häufig kleine Auszeiten, die sie vom Arbeitsalltag ablenken und die Routinen unterbrechen. Das können Reisen sein, aber auch ein Spaziergang, eine Autofahrt oder ein komplett vergammelter Tag im Bett – Hauptsache, man kommt auf andere Gedanken und träumt vor sich hin. Idealerweise befindet sich das Hirn sogar ein paar Stunden im Ruhemodus, denn in dieser Zeit hat der Geist die Möglichkeit, auf innere Erkundungstour zu gehen.

Ihren Arbeitsrhythmus gestalten Kreative hochgradig individuell. Von manchen Musikschaffenden weiß man, dass sie diszipliniert jeden Tag mindestens eine Stunde irgendwelche Melodien auf dem Klavier klimpern, andere kommen erst in der Nacht in ihre kreative Phase und arbeiten dann bis zum Morgengrauen. Wer schon einmal kreativ gearbeitet hat, weiß, dass die normalen Bürozeiten von acht bis siebzehn Uhr im seltensten Fall zu Höchstleistungen verleiten.

Also, wie sieht es aus? Hast du Lust, für deine nächste kreative Tätigkeit einmal genau die Arbeitsatmosphäre zu schaffen, nach der dir der Sinn steht, und so herauszufinden, wie viel kreative Energie in dir steckt?

—— Übung ——

Für mehr Kreativität im Leben

Die folgende Übung soll dich dazu ermuntern, dich auf mehr Kreativität in deinem Leben einzustimmen. Du kannst die unterschiedlichen Aufgabenstellungen jeden Tag trainieren oder dich ihnen sukzessive annähern, indem du täglich eine neue Aufgabe dazunimmst – ganz so, wie es für dich richtig und gut ist.

• Finde etwas, was dich erstaunt. Schreib es anschließend auf!

• Versetze jemand anderen ins Staunen. Notiere dir, wie es dir gelungen ist.

- Wenn dich etwas interessiert, dann folge diesem Interesse. Egal, was es ist – bleib einfach dran!

- Plane heute bewusst mehrere Zeitfenster für Reflexion und Entspannung ein.

- Gestalte dein Arbeitsumfeld nach deinen Bedürfnissen. Wenn das in deinem normalen Beruf nicht geht, sorge zu Hause für eine ideale Atmosphäre, in der du kreativ tätig werden kannst.

- Was machst du am liebsten? Finde es heraus – und mach dann möglichst viel davon.

- Versuche, zwischen extrovertiertem und introvertiertem Verhalten zu wechseln. Gönne dir also Phasen am heutigen Tag, in denen du möglichst viel Neues aufnimmst, um danach so konzentriert und ungestört wie möglich zu sein.

Ich möchte dich auf deinem Weg in ein zufriedeneres Leben unterstützen, das von Kreativität und einem achtsamen Umgang mit dir selbst geprägt ist. Es geht nicht darum, dich zu einer gefeierten Sopranistin oder einem begnadeten Wissenschaftler zu machen. Mein einziger Wunsch ist, dass du einem erfüllten Leben möglichst nahekommst. Denn jeder Mensch ist in irgendeinem Bereich kreativ, sei es beim Basteln, Kindergeschichtenerfinden, Gärtnern oder Kochen. Es stellt sich lediglich die Frage, ob sich genügend Motivation findet, den vielen Möglichkeiten der Kreativität Raum zu geben. Dafür sollst du so viel wie möglich ausprobieren und genau die

Disziplin finden, in der du dich am meisten kreativ ausleben kannst. Die Wahrscheinlichkeit ist groß, dass du, egal wie sehr du dich anstrengst, keine Höchstleistungen vollbringen oder die kreative Disziplin von Grund auf verändern wirst. Dafür jedoch dein Leben – und das ist doch ein unglaublich erfreulicher Gedanke, oder nicht?

Das kreative Gehirn

Im Reich der Schöpfer

Wir haben uns nun ausführlich mit der Persönlichkeit Kreativer beschäftigt. Bevor ich dir Wege aufzeige, wie auch du mehr Kreativität in dein Leben lassen kannst und deine vorhandenen Begabungen zum Ausdruck bringst, möchte ich mit dir gemeinsam dem Gehirn einen Besuch abstatten.

Oft werde ich gefragt: Ticken Menschen, die hauptberuflich kreativ arbeiten, wirklich anders? Wie du dir denken kannst, tun sie das tatsächlich. Natürlich ist ihr Gehirn genauso aufgebaut wie das jedes anderen Menschen auch – allerdings gibt es im kreativen Gehirn ein paar Besonderheiten. Mithilfe von beeindruckenden Forschungsergebnissen und psychologischen Theorien aus der Persönlichkeitspsychologie und Kreativitätsforschung werde ich dir erklären, was diese Besonderheiten sind. Wir werden uns mit dem wunderbaren Phänomen der Fantasie beschäftigen, und am Ende des Kapitels wirst du hoffentlich verstanden haben, dass Tagträumen viel besser ist als sein Ruf.

In Kapitel 1 hast du erfahren, dass es eine ziemlich knifflige Angelegenheit ist, eine allgemeingültige Definition für Kreativität zu formulieren. Beinahe genauso schwer ist es, ihren Ursprung im menschlichen Gehirn zu finden. Hirnspezialisten weltweit machen seit Jahren nichts anderes, als das etwa anderthalb Kilo schwere Organ in unserem Oberstübchen zu untersuchen, das über fünfhundert Kalorien am Tag verbraucht – das entspricht einem Fünftel unserer täglichen Gesamtkalorienbilanz. Kein Wunder, das Gehirn ist ja auch für die Steuerung fast aller Körperfunktionen zuständig, selbst wenn wir sie nicht bewusst wahrnehmen. Ein Glück, denn wenn wir jedes Mal gezielt daran denken müssten, ein- und auszuatmen, wäre aus der Menschheit sicher nicht viel geworden. Dank der vielen unbewussten Prozesse haben wir aber Kapazität zum Erfinden und Denken frei. Deswegen gibt es auch Menschen, die sich mit Kernspintomografen, Positronen-Emissions-Tomografen, Magnetenzephalografen und Gleichstromstimulation daranmachen, das Gehirn zu erforschen, um unserer Kreativität auf die Spur zu kommen.

Bevor wir in die Tiefen des geheimnisvollen Apparats da oben abtauchen, gehen wir aber einer anderen Frage nach: Ist Kreativität überhaupt messbar? In der Tat existieren Tests, mit denen man ermitteln kann, wie gut eine Person ihre gewohnten Denkstrukturen verlassen kann. Du erinnerst dich bestimmt, man nennt diese Fähigkeit divergentes Denken.

Will man den Einfallsreichtum verschiedener Menschen miteinander vergleichen, kann man ihnen beispielsweise einen Gegenstand zeigen und sie fragen, was man mit ihm alles machen kann. Beispielsweise einen Stift. Wem an dieser Stelle nur »schreiben« einfällt, dem sei gesagt: Da ist noch Luft nach oben! Mit einem Stift kann man nämlich noch viel mehr: in der Nase bohren, eine Hochsteckfrisur machen, in einer Tasse umrühren, eine Kassette zurückspulen … Je mehr Antworten gegeben werden, desto besser. Anschließend wird überprüft, wie flexibel die Antworten sind – also ob sich die Nutzung nur auf das Schreiben bezieht oder ob auch alternative Einsatzmöglichkeiten des Stifts

erwähnt wurden. Diese Art von Test ist übrigens als Ziegelsteintest in die Geschichte eingegangen, denn in der ursprünglichen
Versuchsanordnung wurde nach verschiedenen Möglichkeiten
gefragt, wie man einen Ziegelstein verwenden kann. Das ist doch
eine hübsche Anekdote für das nächste Partygespräch.

Möglicherweise ist dir aufgefallen, dass es bei dem Test vor
allem um Originalität geht – und die ist mit Kreativität nicht
gleichzusetzen. Um wirklich als kreativ zu gelten, genügt es nicht,
möglichst viele originelle Einfälle zu haben – und überhaupt, wir
haben ja gelernt, dass Kreativität viele Gesichter hat. Die individuelle Schöpferkraft eines Menschen kann man mit einem Test
also nicht messen – lediglich seine relative Kreativität. Der absoluten Kreativität ist mit empirischen Methoden bislang nicht
beizukommen, und das liegt in der Natur der Sache. Würde man
einen Kreativen nämlich testen wollen, müsste er auf Komman-
do kreativ sein. Das widerspricht dem spontanen Charakter vieler kreativer Prozesse und Werke. Ein bisschen problematisch ist
außerdem, dass man das Gehirn nur mithilfe bestimmter Appa-
rate abbilden kann. Kannst du dir vorstellen, in einem MRT zu
liegen und dabei eine Oper zu komponieren? Eben.

Dennoch gibt die Forschung nicht auf und entwickelt
immer ausgeklügeltere Methoden, um Kreativität messbar zu
machen. Joy Paul Guilford legte mit seinem psychometrischen
Ansatz den Grundstein dafür, nicht Kreativität als Ganzes,
sondern verschiedene psychologische Merkmale mittels Frage-
bogen zu ermitteln:[21]

- die Problemsensitivität (das ist die Fähigkeit,
  Probleme überhaupt als solche zu erkennen),

- die sogenannte Flüssigkeit im Denken (damit
  beschreibt man die Fähigkeit, schnell viele Ideen und
  Assoziationen zu produzieren),

- Flexibilität im Denken,

- die Fähigkeit zum Improvisieren,

- die Fähigkeit, eine Idee im Rahmen der aktuellen Situation auszuarbeiten, und

- Originalität.

Allerdings muss ein Mensch, der in all diesen Disziplinen hervorragend abschneidet, noch lange kein Schöpfer sein. Genau deswegen sind diese Tests in der Praxis vermutlich auch so umstritten.

Immerhin sind wir dank einiger bahnbrechender Erfindungen im Bereich Medizintechnik mittlerweile in der Lage, in ein Hirn hineinzuschauen, ohne den Schädel dafür vorher aufzuschneiden und den Untersuchten damit mit großer Wahrscheinlichkeit um die Ecke zu bringen. Dass wir so wenig über dieses Organ wissen, das uns antreibt, denken, fühlen, hoffen und lieben lässt, ist dennoch erstaunlich. Wir erforschen das Weltall, entschlüsseln DNS-Sequenzen und experimentieren mit gespaltenen Atomkernen. Aber wie der graue Kasten da oben funktioniert, verstehen wir zu sehr großen Teilen noch immer nicht. Der Medizinnobelpreisträger von 2013, Thomas Südhof, geht sogar davon aus, dass wir gerade einmal fünf Prozent von dem verstehen, was in unserem Hirn vor sich geht. Die restlichen 95 Prozent sind Annahmen und Vermutungen, die nach und nach widerlegt werden.

Neben den vielen Dingen, die wir immer noch nicht wissen, ist ein Fakt jedoch gewiss: Unser Gehirn besteht aus zwei Hälften. Jahrelang wurde der Mythos genährt, dass Kreativität ausschließlich in der rechten Gehirnhälfte beheimatet sei. Eine amerikanische Studie aus dem Jahr 2012 um die Neurowissenschaftlerin Lisa Aziz-Zadeh konnte diese These über Kreativität jedoch entkräften. Sie stellte fest, dass Kreativität nicht nur die rechte Gehirnhälfte beansprucht, sondern dass beim kreativen Prozess beide Gehirnhälften aktiv sind.[22] In der Untersuchung wurden Freiwilligen im MRT verschiedene Formen, beispielsweise eine Acht oder ein C, präsentiert. Ihre Aufgabe bestand darin, aus diesen Formen ein Gesicht zu basteln, indem sie die Acht hinlegten und zum Beispiel ein Paar Augen daraus bildeten. Die Forscher:innen fanden heraus, dass beim Lösen dieser Aufgabe beide Gehirnhälften Aktivität zeigten – sowohl die linke, die angeblich für Logik zuständig ist, als auch die rechte, in der man bis dahin die Kreativität verortet hatte.

Mittlerweile weiß man, dass das Hirn bei kreativen Prozessen nicht nur eine Hemisphäre benutzt, sondern dass verschiedene Regionen beider Gehirnhälften aktiviert werden, die miteinander interagieren. Aber welche das sind? Darüber herrscht erstaunliche Ratlosigkeit. Mit einer einzigen Ausnahme: Der präfrontale Cortex, also der Teil des Gehirns, der direkt hinter der Stirn liegt, scheint mit der Kreativität besonders in Verbindung zu stehen. Welche Rolle er dabei genau spielt, daran wird weiter geforscht.[23]

Es gibt noch mehr Fehlannahmen, die inzwischen widerlegt wurden. Über eine lange Zeit ging man beispielsweise davon aus, das Gehirn sei eine Art riesiges Rechenzentrum, in dem im Laufe eines Lebens unzählige Daten abgespeichert werden. Das ist ein Grund, warum in den meisten Schulen der westlichen Welt vor allem Fakten vermittelt werden, welche die Kinder pauken und zu einem bestimmten Zeitpunkt wiedergeben müssen. Unsere Gesellschaft schreibt Prozessen, in denen Logik und Analysefähigkeit gefragt sind, nach wie vor größere Bedeutung zu als der Kreativität – und das, obwohl wir vor großen Herausforderungen stehen, die nur durch wahre Geniestreiche gelöst werden können.

Um kreativ zu denken, müssen beide Hemisphären des Gehirns zusammenarbeiten. Dafür sorgt das sogenannte Corpus callosum. Es ist die größte Bündelung der weißen Substanz im

Großhirn und auch als Hirnbalken bekannt. Dieser Balken, der aus über 200 Millionen Nervenfasern besteht, ist dafür zuständig, die Kommunikation zwischen den beiden Gehirnhälften zu erleichtern. 2013 wurde übrigens in einer Studie festgestellt, dass die Hirnhälften von Albert Einstein besonders gut zusammengearbeitet haben müssen. Er besaß nämlich einen sehr ausgeprägten Balken.[24]

Na toll, denkst du jetzt vielleicht. Ich brauche also einen eins a funktionierenden Balken im Großhirn, um kreativ zu sein. Die gute Nachricht: Du kannst ihn trainieren!

Dein Gehirn verfügt nämlich über eine unglaublich tolle Eigenschaft, die man Neuroplastizität nennt. Klingt kompliziert, heißt aber nichts anderes, als dass das Gehirn ein Leben lang formbar bleibt. Synapsen, Nervenzellen, aber auch ganze Hirnareale sind in der Lage, ihre Anatomie und Funktion zu ändern. Wir beschäftigen uns hier mal nur mit den Synapsen, also den Verbindungspunkten zwischen zwei Nervenzellen.

Immer wenn du etwas Neues erfährst oder lernst, legt dein Gehirn einen neuen Pfad zwischen verschiedenen Nervenzellen an. Deswegen ist Lernen auch so anstrengend: Die grauen Zellen in deinem Schädel arbeiten mit Höchstleistung! Nun ist es aber nicht so, dass jeder Pfad, der gelegt wurde, für immer bleibt. Das wäre einerseits schön, weil wir dann nie wieder eine Vokabel vergessen würden. Andererseits wäre es ziemlich unpraktisch, weil wir nicht mehr in der Lage wären, ein Verhalten anzupassen oder einen Gedanken zu revidieren. Stell dir vor, du wüsstest bis heute, wo du vor elf Jahren, sieben Monaten und dreizehn Tagen deinen Schlüssel hingelegt hast … Was für eine Datenmenge käme da im Laufe des Lebens zusammen! Vollkommen unwichtige Details würden mit notwendigen Informationen konkurrieren, und es würde ein riesiges Kuddelmuddel geben. Deswegen »vergisst« das Gehirn Informationen, die es nicht mehr braucht. Es schafft Platz für die wirklich wichtigen Dinge.

Nimm einmal an, du hast gelernt, was das hübsche englische Wort »serendipity« bedeutet, nämlich »glücklicher Zufall«. Du hast es einmal im Vokabeltest richtig aufgeschrieben und danach nie wieder benutzt, möglicherweise, weil du aufgehört hast, Englisch zu lernen oder zu sprechen, oder weil dir das Wort einfach nie wieder begegnet ist. Und nun passiert Folgendes: Der Weg wird bei Nichtbenutzung wieder abgebaut. Offenbar gibt es keine Notwendigkeit, ihn bereitzuhalten – es will ja kein elektrischer Impuls mehr darübergehen. Der Pfad verschwindet, du vergisst die Vokabel. Selbst wenn du das Wort Jahre später noch einmal liest, erinnerst du dich nicht mehr an seine Bedeutung. Das Gleiche passiert mit den Informationen, die dein Gehirn im Kurzzeitgedächtnis zwischengespeichert hat, aber dann nicht mehr braucht, wie zum Beispiel, wo dein Schlüssel am 5. Mai 2005 gelegen hat. Diese Information wird nicht ins Langzeitgedächtnis verschoben, ihr neuronaler Pfad wird stattdessen abgebaut, denn er ist nutzlos geworden.

Je häufiger das Hirn einen Pfad aber »geht«, desto stabiler wird er. Vokabeln, Rechenwege, Verhaltensweisen und so weiter werden so in unserem Gehirn gespeichert. Auch Gewohnheiten werden von uns in Form eines Weges im Hirn festgelegt, genau wie Wortbedeutungen und alles andere. Manchmal bilden sich richtige Trampelpfade, die täglich begangen werden und deswegen breit geworden sind. Wie du dir sicher vorstellen kannst, ist es wahnsinnig schwer, einen solchen neuronalen Trampelpfad wieder zu verlassen, wenn sich das Hirn daran gewöhnt hat, ihn andauernd zu gehen. Ist doch so herrlich bequem! Deshalb lassen wir schlechte Gewohnheiten schwer los: Unser Gehirn will uns immer wieder auf den alten Weg zurückführen. Hat sich bewährt, spart Energie.

Wie du aber bestimmt aus eigener Erfahrung weißt, kann man alte, nervige Angewohnheiten durchaus loswerden und neue etablieren. Dazu gehört vor allem Wiederholung. Wenn du ab heute ein sportlicherer Mensch werden willst, brauchst du nicht nur Ausdauer beim Laufen, du brauchst auch Ausdauer, um die Trampelpfade in deinem Gehirn zu überwinden, die dir sagen: »Bleib liegen! Ist viel gemütlicher auf dem Sofa. Joggengehen ist doch so anstrengend ...« Immer wenn du so etwas merkst, weißt du, dass dein Hirn gerade versucht, dich auszutricksen. Je häufiger du dich aber trotzdem aufraffst, desto leichter wird es dir irgendwann fallen, diesen neuen Weg ganz selbstverständlich zu gehen. Der alte Weg, also Sofa, Chips, Fernsehen und so weiter, wird nach und nach abgebaut, der andere wird breiter. Dein Gehirn hat sich gewandelt. Genau das ist gemeint, wenn in der Neurobiologie oder der Psychologie von Neuroplastizität die Rede ist.

Zurück zum Hirnbalken. Es gibt verschiedene Möglichkeiten, die Vernetzung der beiden Gehirnhälften zu trainieren – und die meisten sind sogar ganz leicht umzusetzen. Beispielsweise stärkt es die Kommunikation zwischen den Hemisphären, wenn du beim Denken auf und ab gehst. Auch einige kinesiologische Übungen sind hilfreich. Probier es doch gleich mal aus!

—— Übung ——

Koordinationstraining

Lege eine Hand auf deinen Bauch, die andere auf den Kopf. Die Hand auf dem Bauch beginnt nun zu kreisen, während die Hand auf dem Kopf sachte damit anfängt, auf den Scheitel zu klopfen. Sobald du dich einigermaßen sicher fühlst, wechsle die Hände.

Bestimmt hast du schon mal von der Methode Mindmapping gehört. Auch sie unterstützt einen aktiven Austausch zwischen den Gehirnhälften, weil relativ chaotische, kreative Gedanken visuell in einer Struktur festgehalten werden. Die linke und die rechte Hemisphäre werden also gleichzeitig benutzt.

Eine aktive Kommunikation über den Hirnbalken ist eine sehr gute Voraussetzung für kreative Prozesse, denn Kreativität setzt ein funktionales Zusammenspiel verschiedener Hirnareale voraus. Konkreter kann die Wissenschaft aktuell leider nicht sein. Ich gebe zu, das klingt erst mal ernüchternd. Sind wir in so vielen Jahren Menschheitsgeschichte nicht weiter ins Hirn vorgedrungen?

Doch, zumindest ein bisschen. Denn auch die Rolle des präfrontalen Cortex – oder Stirnhirns – wird in der Forschung heiß diskutiert. Dieses Hirnareal ist besonders aktiv, wenn Handlungen geplant und geordnet werden oder es um Kontrolle geht – etwa, wenn du dich beim Sprechen zensierst, dir also auf die Zunge beißt, oder deine Aussage während des Redens anpasst. Man weiß, dass der präfrontale Cortex bei kreativer Arbeit häufig aktiv ist – genau wie bei allen anderen höheren geistigen Prozessen. Neben der Verbindung der beiden Gehirnhälften mit ihren unterschiedlichen Funktionsbereichen mischt in kreativen Prozessen also auch der präfrontale Cortex mit, der quasi als Kontrollinstanz wie ein Schiedsrichter beim Tennismatch überprüft, dass alles mit rechten Dingen zugeht.

Aber eben nicht immer. Es gibt Kreative, die kommen ohne Schiedsrichter aus.

Die Wissenschaftler Allan Braun und Charles Limb von der Johns-Hopkins-Universität in Baltimore fanden 2008 heraus, dass der dorsolaterale präfrontale Cortex bei Jazzmusikern nicht etwa mehr, sondern weniger Aktivität zeigte, wenn sie improvisierten.[25] Heißt: Sie regelten alle Kontrollinstanzen herunter, um ihrer musikalischen Kreativität möglichst frei Ausdruck verleihen zu können. Eigentlich ist die genannte Hirnregion ja dafür da, den freien, assoziativen und impulsiven Fluss der Ideen zu bremsen beziehungsweise in brauchbare Bahnen zu lenken. Für Jazzmusiker:innen wäre diese Kontrolle mitunter kontraproduktiv. 2016 wurde in Baltimore bei Versuchen im MRT herausgefunden, dass die Aktivität im präfrontalen Cortex beim Improvisieren gefühlsabhängig ist. Beim spontanen kompositorischen Verarbeiten positiver Gefühle ist er weniger aktiv, bei negativen Gefühlen indes sogar aktiver als sonst.[26]

Das stärkt die Vermutung, dass die zerebralen Vorgänge genauso unterschiedlich sind wie die Arten von Kreativität, die wir kennen. Tatsächlich arbeiten Kreative weltweit und in jeder Domäne höchst unterschiedlich. Die einen geben sich vollkommen dem assoziativen Gedankenstrom hin und improvisieren, die anderen arbeiten akribisch und methodisch, wieder andere grübeln sehr lange und erleben plötzlich einen Geistesblitz.

In Kapitel 1 haben wir bereits von divergentem und konvergentem Denken gesprochen und Mr Guilford kennengelernt, der das Phänomen lange Zeit untersuchte. Wie du weißt, ist divergentes Denken bei der kreativen Arbeit sehr wichtig, also die Fähigkeit, zu assoziieren, gedanklich flexibel zu sein und Informationen in neue Zusammenhänge zu bringen. Das vergrößert die geistige Offenheit, die Neugier und die Experimentierfreude. Kritische Einwände werden weitestgehend ausgeblendet, weil man sich nicht auf eine Lösung festlegen, sondern Ideen weiter intuitiv sprudeln lassen will. Divergent arbeitet man relativ »unzensiert« – im Gegensatz zum konvergenten Denken. Das ist analytisch, linear und zielt auf eine einzige Lösung ab. In unserem Alltag denken wir meistens konvergent: *Wie viel Mehl brauche ich für einen Kuchen? Wie lange muss ich heute noch arbeiten? Wo ist mein Schlüssel? Was ist 4 x 13?* Unsere Welt wird von konvergentem Denken maßgeblich beeinflusst, wir erlernen es bereits in der Schule. Würde nämlich jede Schülerin, jeder Schüler eine andere, möglichst kreative Antwort auf die Frage *Was ist 4 x 13?* geben, würde am Ende niemand rechnen können, und die Lehrkräfte stünden vor der Herausforderung, die unterschiedlichen Antworten der Kinder zu bewerten.

Wie gesagt, für die Kreativität brauchen wir beide Denkarten. Das divergente Denken hilft uns, verschiedene Lösungsansätze für ein Problem zu entwickeln, um flexibel und beweglich zu bleiben und mit dem Kopf nicht immer wieder gegen dieselbe Wand zu laufen. Mit konvergentem Denken sind wir allerdings in der Lage, aus den unendlichen Möglichkeiten die Lösung herauszusuchen, die uns nützt und zielführend ist. Ansonsten könnte es passieren, dass wir vor lauter toller Ideen gar nicht ins Handeln kommen.

Ein Beispiel: Du stehst an der Kasse und bemerkst, dass du zu wenig Bargeld eingesteckt hast. Mit der Karte kannst du erst ab einem Mindestbetrag von 15 Euro bezahlen. Sofort spuckt dein Hirn (und zwar ohne dass du es bewusst wahrnimmst) alle möglichen Ideen aus, wie du nun vorgehen könntest. Es wäre möglich, die Produkte zurückzulegen und unverrichteter Dinge nach Hause zu gehen – heute bleibt die Küche eben kalt. Oder du drehst eine weitere Runde durch den Laden und kaufst noch mehr, um auf den Mindestbetrag zu kommen. Du könntest versuchen, die Kassiererin zu überreden, dich auch den kleineren Betrag mit Karte zahlen zu lassen. Oder die Person in der Schlange nach dir fragen, ob sie dir den fehlenden Euro schenkt. Auch wäre es möglich, zumindest in der Theorie, alle Produkte, die du haben willst, schnell einzustecken und wegzurennen …

So kreativ die Antworten deines Gehirns auf deine Problemstellung auch sein mögen: Zum Glück gibt es das konvergente Denken, das abwägt, welches Verhalten angemessen und zielführend ist.

Es ist wenig überraschend, dass sich konvergentes Denken viel einfacher überprüfen und vergleichen lässt als divergentes. Und wie sieht es mit dem kreativen Potenzial aus? In sogenannten »Remote Associates Tests« bekommen Proband:innen Wörter, die auf den ersten Blick nichts miteinander zu tun haben, zum Beispiel Schlag, Stamm, Krone. Sie werden im Folgenden dazu aufgefordert, ein Wort zu finden, das in Verbindung mit Schlag, Stamm und Krone ein zusammengesetztes neues Wort ergibt. In diesem Beispiel: Baum. Mit Baum und den drei Wörtern kannst du neue Wortverbindungen bilden. Schlagbaum, Baumstamm, Baumkrone. Willst du es mal selbst versuchen?

— ÜBUNG —

Ein Wort für alle

Finde das Wort, das mit den drei folgenden Wörtern je ein zusammengesetztes neues Wort bildet:

Frau

Arbeit

Bau

Bist du draufgekommen? Das gesuchte Wort lautet »Haus«. Du kannst daraus Hausfrau, Hausarbeit, Bauhaus, aber natürlich auch Hausbau bilden.

Während du die Übung gemacht hast, ist dir vermutlich aufgefallen, dass du einerseits sehr analytisch gedacht hast – aber ganz ohne Kreativität und Assoziationen bist du auch nicht ausgekommen. Kann man divergentes und konvergentes Denken überhaupt voneinander trennen? Auch da ist sich die Wissenschaft – Überraschung! – nicht einig. Für dich persönlich ist es im Grunde auch egal. Dein Gehirn ist zu beiden Denkarten in der Lage, und darauf kommt es an. Denn für das kreative Denken ist vor allem die Verbindung der beiden Hirnhälften wichtig.

Eine internationale Forschungsgruppe aus den USA und Italien untersuchte 2017 die Gehirne von fast vierzig Personen, genauer gesagt deren weiße Substanz, die vorrangig aus Axonbahnen besteht und Milliarden von Neuronen miteinander verbindet.[27] Bei 85 Prozent der Untersuchten konnten keine statistisch signifikanten Unterschiede zwischen den beiden Gehirnhälften festgestellt werden. Als die Wissenschaftler:innen jedoch zu den 15 Prozent kamen, die in einem Kreativitätstest vorher am besten abgeschnitten hatten, und die Daten mit den 15 Prozent verglichen, die bei diesem Test die schlechtesten Ergebnisse erzielt hatten, bemerkten sie, dass bei den »Kreativen« deutlich mehr Verbindungen zwischen Arealen in beiden Hemisphären, vor allem im Frontallappen, zu beobachten waren. In diesem Frontallappen sitzt auch der präfrontale Cortex. Auf Basis dieser Studie fanden andere Forscher:innen später heraus, dass sich anhand von bestimmten Konnektivitätsmustern erkennen lässt, ob eine Person kreativ ist oder nicht. Es kommt also vor allem auf die Wechselwirkung zwischen unterschiedlichen Gehirnarealen an, insbesondere, wenn diese Regionen sonst eher unabhängig voneinander oder gegenläufig arbeiten. Allerdings muss auch hier wieder gesagt werden, dass die Art der kreativen Betätigung eine Auswirkung auf die jeweils beanspruchten Hirnregionen hat.

Besonders eindrucksvoll lässt sich dies im Bereich der Musik erkennen. Dass sich die Gehirne von Musiker:innen und Nichtmusiker:innen unterscheiden, konnte mittlerweile in vielen

Studien belegt werden. Hirnareale, die das Hören, das räumliche Sehen und die Motorik steuern, sind bei Musiker:innen signifikant vergrößert – was irgendwie auf der Hand liegt, immerhin müssen Musiker:innen in der Lage sein, Noten zu lesen, ihre Hände zielsicher zu bewegen und währenddessen auch noch zu hören, ob sie richtig spielen.

Eine interessante Beobachtung ist jedoch, dass bei einer Jazzmusikerin und einem Konzertgeiger unterschiedliche Hirnprozesse ablaufen. Und das, obwohl sie beide Musik machen. Wie kann das sein?

Zunächst einmal stellen wir fest, dass es kein Hirnareal gibt, das ausschließlich für Musik zuständig ist. Stattdessen werden viele verschiedene Regionen aktiviert. Allerdings gibt es grundsätzliche Unterschiede in der Art des Musizierens, denn ob man ein Stück möglichst einfühlsam interpretiert und technisch perfekt wiedergibt oder ob man es, wie ein Jazzmusiker, so einfallsreich und kreativ wie möglich variiert, ist natürlich nicht das Gleiche. Während klassische Musiker:innen vor allem auf das »Wie« achten, konzentrieren sich Jazzmusiker:innen auf das »Was«. Sie improvisieren zu Harmonien, brechen aus, erfinden die Melodie aufs Neue oder entwickeln sie weiter, um sich dann wieder an die Band anzupassen, die in der Zwischenzeit vielleicht die Tonart gewechselt hat. Das bedeutet, Jazzmusiker:innen komponieren während des Spiels unablässig eine passende und doch originelle Variation der Melodie, die allen bekannt ist oder gerade entsteht. Ein hochkomplexer Vorgang! In Sachen Flexibilität und Einfallsreichtum macht Jazzmusiker:innen also keiner was vor. In verschiedenen Untersuchungen hatten die klassischen Musiker:innen allerdings motorisch die Nase vorn, da sie eher gewohnt sind, ungewöhnliche oder komplizierte Fingerbewegungen auszuführen.

Die kreativen Prozesse des Musizierens wurden bereits in verschiedenen Studien untersucht, unter anderem von Mathias

70

Benedek an der Universität Graz.[28] Seine Forschungsgruppe überprüfte die kreativen Fähigkeiten von Musikstudierenden aus den Bereichen Volksmusik, Klassik und Jazz. Mithilfe von Fragebögen, Persönlichkeitstests und Denkaufgaben untersuchten die Forscher:innen die Kreativität der Studierenden und fanden heraus, dass die Jazzmusiker:innen die höchste Konzert- und Improvisationsaktivität aufwiesen und eine deutlich höhere Bereitschaft zeigten, sich auf neue Erfahrungen einzulassen. In den Tests zeigten sie sich durchweg kreativer als die anderen Studierenden. In weiterführenden neurowissenschaftlichen Studien konnte dargestellt werden, woher kreative Einfälle kommen: Bekanntes oder bereits Erlebtes wird im Gehirn auf eine neue Art miteinander verknüpft. Mit der göttlichen Eingebung, an die man jahrhundertelang glaubte, hat das nun wirklich nicht mehr viel zu tun.

Es gibt noch weitere Areale, die bei kreativen Prozessen eine wichtige Rolle spielen. Diese wurden mehr oder weniger durch Zufall entdeckt, und zwar im Jahr 2001 von Marcus Raichle, einem US-amerikanischen Radiologen. In einem Versuch mit Freiwilligen, die in einem Tomografen lagen und dabei verschiedene Tests absolvieren sollten, fiel ihm auf, dass auch zwischen den Tests Hirnaktivität zu messen war, und zwar nicht zu knapp. Bislang war man immer davon ausgegangen, dass im Hirn auch mal gähnende Leere herrsche und Gedanken vollständig ausblieben. Raichle fand allerdings heraus, dass ununterbrochen Gehirnaktivitäten messbar waren. Manche seiner Kolleg:innen nannten diese Hintergrundprozesse die »dunkle Energie des Gehirns«. (Musst du dabei auch an »Star Wars« denken?!)

Wie dem auch sei, dank Raichle wissen wir, dass beim »Nichtdenken« andere Hirnareale aktiv sind als während des Lösens einer Aufgabe. Sogar das unbeschäftigte Gehirn zeigt demnach eine Aktivität, wenn auch nicht in den Bereichen, in denen die Konzentration beheimatet ist. Die verschiedenen in Ruhephasen aktiven Areale nannte Raichle *default mode network*, auf Deutsch »Basis- oder Ruhezustandsnetzwerk«.[29] Ein fragwürdiger Begriff, denn von einem Ruhemodus oder von »Nichtdenken« kann ja wirklich keine Rede sein. Das kann ich dir sogar beweisen.

—— Übung ——

Leere im Kopf

Schließ die Augen und versuche, an nichts zu denken. Sagen wir, für fünf Sekunden.

Und, wie läuft's? Gar nicht so leicht, was? Probiere es noch einmal, diesmal bekommst du zehn Sekunden Zeit.

Hat es geklappt? Vermutlich ging es schief. Es ist nämlich verteufelt schwer, an gar nichts zu denken. Andauernd wabert irgendein Gedanke im Kopf herum! *Was muss ich noch einkaufen? Habe ich für morgen alles vorbereitet? Mist, ich muss mich noch bei meiner Freundin melden* … Du kennst das. Aber mach dir nichts draus, es geht fast allen Menschen so. Das Gehirn hat nämlich keine Pausetaste.

———————

Die grauen Zellen in deinem Schädel arbeiten einfach immer. Im Schlaf, im Tagtraum, beim Duschen, Kochen, Lesen, Filmeschauen … sogar bei der Arbeit, auch wenn das bei manchen deiner Kollegen nicht so wirkt. Von Ruhe kann also keine Rede sein.

Somit ist es keine Überraschung, dass der Radiologe Raichle, kaum dass er das Ruhezustandsnetzwerk entdeckt hatte, prompt für die Namensgebung kritisiert wurde. Wenn ununterbrochen und im freien Fluss Erinnerungen, Pläne und Vorstellungen assoziativ und höchst chaotisch durcheinanderwabern, kann man doch nicht ernsthaft von Ruhe sprechen!

Warum wurde dieses Netzwerk erst so spät entdeckt? Man schaut doch schon seit Jahren unter die Schädeldecke beziehungsweise durch sie hindurch. Nun, zum einen ist es nicht ganz einfach, Hirnareale zu finden, die zwar zusammengehören, aber nicht nebeneinanderliegen. Darüber hinaus ist es eine ziemliche Herausforderung, *nicht* zielgerichtete Gedankenströme zu messen. Beim Lösen einer Matheaufgabe ist das deutlich einfacher: Entweder man konzentriert sich darauf, oder man tut es nicht. Einen Menschen dazu zu bringen, bewusst »an nichts« zu denken, ist eine ganz andere Sache. Will man also das Ruhezustandsnetzwerk erforschen, muss man die Untersuchten zu Tode langweilen. Erst dann fangen sie an, sich dem Strom ihrer Gedanken hinzugeben, und schweifen ab. Die Wissenschaft geht davon aus, dass wir die Hälfte unserer Wachzeit mit diesen herumwandernden Gedanken verbringen – nur merken wir es nicht, weil nämlich immer dann, wenn das Ruhezustandsnetzwerk aktiv ist, das Areal für Selbstreflexion, also das Denken über das Denken, Pause hat.

Bereits im 19. Jahrhundert wurden Tagträume erkannt und in der Psychoanalyse beschrieben. Vor allem Sigmund Freud nahm sich des Phänomens an. 1899 beschrieb er es in »Die Traumdeutung« als bildhafte, mit Nachtträumen verwandte Fantasievorstellungen und Imaginationen. Während wir im Schlaf nur wenig Möglichkeit haben, unsere Träume zu steuern, können wir einen Tagtraum beeinflussen – sowohl in seiner Entstehung als auch in seiner Handlung. Bei einem Tagtraum handelt es sich um eine Bildfolge vor dem inneren Auge. Das Bewusstsein ist dabei leicht erweitert, die Reize von außen werden schwächer wahrgenommen, der Fokus wird auf die Gedankenwelt gelegt, und man gelangt in eine Art Trance. Um in einen Tagtraum zu gelangen, muss man ziemlich entspannt sein, am besten sogar allein, weil dann nicht viel von der Reise nach innen ablenkt. Übrigens bedeutet Tagträumerei nicht, dass ein vollständiger Film ablaufen muss. Das Wandern, Springen und Schweifen von einem Gedanken zum anderen, manchmal mit unzähligen Wiederholungen, manchmal vollkommen assoziativ und irrational, kann durchaus aus vielen unterschiedlichen Minimomenten entstehen, die lose aneinandergereiht werden. Mach dich also nicht fertig, falls dir bei deinen ersten Tagträumereiversuchen nicht gleich ein abendfüllender Spielfilm gelingt. Ziel ist ja nicht, dass du das beste imaginäre Drehbuch der Welt verfasst, sondern dass du den Tagträumen in deinem Leben grundsätzlich ein bisschen mehr Raum gibst.

Und das ist Herausforderung genug, denn unsere Gesellschaft hat etwas gegen das Tagträumen. Es gilt als ineffizient und verschwenderisch. Dabei ist mittlerweile wissenschaftlich belegt, dass es nicht nur die Kreativität, sondern vor allem das eigene Wohlbefinden steigert, wenn man sich immer wieder mental auf Wanderschaft begibt. Neben exorbitanter Langeweile eignen sich auch monotone Tätigkeiten für das Gedankenwandern. Joggen, Autofahren oder eine Wand zu streichen sind hervorragend dazu geeignet. Das Gehirn schaltet in diesen Situationen nämlich in den Ruhezustand. Die Tätigkeit ist so in Fleisch und Blut übergegangen, dass sie von allein erfolgt und keine besondere Aufmerksamkeit von uns erfordert. Das gibt dem Ruhezustandsnetzwerk die Gelegenheit, hochzufahren und mit dem Gedankenstrom loszulegen. Die äußeren Reize werden ausgeblendet, das innere Strömen beginnt. Man nennt das auch reizunabhängiges Denken. Menschen denken also *immer*. Tun sie es nicht mehr, haben sie ein ganz anderes Problem, dann sind sie nämlich tot.

Gedankenwandertag

Lenke dich am heutigen Tag in vier bestimmten Situationen nicht durch Musik, Telefonate, Instagram-Feeds oder andere Medien ab, sondern lass die Gedanken bewusst wandern. Die vier Situationen kannst du dir leicht merken, sie fangen nämlich alle mit einem B an:

Bett

Bus

Bad

Bar

Wenn du nicht mit dem Bus fährst, kannst du natürlich auch im Auto oder auf dem Rad den freien Gedankenstrom praktizieren – allerdings solltest du da auch noch ein Auge auf den Verkehr haben. Wie wäre es vielleicht noch mit einem kleinen Spaziergang in der Mittagspause oder nach der Arbeit?

Und falls es gerade keine Bar in der Nähe gibt: Auch zehn Minuten ohne Ablenkung auf dem heimischen Sofa genügen, um deinen Geist zu entspannen. Wenn du ganz mutig bist, kannst du es auch während eines besonders langweiligen Meetings bei der Arbeit versuchen.

————

Wenn du an Tagträume denkst, kommen dir vielleicht fantasievolle Reisen in den Sinn, auf die du dich mental begibst.

Tatsächlich sind unsere Tagträume viel weniger interessant, als man im ersten Augenblick annimmt. Wir erfinden nämlich nicht vollkommen frei, sondern spielen allerlei Szenen aus unserem Leben nach, fast wie beim Schlafen, nur eben im Wachzustand – und etwas weniger verrückt. Vor allem Ereignisse der Vergangenheit und der Zukunft stehen im Tagtraumkino auf dem Programm. Entweder kauen wir Vergangenes unendlich oft durch und stellen uns tagträumend vor, wie wir alternativ hätten reagieren können. Oder wir malen uns Zukünftiges in den schillerndsten Farben aus und testen verschiedene Variationen dessen, was am Ende vermutlich sowieso nicht eintritt.

Ist Tagträumen also unvernünftig? Nein, keineswegs. Der amerikanische Schriftsteller Henry David Thoreau meinte einmal: »Das wahre Leben ist, wenn wir in Träumen wach sind.« Da haben wir es doch. Tagträume sind keine Zeitverschwendung, selbst wenn man sich manchmal fragt, warum man sich im Nachgang oder im Vorfeld so intensiv mit einem Thema oder einem Ereignis beschäftigt hat. Es geht beim Tagträumen nicht darum, eine ultimative Lösung für ein Szenario zu finden. Die mentalen Auszeiten haben einen anderen Wert für uns. Indem wir verschiedene Möglichkeiten, wie sich etwas entwickeln wird oder hätte entwickeln können, im Geiste durchspielen, erschaffen wir neue Ideen und regen unsere Fantasie an. Auch Erinnerungen werden gefestigt und Pläne geschmiedet. Tagträumen ist also so etwas wie der innere Probelauf des Gehirns in Bezug auf das, was uns im Außen bevorsteht. Damit simulieren wir die Wirklichkeit und schaffen alternative Handlungsmöglichkeiten. Ein Hoch auf den Müßiggang! Beim Nichtstun die Persönlichkeit weiterzuentwickeln und sich empathisch in andere hineinzuversetzen – klingt fast zu gut, um wahr zu sein. Da darf die Frage erlaubt sein, warum wir nicht viel, viel häufiger tagträumen, uns sogar bewusst in den Zustand des »Nichtstuns« versetzen. Tja, daran ist wohl unser modernes Leben schuld. Wann hast du das letzte Mal einfach gar nichts gemacht? Im Bus, im Café oder auf einer Parkbank dein Handy in der Tasche gelassen und dich mit nichts anderem als deinen Gedanken beschäftigt? Wir sind ständig abgelenkt, und zwar in einem Ausmaß, dass wir die Stille fast nicht mehr ertragen. Wir haben verlernt, die Gedanken wandern zu lassen. Im geistigen Ruhezustand, also bei monotonen Tätigkeiten, klappt es von allein, aber durch uns bewusst initiiert? Ganz schwer. Das gelingt denjenigen, die regelmäßig meditieren oder sich anderweitige Auszeiten nehmen. In der Regel schaffen wir es am Morgen aber nicht einmal, fünf Minuten im Bett liegen zu bleiben, ohne gleich nach dem Handy zu greifen. In der Netflix-Dokumentation »Das Dilemma mit den sozialen Medien« sagte einer der befragten Experten zu unserem Smartphone-Konsum: »Die Frage ist nicht, ob Sie Ihr Handy am Morgen in die Hand nehmen, sondern ob Sie es gleich nach dem Aufwachen oder anschließend auf der Toilette tun.«[30]

Ups. Ertappt.

ÜBUNG

Tagträumen üben

Versuche, in mindestens drei Situationen im Laufe des nächsten Tages dein Smartphone in der Tasche und deine Gedanken wandern zu lassen. Du kannst es kurz nach dem Aufwachen ausprobieren, auf der Fahrt zur Arbeit oder bei einem kurzen Spaziergang in der Mittagspause. Es ist vollkommen egal, ob du sinnvolle Dinge denkst oder nicht. Lass die Gedanken einfach treiben, solange du kannst.

Eine der Hirnregionen, die ebenfalls zum Ruhezustandsnetzwerk gehört, ist der Hippocampus. Dieses Areal gilt als zentrale Schaltstelle des limbischen Systems. Pro Hemisphäre haben wir je einen Hippocampus, und falls du schon immer wissen wolltest, wie der Plural heißt: Hippocampi. Niedlich, oder? Das ist Latein und bedeutet Seepferdchen, denn genau so eine Form hat der Hippocampus, wie ein Seepferdchen mit sehr kleinem Kopf.

Im Hippocampus – oder besser: in den Hippocampi – werden Informationen weiterverarbeitet und vom Kurzzeit- in das Langzeitgedächtnis verschoben. Von dort können wir sie bei Bedarf wieder abrufen. Um neue Vorstellungen und Ideen zu entwickeln, greifen wir auf bereits Vorhandenes und Erlebtes zurück – aus Alt mach Neu. Man könnte sogar sagen, dass all unsere Ideen im Grunde recycelte und weiterverarbeitete Informationen sind. Je häufiger wir uns mental auf Reisen begeben und dem Gedankenstrom folgen, desto ausgeprägter ist unsere Fähigkeit, neue Ideen zu entwickeln und kreativ zu denken.

Ja, okay, denkst du dir jetzt vielleicht. Ich soll also öfter an nichts denken und stumpf aus dem Fenster glotzen. Das macht mich sozialverträglicher und flexibler. Fragt sich nur, wie ich das meinem Arbeitgeber verklickere …

Falls dich dein Chef das nächste Mal dabei erwischt, wie du gerade einem Tagtraum nachhängst – und Hand aufs Herz, stundenlange Meetings sind prädestiniert für solche gedanklichen Auszeiten –, erkläre ihm: Tagträume fördern die Kreativität. Das ist sogar wissenschaftlich erwiesen. Erinnerst du dich an den Test zum divergenten Denken, den Ziegelsteintest? Psycholog:innen der Universität von Amsterdam[31] haben herausgefunden, dass Menschen, die in diesem Test besonders gut abschnitten, sich also als »kreativer« beziehungsweise divergent denkender erwiesen, engere Verknüpfungen zwischen den Arealen zeigten, die zum Ruhezustandsnetzwerk gehören.

Auch andere Untersuchungen bestätigten, dass bei Kreativen besonders das Ruhezustandsnetzwerk aktiv ist – und zwar dann, wenn sie selbstvergessen ihrer kreativen Tätigkeit nachgehen und in den Flow kommen, obwohl der etwas ganz anderes ist als ein Tagtraum, aber dazu mehr im vierten Kapitel. Mittlerweile ist bekannt, dass der Grad der Vernetzung dieses Ruhezustandsnetzwerks beeinflusst, wie kreativ eine Person ist.

Um es kurz zu machen: Beim Tagträumen haben Menschen die besten Einfälle. Auch wenn wir uns nicht mehr bewusst und angestrengt mit einer Sache beschäftigen, sondern sie kurz ruhen lassen, haben wir oft die zündende Idee. Das kennst du bestimmt auch. Stundenlang hast du dir über ein Problem den Kopf zerbrochen, aber dir ist einfach keine Lösung eingefallen. Frustriert beendest du den Arbeitstag und gehst nach Hause. Und genau dort, auf deinem Spaziergang in den Feierabend, fällt bei dir plötzlich der Groschen. Die Lösung, da ist sie! Heureka! Der Geistesblitz hat dich getroffen.

Wieso bist du nicht schon früher darauf gekommen? Das hat mit dem Zusammenspiel der verschiedenen Areale in unserem Gehirn zu tun. Wenn wir uns intensiv mit einer Aufgabe beschäftigen, ist zwar der Frontallappen, wo unter anderem Problemlösung und Planung sitzen, hochaktiv, das Ruhezustandsnetzwerk jedoch heruntergefahren. Dafür musst du nicht unbedingt an komplexen Rätseln knobeln – selbst eine einfache Herausforderung nimmt deine ganze Aufmerksamkeit in Beschlag. Zum Beispiel suchst du nach dem Aufladekabel für deinen Laptop. Das Ding hat nur noch fünf Prozent Akku, und in einer Viertelstunde geht das virtuelle Meeting los. Stress! Du flitzt durch die Wohnung und schaust überall, aber das Kabel ist unauffindbar. Was tust du stattdessen? Du könntest schnell die App auf dein Handy laden und dich notfalls über das Smartphone zuschalten. Oder deinen alten Rechner hochfahren …

Wie auch immer du dich entscheidest, dein Gehirn ist gerade in einem Zustand voller Konzentration und widmet sich ausschließlich der konkreten Sache: Ich muss mich ins Meeting einloggen.

Es gelingt dir schließlich, über dein Handy am Meeting teilzunehmen. Du sitzt da, hörst dir das Gelaber deiner Chefin an, sie erzählt was von Synergieeffekten, besserer Performance, Benchmarks, und deine Aufmerksamkeit schwindet. Irgendwann machen sich deine Gedanken selbstständig auf die Reise, sie wandern zum leeren Kühlschrank: *Ich muss noch einkaufen, apropos, hat Milena mir neulich die Tupperschüssel wiedergegeben? Milena, die hat diesen süßen Hund, ich könnte mich mal wieder bewegen, vielleicht gehe ich auch joggen, wenn ich das regelmäßig mache, passe ich im Sommer auch wieder in das Pünktchenkleid rein, tut mir eh gut, könnte ich auch mit meinem ehemaligen Mitbewohner machen, der wusste immer, wo ich meine Sachen liegen lasse, das Ladekabel, ich hab es noch im Auto!*

Denken wir an keine konkrete Sache, sondern an alles Mögliche, arbeitet unser Gehirn anders. Es assoziiert, frei, richtungs- und bewertungslos, wenn wir die Gedanken nicht steuern. Je schneller wir uns von einer Fragestellung oder einem Problem lösen, desto eher gelingt es dem Gehirn, kreativ zu arbeiten – und das tut es häufig sogar besser, als wenn wir es antreiben! Die Bestsellerautorin J. K. Rowling hatte beispielsweise auf einer Zugfahrt einen Tagtraum, in dem ihr vor dem inneren Auge ein Junge mit einer blitzförmigen Narbe erschien. Der Rest passierte dann (fast) von allein. Auch Einstein und Woody Allen behaupteten immer wieder, während eines Tagtraums auf die zündende Idee gekommen zu sein.

Bislang hat sich die Wissenschaft noch nicht die Mühe gemacht, Kreative auf ihre tagträumerischen Fähigkeiten hin zu untersuchen. Bei Nachtträumen gibt es erstaunlicherweise einen größeren Erkenntnisstand. Paul McCartney träumte zum

Beispiel die Melodie von »Yesterday« – fuhr aus dem Schlaf hoch und setzte sich sofort ans Klavier, um nichts zu vergessen. Mozart ging es mit seiner »Kleinen Nachtmusik« übrigens genauso. Und auch Richard Wagner wurde durch einen reißenden Fluss im Traum zu seinem »Rheingold«-Vorspiel inspiriert. Selbst Erfinder berichten von geträumten Geistesblitzen. Elias Howe arbeitete ewig und drei Tage an einem Gerät, mit dem mechanisches Nähen möglich sein sollte. Kurzum, er erfand die Nähmaschine. Allerdings wusste er nicht, wie er den Faden mit der Nadel aufnehmen sollte. Dann träumte er eines Nachts, dass er von Wilden gefangen genommen worden war, deren Lanzen an der Spitze Ösen hatten – und er kam auf die Lösung seines Problems. Die Nadel der Nähmaschine benötigte das Öhr, um den Faden hindurchzufädeln, an der Spitze, nicht am Ende, wie bei Handnähnadeln.

Klingt nach ein paar lustigen Anekdoten, oder? Tatsächlich ist die Welt der Erfindungen und Kreationen voll davon. Es liegt auf der Hand, warum: Wem es gelingt, die üblichen Regeln der Welt auszublenden, der erlaubt seinem Geist, andere Wege zu gehen – und kreativer zu denken. Am besten gelingt das, wenn wir unsere grauen Zellen für ein paar Augenblicke oder auch eine ganze Nacht in Ruhe lassen.

Tagträume tun übrigens nicht nur unserem Wohlbefinden gut, sie helfen auch unserer Psyche, mit Gedanken und Gefühlen aufzuräumen, genau wie der Schlaf. Psychologen empfehlen mittlerweile, sich dem Tagträumen so oft wie möglich hinzugeben. Da wir ohnehin die meiste Zeit des Tages angestrengt und konzentriert sind und unsere Gedanken durch permanente Einflüsse von außen gesteuert werden, gilt es als außerordentlich heilsam, sich mehrmals am Tag bewusst mit nichts zu beschäftigen. Oder zu laufen, denn das fördert die Tagträume und damit die Einsichten, die wir erlangen. Dafür musst du nicht mal raus aus der Wohnung (obwohl das noch besser ist), denn sogar das Herumtigern in der Wohnung hilft, das Chaos im Kopf zu sortieren. Hauptsache, du lädst das Außen aus und gibst dem Innen Platz, sich zu entfalten. So kommst du zu überraschenden, unerwarteten Ideen und spürst verborgene Gedanken auf. Das wusste sogar schon Freud, der als der Urvater der Traumdeutung gilt.

Auch der Schlafzustand ist gut für unser Gehirn. Im Schlaf regenerieren sich die grauen Zellen, verarbeiten Erlebtes und Gefühle, sortieren und festigen Informationen und kommen dabei auf die dollsten Ideen. Lernende, die ausreichend Schlaf bekommen, sind leistungsstärker und haben ein besseres Gedächtnis. Ein kleiner Powernap in der Mittagspause hilft sogar, sich den Namen einer Person zu merken, die man gerade erst kennengelernt hat. Wie wir mittlerweile wissen, geht die Gehirnaktivität im Schlaf nicht runter – ganz im Gegenteil, das muntere Treiben beginnt beim Schlafen erst so richtig, allerdings in ganz anderen Hirnarealen als im Wachzustand.

Lange Zeit dachte man, dass sich der Schlaf in zwei Phasen aufteilt: eine, in der wir nicht träumen, und eine, in der wir träumen. Weil die Forscher:innen nur an der Traumphase interessiert waren, in der der Körper des Schlafenden bis auf die Augen unbeweglich und ruhig bleibt, nannte man diese Phase REM-Phase, von *rapid eye movement*. Die andere wurde wenig einfallsreich Non-REM-Phase tituliert und missachtet. Heute wissen wir, dass wir nicht nur im REM-Schlaf träumen, sondern dass es auch in den Non-REM-Phasen hoch hergeht. Allerdings unterscheiden sich die beiden Phasen maßgeblich: In den Non-REM-Phasen träumen wir eher episodische Gedächtnisinhalte und jüngste Ereignisse, hauptsächlich in Gedanken und Sätzen. In den REM-Phasen unternehmen wir bildgewaltige Fantasiereisen.[32] Für beide Phasen gilt: Das, was wir tagsüber erlebt haben, wird im Schlaf verarbeitet und ins Gedächtnis verschoben.

Aber was haben deine Träume, gleich ob in der Nacht oder am Tag, nun mit deiner Kreativität zu tun? Wir wissen mittlerweile, dass Menschen, die viel träumen, offener für neue Erfahrungen sind – und wie du weißt, ist das ein Persönlichkeitsmerkmal von Kreativen. Das wurde auch wissenschaftlich belegt. Benjamin Baird von der Universität von Santa Barbara ließ 145 Studierende Kreativitätstests absolvieren.[33] Nach einigen Tests erfolgte eine Pause von zwölf Minuten, in der die Studierenden in drei Gruppen aufgeteilt und entweder zum Dösen geschickt wurden, weitere Kognitionstests machen mussten oder langweilige Dinge tun sollten mit dem Ziel, ins Tagträumen zu kommen. Im nächsten Testdurchlauf war die Gruppe der Tagträumenden deutlich besser als alle anderen, und zwar um ganze 41 Prozent. Es lebe die Langeweile! Die Forschergruppe schloss daraus, dass während der Langeweile ergo des Tagtraums im Gehirn eine Art Ausgleichsmechanismus aktiviert wird, der wieder mehr Platz für neue Leistungen macht. Bestimmt kennst du das auch: Wenn du dich zu lange mit einer einzigen Sache beschäftigst, wirst du regelrecht betriebsblind. Deswegen sind Pausen so wichtig – nicht nur am Tag, sondern auch innerhalb eines Projekts. Man muss auf andere Gedanken kommen, damit die Ideen wieder sprudeln.

Auch Schlaf kann hilfreich sein. Das bestätigt zum Beispiel die Regisseurin und Drehbuchautorin Maren Ade: Sie erlaubt sich regelmäßig, sich hinzulegen und zu schlafen, wenn nichts mehr weitergeht. »Manchmal bekomme ich dann direkt nach dem Aufwachen diese eine Stunde geschenkt, in der ich wirklich durchschreiben kann«, sagt sie.

Pausen sind also wichtig, denn sie sortieren den Geist. Und auch Abwechslung sorgt dafür, den eigenen Tunnel von Zeit zu Zeit zu verlassen, um so auf neue Ideen zu kommen.

Peter Wouda ist Designchef beim Volkswagen Group Future Center Europe und ließ mich hinter die Kulissen seiner

Kreativabteilung blicken. Dort wird gezielt verhindert, dass sich die Mitarbeiter:innen mit nur einer einzigen Sache beschäftigen: »Wir versuchen, aus dem Tunnel rauszukommen, indem wir die Mitarbeiter an unterschiedlichen Projekten arbeiten lassen ... zum Teil an zwei bis drei Projekten gleichzeitig.«

Bei dem Gespräch wurde mir auch klar, dass die Digitalisierung kreatives Arbeiten verändert hat. Es ist schneller und auch kollaborativer geworden. Und eröffnet ständig neue Spielfelder. Zum ersten Mal in einem selbstfahrenden Auto zu sitzen, war eine sehr interessante Erfahrung, die mich direkt über eine mobile Zukunft tagträumen ließ.

Dass ich mich manchmal meinen Gedanken und geistigen Vorstellungen hingebe, ist neurologisch betrachtet also sinnvoll. Neben der Offenheit für Erfahrung steigern Tagträume nämlich das vorausschauende Denken und die Fähigkeit, Probleme zu lösen. Sie schaffen neue Perspektiven und fördern unsere Empathiefähigkeit. Tagträume fühlen sich vielleicht »einfach« an, sind in Wahrheit jedoch eine Meisterleistung des Gehirns, da neue neuronale Netzwerke entstehen, die die grauen Zellen ordentlich auf Trab halten.

Neuronale Netzwerke entstehen natürlich auch jenseits des Tagtraums, wenn du also in deinem »normalen«, denkenden Bewusstsein durch den Tag gehst. Wir sind täglich sehr vielen Reizen ausgesetzt, die vom Gehirn verarbeitet werden müssen. Das geschieht in den Ruhephasen: wenn wir schlafen oder eben im Tagtraum. Da Tagträume ganz verschiedene Areale des Hirns abwechselnd in Anspruch nehmen, können die jeweils nicht aktiven Bereiche kurz verschnaufen und sind anschließend wieder leistungsfähiger – was beispielsweise in dem Experiment mit den tagträumenden Studierenden belegt wurde, von dem ich gerade berichtete. Nach der zwölfminütigen Pause konnten sie sich besser konzentrieren als die anderen Studierenden, außerdem war ihre Gedächtnisleistung verbessert.

Vor allem aber bieten uns Tagträume mentale Rückzugsorte. In der Welt, in der wir leben, werden wir permanent beschallt und mit Informationen überschüttet. Überall tickern News über den Äther, flimmern Bildschirme, verlocken uns soziale Medien zum Konsum. Es gibt kaum noch Momente, in denen wir nicht Musik auf den Ohren haben oder einem Podcast lauschen, den Feed von Instagram oder Facebook aktualisieren oder die vielen Nachrichten beantworten, die jeden Tag auf unterschiedlichsten Plattformen eingehen. Wann hast du dir das letzte Mal erlaubt, auf eine Nachricht erst Stunden, wenn nicht gar Tage später zu reagieren? Je schneller die Medien werden, die uns zur Verfügung stehen, desto mehr steigt der Druck, sofort aktiv werden zu müssen, um den Anschluss nicht zu verpassen. Tagträume sind wie Inseln, auf die wir uns für ein paar kurze Momente zurückziehen können. Nutze und kultiviere diese Möglichkeiten, denn sie tun dir, deinem Wohlbefinden und deinem Gehirn ausgesprochen gut und stärken deine Kreativität.

Bei kreativen Prozessen greift das Gehirn auf bereits verarbeitete Informationen im Gedächtnis zurück und kombiniert sie neu. Je »aufgeräumter« dein Oberstübchen ist, desto besser klappt das. Eigentlich logisch. Allerdings ist es für unsere Zivilisation nicht einfach, Langeweile auszuhalten. Kreative Arbeit macht deswegen nicht nur Spaß, auch wenn sich die Vorstellung hartnäckig hält. Es ist vielmehr so, dass Kreative die Spannung, an einem Tag, vielleicht sogar in einer ganzen Woche, nicht viel zu schaffen, aushalten müssen, wenn sie wieder in den Flow kommen wollen. Das heißt: Kreative müssen Dinge in sich arbeiten lassen und Abstand vom eigentlichen Problem nehmen. Davon können sich aber auch Nichtkreative eine Scheibe abschneiden, denn allzu oft rennen wir ununterbrochen gegen mentale Mauern. Und wenn du nun schon sechs Mal dagegengerannt bist, willst du es wirklich auf ein siebtes Mal ankommen lassen? Oder vielleicht ein paar Schritte Abstand nehmen, dich einer anderen Sache oder dem süßen Nichtstun zuwenden und am Tag darauf einen neuen Versuch starten? Überlege dir, was nach all den Erkenntnissen, die du inzwischen gewonnen hast, sinnvoller ist.

—— ÜBUNG ——

Zeit für nichts

Nimm dir deinen Kalender vor und plane Zeit für kreatives Nichtstun ein! Nur zu, es gibt keine Regeln. Du kannst zehn Minuten oder eine halbe Stunde lang den Müßiggang trainieren und deinen Tagträumen freien Lauf lassen.

———

Tagträumen ist übrigens nicht mit Grübeln zu verwechseln. Während du dich beim Grübeln nämlich intensiv in eine Sache verbeißt, springt deine Aufmerksamkeit beim Tagtraum von einem Punkt zum nächsten.

Solltest du zum übermäßigen Grübeln neigen, hat die Psychologie einen tollen Tipp parat: die Zwei-Minuten-Regel. Wenn du mal wieder viel zu lange gedanklich an einer Sache hängen bleibst, sie von links nach rechts drehst, wendest, von allen Seiten betrachtest und doch zu keiner Lösung gelangst, frage dich nach zwei Minuten: Habe ich eine Lösung für mein Problem gefunden? Bin ich einer Lösung zumindest näher gekommen? Habe ich irgendeinen Erkenntnisgewinn erhalten? Hat sich wenigstens meine Stimmung gehoben? Viermal nein? Dann weißt du, dass du grübelst – und das ist in etwa so, als stündest du mit dem Gesicht gegen eine Betonwand gelehnt da und würdest mit den Beinen versuchen voranzukommen. Klappt nicht. Tröste dich aber! Sobald du den gedanklichen Knoten das sein lässt, was er ist, wird dir eine Lösung einfallen. Vielleicht erst nach ein paar Stunden – aber hey, die Zeit kannst du doch besser nutzen, oder?

Tagträume sind von einer ganz anderen Natur als Grübeleien. Die Gedanken wandern frei. Falls du feststellst, dass du dabei nicht vorankommst, sondern wieder und wieder dieselbe unangenehme Szene vor deinem inneren Auge abspielen lässt, dann versuche, das Grübeln sein zu lassen. Denn davon hast du nichts als Frust und versetzt deinen Körper darüber hinaus noch in einen Stresszustand. Dein Gehirn kann zwischen Realität und Imagination nämlich nicht unterscheiden. Das heißt, bei mentalen Horrorszenarien werden dieselben Botenstoffe ausgeschüttet, wie wenn du die Situation tatsächlich erleben würdest. So versetzt du dich mithilfe deiner Vorstellungskraft in eine tatsächliche körperliche Anspannung. Geistiges Wiederkäuen oder Schwarzmalerei haben mit Tagträumen also rein gar nichts gemein. Blöderweise werden in der Langeweile und vor allem in der Stille aber auch diese Stimmen in unserem Kopf laut – genau deswegen versuchen wir ja, sie mit allerlei Mitteln und Medien mundtot zu machen.

Außerdem vermutet die Forschung, dass wir Langeweile auch aus evolutionären Gründen so schlecht ertragen. Dabei wird nämlich meist kein Dopamin ausgeschüttet, das umgangssprachlich als Glückshormon bezeichnet wird. Im alten Rom und im antiken Griechenland hatte Langeweile einen höheren Stellenwert als Arbeit. Auf Aristoteles geht der Satz zurück: »Wir sind tätig, damit wir Muße haben.« Aber dann kam das Christentum und deklarierte den Müßiggang zum ultimativen Laster. Er wurde sogar eine der sieben Todsünden. Ein Glück, dass Isaac Newton das Ganze 1660 nicht so ernst nahm. Er saß unter einem Apfelbaum und tat nichts, als plötzlich ein Apfel vom Ast fiel. Senkrecht, wie man sich denken kann. Aber damals hatte noch niemand das Phänomen der Erdanziehungskraft beschrieben. Gut für Newton, und auch gut, dass er gerade nichts zu tun hatte. Denn in diesem Moment kam ihm ein genialer Einfall: Es muss eine unsichtbare Kraft geben, die Dinge immer auf den Boden und nicht etwa Richtung Himmel fliegen lässt. Die erste These der Gravitation ist also ein Ergebnis purer Langeweile, in die der Geistesblitz einschlug.

Aber ach, was hat die Langeweile mittlerweile für einen schlechten Ruf! In einem aufregenden Experiment fand ein US-amerikanischer Psychologe heraus, dass Menschen bereit sind, sich sogar Schmerzen zuzufügen, um der Langeweile zu entfliehen. Timothy Wilson ließ seine Proband:innen allein in einem Raum warten, mit nichts als sich selbst – und einem Elektroschocker. Ob du es glaubst oder nicht: Nach einer Viertelstunde hatten sich mehr als zwei Drittel der Männer und ein Viertel der Frauen mit dem Gerät selbst Stromschläge zugefügt![34] Ein Teilnehmer drückte sogar fast zweihundert Mal auf den Knopf. Frei nach dem Motto: Lieber leiden als langweilen.

Stress ist en vogue. Wir erzählen uns doch lieber, wie viele Mails wir im Postfach hatten, statt davon zu schwärmen, wie schön langweilig der heutige Arbeitstag wieder war. Langeweile muss um jeden Preis bekämpft werden. Wir halten sie schon gar nicht mehr aus. Stattdessen beschweren wir uns, weil wir nie Zeit für etwas haben. In Wahrheit ist es doch aber so, dass wir womöglich mit der freien Zeit überhaupt nichts anzufangen wüssten. Oder? Und sie dann mit etwas so »Sinnlosem« wie Tagträumen zu verplempern …

Oft schämen sich Erwachsene sogar für ihre Tagträume. In unserem Kopf dürfen wir nämlich sein, wer wir wollen. Wir können unserer Partnerin mal so richtig die Meinung geigen, dem Vorgesetzten die Kündigung mit Schmackes auf den Schreibtisch donnern oder in einer Bar die verruchte Femme fatale beziehungsweise den Frauenhelden mimen. Doch kaum tauchen wir aus dem Tagtraum wieder auf, schütteln wir über uns den Kopf. Wie kindisch, wie unreif wir doch sind! Und genau darum geht es: kindisch sein, die Fantasie auf Reisen gehen lassen, ohne Zensur, ohne schlechtes Gewissen. Du musst ja niemandem erzählen, dass du dir vorgestellt hast, wie du bei der Oscar-Verleihung deinem Manager für die jahrelange Unterstützung dankst oder wie sich bei »The Voice of Germany« alle vier Stühle gleich beim ersten Ton, den du singst, umdrehen, selbst wenn in Wahrheit die Petersilie bei deinem Gesang eingeht und du es über ein paar Auftritte in der Laienspielgruppe nicht hinausgeschafft hast. Na und? Es ist dein Kopf! Du legst die Regeln fest. Also fang besser heute als morgen an, mehr Tagträume in dein Leben zu lassen. Denn, so heißt es in einem Zitat, das dem US-Sänger John Mayer zugeschrieben wird: »Wenn du vor zwei Wochen angefangen hättest, wärst du jetzt bereits um zwei Wochen besser darin!«

—— Übung ——
Das Tagebuch der Tagträume

Führe ein Tagtraum-Tagebuch, in welchem du die flüchtigen Bilder, Ideen und Gedanken festhältst, die dir beim »Nichtdenken« durch den Kopf schwirren. Eine bessere Fundgrube gibt es nicht in deinem Gehirn. Mithilfe der Notizen wirst du schnell feststellen, welche Fantasien in deinem Kopf vorherrschen. Und bestimmt erkennst du schon nach wenigen Seiten, welche Funktion diese Tagträume haben. Stellst du dir immer wieder vor, selbstbewusster und energischer aufzutreten? Dann zeigt dir dein Tagtraum auf, in welche Richtung du dich entwickeln willst.

———————————

In der Kindheit gehören Tagträume und Fantasien zu unserem Alltag. Kinder stellen sich imaginäre Freund:innen und Monster im Kleiderschrank vor und legen die Realität oft, sagen wir mal, sehr frei aus. Je älter wir werden, desto mehr verlieren wir diese Gabe. Antoine de Saint-Exupéry umschrieb das mit folgenden Worten: »Alle Erwachsenen waren einmal Kinder, aber nur die wenigsten erinnern sich daran.« Das hat mit unserer Sozialisierung, aber auch mit der schulischen Förderung der Kognition zu tun, wohingegen die Kreativität oft vernachlässigt wird. Es geht bei Grundschüler:innen nicht darum, dass sie den Buchstaben A in möglichst vielen originellen Varianten aufschreiben, etwa auf dem Kopf oder auf der Seite liegend, sondern *richtig*. Also trainieren wir uns das kreative Denken ab und lernen, die Dinge so zu machen, wie sie von uns erwartet werden. Darunter leidet die Fantasie.

Unter Fantasie versteht man die Vorstellungskraft oder Imaginationsfähigkeit des Menschen, vor allem die Gabe, innere Bilder und Innenwelten zu erzeugen. Fantasie ist eine besondere mentale Verarbeitungsform, mithilfe derer Alternativen zur Realität erschaffen werden, um den individuellen Erlebnisraum zu vergrößern, sich zukünftige Handlungen und ihre Konsequenzen vorzustellen und dem Alltag zu entfliehen. Fantasieren hilft, einen Ausgleich zu den Anforderungen der realen Welt zu schaffen, und sorgt für innere Stabilität – und es ist die Quelle für Kreativität. Wenn wir uns etwas in Gedanken ausmalen, richtet sich unsere Aufmerksamkeit häufig auf Ereignisse, die eng mit dem Alltag verknüpft sind. Dabei tut es unserer Vorstellungskraft gut, wenn wir uns auch mental aus unserer Komfortzone hinausbewegen – beispielsweise indem wir uns das Leben in einer fernen Zukunft vorstellen.

—— Übung ——

Leben auf dem Mars

Wie stellst du dir das Leben auf dem Mars vor? Setze dich hin und male dir das Bild imaginär in möglichst vielen Farben und Variationen aus. Stell dir auch vor, was es alles nicht geben wird und wie du mit dem Mangel umgehst.

Kreative haben eine starke Vorstellungskraft, vor allem wenn die Imaginationen den aktuellen Rahmen verlassen. Sollen sich kreative und weniger kreative Testpersonen die nächsten 24 Stunden vorstellen, werden dieselben Gehirnareale aktiviert. Sobald sich der Zeitrahmen auf eine weit entfernte Zukunft oder fiktive Settings ausdehnt, die Testpersonen also freier imaginieren sollen, wird das Ruhezustandsnetzwerk bei den Kreativen aktiv, nicht jedoch bei der weniger kreativen Kontrollgruppe.[35] Das ist ein Grund, warum sich Kreative so gut in ferne Wirklichkeiten und vergangene Zeiten hineindenken und Visionen der Zukunft entwickeln können. Das aktive Ruhezustandsnetzwerk regt dazu an, sich in andere Perspektiven zu versetzen und mentale Barrieren zu überwinden. In der Fiktion gibt es keine Grenzen für unorthodoxe und originelle Ideen.

Da die Fähigkeit, fantastisch denken zu können, dem Menschen angeboren ist, kann sie vielleicht verlernt werden, geht aber niemals verloren. Und das ist die gute Nachricht für dich: Auch du kannst Fantasie wieder erlernen. Beispielsweise mit Spielen, womit ich sowohl Gesellschaftsspiele als auch das Bühnenspiel meine. Spiele fördern das Gedächtnis, deine Empathie und deine Kreativität. Falls du das nächste Mal von deinem Sohn, deiner Tochter, deinem Neffen oder deiner kleinen Cousine zum Vater-Mutter-Kind, Kaufladen oder Bauklötzespielen aufgefordert wirst, nimm dir die Zeit! Du tust in diesem Fall nicht nur etwas für den Zwerg, sondern auch für dein Gehirn.

Mittlerweile weiß sogar die Wirtschaft, wie wichtig das Spiel für den menschlichen Geist ist, egal ob es um unterhaltendes oder darstellendes Spiel geht. In Seminaren und Workshops werden Kreativität und Teamwork mit Rollenspielen und Was-wäre-wenn-Szenarien geprobt, um neue Perspektiven und einen größeren Handlungsspielraum zu gewinnen. Auch in der Achtsamkeitslehre geht es darum, die Welt mit den Augen eines Kindes zu sehen und hinter jedem Gegenstand ein kleines Abenteuer zu vermuten. Sie regen zu fantastischen Reisen und imaginären Abenteuern an, um in fremde Welten vorzudringen und besondere Momente zu erleben, die mit dem Alltag rein gar nichts zu tun haben. Bereits 1904 schrieb James Matthew Barrie das Theaterstück »Peter Pan«, in dem es um das fantastische Leben des kleinen Jungen Peter Pan und seiner verlorenen Jungs auf der Insel Nimmerland geht. Die Kernaussage des Stücks: Wer sich seiner Fantasie bedient, bleibt ewig jung. Das Stück ist mehr als einhundert Jahre alt und war in seiner Aussage seiner Zeit mehr als voraus. Anfang des 20. Jahrhunderts ging die Psychologie nämlich davon aus, die Fantasie diene ausschließlich der Unterhaltung, und man werde nur erwachsen, wenn man die Vorstellungswelt hinter sich lasse. Umso bemerkenswerter, wie weitsichtig Barrie in »Peter Pan« gedacht hat.

Zum Glück denkt man heute anders über die Fantasie. Sie nimmt einen elementaren Stellenwert in der Entwicklung des Kindes ein. Mittlerweile weiß man, dass Spielen und Fantasie Kindern bei der Einordnung und dem Verständnis von Emotionen helfen. Das Gleiche gilt natürlich auch für Erwachsene. Je häufiger du in Übungen deine Kreativität trainierst, desto leichter wird es dir gelingen, neue Lösungswege und Ideen zu entwickeln.

—— ÜBUNG ——

Superheld für einen Tag

Denk an einen fiktiven Helden deiner Kindheit. Es ist ganz egal, ob das Spiderman, Pippi Langstrumpf oder Marty McFly ist. Stell dir vor, wie dein Leben ausgesehen hätte, wenn du eines Morgens aufgewacht und plötzlich genau diese Person gewesen wärst. Welche Abenteuer hättest du erlebt? Welche Auswirkungen hätte es auf dein Leben gehabt? Du darfst alles denken, was du willst – es gibt keine Grenzen.

Du kannst noch mehr tun, um die Strukturen in deinem Gehirn so zu verändern, dass es dir bald schon leichter fällt, kreativ und divergent zu denken. Denn wie du weißt, ist das Gehirn neuroplastisch, also veränderbar. Wenn du deine Gedanken also in Richtung Kreativität und Offenheit lenkst, wird der Rest deines Körpers folgen. Das Schöne dabei ist: Diese mentale Arbeit tut überhaupt nicht weh, sie ist sogar angenehm. Ich verspreche dir, jede erste Joggingrunde nach einem langen Winter ist tausend Mal schlimmer als die kleinen

Tipps und Tricks, die du in deinen Alltag einbauen kannst, um geistig flexibler, emotional ausgeglichener und kreativer zu werden. Wetten?

Dein neues Hobby

Such dir eine Sache, die dich restlos begeistert. Wofür brennst du? Was fasziniert dich? Womit könntest du dich Stunden beschäftigen, aber glaubst, dafür keine Zeit zu haben? Knie dich in diese eine Sache so richtig rein, denn so weckst du deine Motivation.

Du hast eine Sache gefunden? Prima! Dann fang einfach an. Überleg nicht lange rum, zögere nicht: *Just do it!* Leg los, auch wenn dir Ausrüstung oder Expertise fehlen. Die kommen schon noch.

Du hast losgelegt? Super. Nun werde in dieser Sache besser. Übe regelmäßig und baue dein Können aus. Suche nach Potenzialen, wo und wie du dich in dieser Sache verbessern kannst.

Mach mal Pause! Auch wenn du Feuer und Flamme für deine Sache geworden bist, sind Ruhezeiten wichtig, in denen du dich auf die Reise nach innen begibst. Spaziergänge oder kleine Fluchten aus dem Alltag können helfen, deine Denkmuster zu verlassen und neue Perspektiven einzunehmen.

In diesem Kapitel habe ich dich mit jeder Menge psychologischem und medizinischem Wissen versorgt. Ich fasse die wichtigsten Inhalte kurz für dich zusammen.

- Im Gehirn gibt es nicht den einen festen Ort, in dem Kreativität entsteht. Sie resultiert vielmehr aus dem Zusammenspiel verschiedener Hirnregionen und zweier besonders gut miteinander vernetzter Hemisphären.

- Kreativität verbindet scheinbar widersprüchliche Eigenschaften miteinander: konvergentes und divergentes Denken, Innen- und Außenschau, Kognition und Intuition, Gedächtnis und Fantasie.

- Pausen, in denen du dich deinen Tagträumen oder Fiktionen hingibst, steigern deine Kreativität und dein Wohlbefinden.

Hast du Lust, mich ins nächste Kapitel zu begleiten? Wir werden uns mit Motivation, Neugier, Interesse und Lernen beschäftigen – einigen sehr wichtigen Faktoren für ein kreatives Leben.

3

MOTIVATION & LERNEN
TREIBSTOFF FÜR TRÄUME

Du hast in den vergangenen Kapiteln einiges über Kreativität gelernt. Neben allerlei kuriosen Fakten ist hoffentlich diese Erkenntnis bei dir hängen geblieben: Kreativität ist wie ein Muskel. Sie muss trainiert werden, ansonsten verkümmert sie. Wird sie jedoch regelmäßig eingesetzt, ist sie sehr kraftvoll und führt dich zu Höchstleistungen.

Was der Forschung längst bekannt ist, bestätigen mir auch alle Kreativen, mit denen ich sprechen durfte. Frank Ferrer, der Schlagzeuger von Guns n' Roses zum Beispiel. Als die Band auf ihrer letzten Welttournee in Berlin haltmachte, trafen wir uns im Ramones-Museum. Ich hatte an diesem Tag meinen sechsjährigen Sohn dabei, der sich im tiefsten Motivationsloch seines jungen Lebens befand und stark an seinem Gitarrenspiel zweifelte. Sein mühsam antrainierter Gitarrenmuskel schien aus Frust wie ein zartes Pflänzchen immer weiter zu verkümmern.

Das alles änderte sich, nachdem wir Frank getroffen hatten. Denn nach der Tour durch das Museum war mein Sohn völlig begeistert von Franks Anekdoten. Kommentare wie »Ach, da war ich neunzehn und mit der Band so und so unterwegs« fielen fast in jedem Raum. Als wir danach mit Limo und Eis in der Hand vor der Tür saßen und Frank uns noch etwas über das damals wilde New York erzählte, platzte es aus meinem Sohn heraus: »Warum kannst du so verdammt gut Schlagzeug spielen?!«

Frank lachte laut und antwortete: »Ich habe nun einmal gelernt, dass ich mich nur durch Üben entwickle. Also habe ich in jeder freien Minute geübt.«

Auch einer der begnadetsten Schlagzeuger auf dem Planeten hat also keinen besseren Tipp als »üben, üben, üben«? Wer hätte das gedacht. Mein Sohn sicher nicht! Kein magischer Trick hat Frank dahin gebracht, wo er heute ist, sondern sein täglicher Einsatz über viele Jahre hinweg. Das Motivationsloch meines Sohnes löste sich nach diesem Treffen in Luft auf. Er übt seither täglich ein bisschen und jeden Tag ein bisschen mehr. Immer dranbleiben, lautet die Devise! Oder wie Einstein es einst ausdrückte: »Genie ist ein Prozent Talent und 99 Prozent harte Arbeit.«

Für Kreativität ist Motivation ein elementarer Bestandteil. Irgendwas treibt den kreativen Geist an. Wenn wir uns das Gesamtwerk großer Künstler:innen oder Erfinder:innen ansehen, versetzt uns die schiere Masse ihres kreativen Outputs häufig in Staunen. Nimm mal Leonardo da Vinci. Der hat nicht nur das berühmteste Bild der Welt gemalt, sondern auch noch Fallschirm, Taucheranzug, Panzer und vieles mehr erfunden. Beethoven hat fast 250 Werke geschaffen, darunter Sinfonien, Streichquartette, Klavierkonzerte und eine Oper. Picasso hat im Laufe seines Lebens über 15 000 Werke angefertigt. Du fragst dich zu Recht: Wo, um Himmels willen, kommt dieser Schöpferdrang her? Was bringt jemanden überhaupt dazu, kreativ zu sein? Welche Treiber motivieren zur kreativen Arbeit? Und kann man jemanden überhaupt von außen zu kreativer Arbeit motivieren?

Damit sind wir schon beim ersten Thema dieses Kapitels angekommen: der Motivation.

In diesem Wort steckt ein Begriff, der uns hilft, diese unsichtbare Kraft besser zu verstehen, die in vielen hoch-, aber natürlich auch normalkreativen Hirnen wirkt. In Kriminalfällen spricht man vom Motiv des Täters, das es herauszufinden gilt. Wir machen es nun also wie Miss Marple und Sherlock Holmes und begeben uns auf Spurensuche.

Wenn wir etwas tun, tun wir es in der Regel aus einem Grund. Weil die Suche nach der Motivation für eine Handlung auch eine philosophische Frage ist, haben sich im Laufe der letzten gut 2500 Jahre schon so einige den klugen Kopf darüber zerbrochen. Ich erspare dir an dieser Stelle die Aufzählung jedes Einzelnen und komme direkt zum Wesentlichen: Motivation bezeichnet Prozesse, bei denen bestimmte Motive Handlungen bewirken.

In diesem Zusammenhang hast du vielleicht schon einmal den Namen Abraham Maslow gehört. Er hat verschiedene Motive für menschliches Handeln als Bedürfnisse in einer großen Pyramide dargestellt. Das Fundament dieser Pyramide bilden die »niederen« Grundbedürfnisse wie Schlaf und Hunger, die nach Maslow zuerst gestillt sein müssen, bevor man sich »höheren« Bedürfnissen wie Selbstverwirklichung – der Spitze der Pyramide – zuwendet. Darüber wurde in der Wissenschaft viel diskutiert. Natürlich auch darüber, wie viele Motive einen Menschen am Ende antreiben. Sind es zehn oder gar hundert?

Der kleinste gemeinsame Nenner lautet aktuell wie folgt: Hinter jeder Handlung steht eines von drei grundlegenden Motiven, den sogenannten Big Three nach David McClelland: Leistung, Macht und Anschluss. Wer nach dem Prinzip Leistung handelt, will sich selbst perfektionieren, nach Macht Strebende verfolgen das (oft unbewusste) Ziel, sich anderen überlegen zu fühlen, und wer als Motiv Zugehörigkeit oder Anschluss nennt, möchte nicht etwa telefonieren können, sondern sehnt sich danach, zu lieben und geliebt zu werden. Ich gebe zu, diese Liste ist sehr kurz – aber deswegen umso einfacher zu merken.

Unsere verschiedenen Motive führen uns zu unterschiedlichen Zielen. Diese erreichen wir durch Annäherung oder Vermeidung. Bei der Annäherung verfolgt man einen großen Traum, zum Beispiel, einen Bestseller zu schreiben, eine eigene Bäckerei zu eröffnen oder einmal auf einem Kreuzfahrtschiff durch den Panamakanal zu fahren. Aufgrund dieser Wünsche oder Träume ist man bereit, sich Schritt für Schritt anzunähern, und bringt deswegen immer wieder Motivation auf. Bei der Vermeidung verhält es sich genau umgekehrt, das Abwenden des Negativen steht im Vordergrund. Ich gehe *nicht* zur Arbeit, weil ich keine Lust habe und weil meine Kollegin eine dumme Nuss ist. Ich gehe *nicht* joggen, wenn es schneit, weil ich nicht krank werden oder hinfallen will. Ich esse *keinen* Braten, weil er dick macht. Man weiß, dass in jungen Jahren die Annäherung an ein Ziel dominiert, im Alter die Vermeidung. Salopp formuliert: Ein junger Mensch hat noch einiges vor sich und setzt sich deswegen höhere und positiv besetzte Ziele. Ein älterer Mensch weiß, dass seine Zeit begrenzt ist; somit werden die großen Ziele weniger und die Vermeidung rückt in den Vordergrund.

Damit man sich lebhaft vorstellen kann, was einem im besten oder schlimmsten Fall blüht, braucht man Fantasie. Sie wirkt zusätzlich motivierend und bindet uns stärker an unseren Wunsch, mit jedem Mal, wenn wir an das Erwünschte denken. Nach der Zielsetzungstheorie von Edwin Locke und Gary Latham[36] wirken vor allem konkrete und herausfordernde Ziele motivierend. Es gibt verschiedene Strategien zur sinnvollen Formulierung von Zielen. Vielleicht kennst du aus der Arbeitswelt die SMART-Formel, möglicherweise sind dir auch schon KRAFT oder SPEZI begegnet. Egal, wie man die Formel nennt, ihnen allen ist gemein, dass Ziele konkret beziehungs-weise spezifisch, realistisch und attraktiv sein sollen.

Motivation ist *der* Antreiber für uns. Man unterscheidet da-bei zwischen intrinsischer und extrinsischer Motivation.

Bei extrinsisch motiviertem Handeln verfolgen wir äußere Anreize wie Lob oder Belohnung. Solche Motive wirken natür-lich auch beim kreativen Schaffensprozess – selbst als Künstler:in muss man Geld verdienen, möchte sich verbessern oder ande-ren beweisen, dass man es draufhat. Doch es gibt noch einen weiteren Faktor, den Kreative häufig als Motivator nennen: Sie werden kreativ wegen der Sache selbst, der Freude am Schaffen und dem Wohlgefühl, schöpferisch gearbeitet zu haben. Auch Neugier, die Liebe zur Sache, Lust am Schöpfungsprozess, Flowmomente oder bloße Faszination sind intrinsische Motive – sie entstehen ohne Einfluss von außenstehenden Faktoren und entspringen dem Geist des Individuums. Was wir tun, ist uns Belohnung genug; die Motivation resultiert also aus der Tätigkeit und wird deswegen intrinsisch genannt.

Ich kenne viele Musiker:innen und sogenannte Big Cs, die berichten, dass sie sich das Spiel auf ihren Instrumenten selbst beigebracht haben. Sie versuchten aus eigener Motivation her-aus so lange, die Lieder ihrer Lieblingsband nachzuspielen, bis es ihnen gelang. Auch wenn es Jahre dauerte.

Häufig kann man intrinsische und extrinsische Motive nicht ganz so sortenrein trennen wie die Gummibärchen in der Tüte. Und hätten Menschen, die sich der Kunst oder Wissenschaft verschreiben, tatsächlich ausschließlich intrinsische Motive, würden sie vermutlich weder ihre wissenschaftlichen Erkennt-nisse noch ihre Songs veröffentlichen. Meistens funktioniert das Zusammenspiel beider Motivationen gut, die innen und außen liegenden Motive nehmen einander nichts weg. Es kommt je-doch auch vor, dass intrinsische und extrinsische Motivation in Konkurrenz zueinander treten. Es gibt sogar Stimmen aus der Forschung, die behaupten, dass »niedere« Motive wie Geld zu verdienen dem ursprünglichen kreativen Schaffensdrang im Weg stehen. Bei Kindern kann beispielsweise beobachtet werden, dass ihre intrinsische Motivation flöten geht, sobald sie Belohnungen bekommen. Denn die Verstärkung von intrinsisch motiviertem Verhalten durch extrinsische Belohnungen kann die intrinsische Motivation zerstören. Man nennt das den Korrumpierungseffekt – und er greift sicherlich nicht nur bei den kleinen Menschen.[37]

Ich möchte dir die beiden Motivationsarten und den Effekt an einem Beispiel verdeutlichen. Eine Frau, nennen wir sie Angelika, backt beispielsweise gegen Geld für ein Café Kuchen. Angelika backt vor allem, weil sie das Geld gebrauchen kann – ihre Motivation ist also extrinsisch. Ihre Nachbarin Sybille hingegen backt, weil sie das Backen liebt. Sie bekommt dafür kein Geld, und meistens verschenkt sie die Hälfte der Backerzeugnisse, weil sie gar nicht alles essen kann, was sie zaubert. Ihre Motive sind intrinsisch, denn sie backt aus Freude und Spaß an der Tätigkeit. Weil Angelika in den Urlaub fährt, übernimmt Sybille ihre Backschichten im Café. Sie bekommt, genau wie die Nachbarin, für jeden Kuchen 15 Euro. Ihr eigentlich intrinsisch motiviertes Verhalten wird jetzt extrinsisch belohnt, und die Konzentration auf diese Belohnung könnte die ursprüngliche Lust an der Arbeit verdrängen. Das hieße, dass in dem Moment, in dem Angelika aus dem Urlaub zurückkommt und die 15 Euro Belohnung pro Kuchen wegfallen, Sybille der Antrieb zum Backen völlig verloren ginge.

Hast du dich schon einmal gefragt, ob du arbeitest, um zu leben, oder lebst, um zu arbeiten? Natürlich müssen wir alle in irgendeiner Form für unsere Tätigkeit entlohnt werden, wenn wir nicht nur von Luft und Liebe leben wollen. Allerdings beruht unsere grundsätzliche Leistungsbereitschaft darauf, dass wir unsere Arbeit auch um ihrer selbst willen tun und nicht nur, um unser täglich Brot damit zu verdienen. Deshalb ist es so wichtig, in seinem Beruf etwas Sinnstiftendes zu finden, das intrinsisch motiviert. Weil das nicht in jeder Tätigkeit und in jedem Arbeitsumfeld möglich ist, helfen extrinsische Motive, bei der Stange zu bleiben und nach einem schlechten Tag nicht gleich das Handtuch zu werfen. Geld zu verdienen oder Anerkennung zu erhalten, sind probate Mittel, um uns gern zur Arbeit gehen zu lassen, und sie helfen, Phasen der Unlust zu überwinden. Wer jedoch für seinen Job brennt, wird auch ohne diese Motive mit seiner Tätigkeit einigermaßen zufrieden sein. Ganze Branchen gründen darauf, dass es genug Leute gibt, die sich ausbeuten lassen wollen, nur um in diesem Bereich überhaupt tätig zu sein. Hunderttausend Hobbymusiker:innen oder Volontär:innen im Verlagswesen, Set-Runner beim Film oder Statist:innen beim »Tatort« arbeiten mitunter für ein paar lausige Kröten oder pro bono und können trotzdem glücklich sein. Gleichzeitig gibt es viele Menschen, die sehr viel Geld in ihrem Beruf verdienen oder in gehobenen Positionen sind, aber ihren Job nicht wirklich leiden können. Für diese Leute ist das Gehalt ein finanzieller Ausgleich für die Zeit, die sie mit etwas Ungeliebtem verbringen.

Nicht jede extrinsische Motivation ist per se schlecht. Eine aktuelle Metaanalyse kommt beispielsweise zu dem Schluss, dass extrinsische Belohnung immer dann einen positiven Effekt hat, wenn die Belohnung nicht für das Verhalten, sondern für die konkrete Leistung erfolgt.[38] Nicht jede Belohnung *verhindert* also Geniestreiche.

Wird etwas als Belohnung für eine konkrete Leistung empfunden, löst das im menschlichen Gehirn vielmehr wahre Dopaminfeuerwerke aus.

Auf diesem Mechanismus basieren übrigens alle sozialen Medien: Man postet etwas und bekommt Likes, Herzchen oder Daumen-hoch – und im Hirn, genauer gesagt dem Nucleus accumbens, dem Belohnungszentrum, haben die Dopaminrezeptoren alle Hände voll zu tun. Das fühlt sich gut an, ich werde gemocht, yeah! Gleich mal noch ein Bild hochladen, damit das gute Gefühl nicht nachlässt. Spannenderweise entstehen im Belohnungszentrum auch Süchte.

Dopamin ist der heißeste Scheiß in unserer Hirndrogerie. Es sorgt dafür, dass wir uns anstrengen und Leistung erbringen. Daneben dealt unser Körper aber mit weiteren Stoffen. Auch körpereigenen Opioiden kann niemand widerstehen, denn sie verschaffen uns ein Gefühl des Wohlbefindens. Wenn dann noch das Oxytocin hinzukommt, das beim Streicheln von Hunden oder dem Schmusen mit deinem Schatz ausgeschüttet wird, ist es vollständig um uns geschehen. Denn Leistungs-, Wohlfühl- und Kuschelhormone sind der beste Drogencocktail, den unser Oberstübchen anzubieten hat. Menschen, die regelmäßig mit diesen Substanzen versorgt werden, sind lebenslustig, gesellig und voller Tatendrang.[39]

Kommen wir noch einmal zur intrinsischen Motivation. Man weiß mittlerweile, dass auch in diesem Fall Dopamin ausgeschüttet wird. Menschen, die »wegen der Sache selbst« an etwas dranbleiben, werden also auch ohne Einflüsse von außen mit guten Gefühlen vom hauseigenen Hirndealer belohnt.

Ich werde häufig gefragt, wie die perfekte Umgebung für Kreativität aussieht. In der Tat gibt es Faktoren, die kreatives Denken, Inspiration und Motivation begünstigen. Als Erstes ist an dieser Stelle unbedingt ausreichend Schlaf zu nennen. Insbesondere die REM-Phase, in der wir träumen, begünstigt den Ideennachschub. Wenn du dafür sorgen möchtest, zukünftig mehr und bessere Ideen zu generieren, fang doch mit dem bequemsten Teil an und leg dich erst mal hin. Durchschnittlich brauchen Menschen zwischen sechs und acht Stunden Schlaf – manche Genies wie Albert Einstein angeblich weniger. Es gibt sogar Leute, die behaupten, sie kämen mit nur ein paar Stunden aus. Lass dich von ihnen nicht verunsichern. Schlafmangel tut dir langfristig nicht gut und kann dich sogar krank machen.[40] Das Gehirn braucht Zeit, um zu regenerieren, um Erfahrungen, Erlebnisse und Gelerntes ins Gedächtnis zu verschieben und so Kapazitäten für neue Ergüsse freizumachen. Darüber hinaus verknüpft das Hirn im Schlafzustand Informationen und Gedanken auf eine Art und Weise, die uns im Wachen vielleicht nie gelungen wäre. Manche Probleme lösen sich im Schlaf? Stimmt! Deswegen gibt es auch viele Kreative, die immer einen Notizblock auf dem Nachttisch liegen haben, um die besten Einfälle festzuhalten, bevor sie wieder wegdösen. Schlaf hilft uns außerdem, den nötigen Abstand und neue Perspektiven zu gewinnen. Das berühmte »Eine Nacht drüber schlafen« funktioniert also wirklich.

Neben einem ausgeschlafenen Geist ist eine positive Grundstimmung sehr förderlich für kreatives Denken. Es heißt ja oft, dass die besten Liebeslieder in einem Moment großen emotionalen Schmerzes entstanden sind, und auch andere Kreative berichten von rauschartigen Zuständen, wenn ihnen gerade das Herz gebrochen wurde. Keine Frage: Eine psychische Ausnahmesituation *kann* inspirierend wirken, da urplötzlich allerlei Gefühle ausgelöst werden. Bei Liebeskummer spielt unser Hirn außerdem immer wieder die besten Szenen aus dem Beziehungsfilm ab, was, wie du mittlerweile weißt, bedeutet, dass unsere innere Wahrnehmung aktiv ist. Dieses Nach-innen-gerichtet-Sein fördert die Fantasie und wirkt sich deswegen positiv auf neue kreative Gedanken aus. Allerdings möchte ich niemandem empfehlen, sich dauerhaft das Herz brechen zu lassen, damit er seine Kreativität anspornt. Denn ein positives Umfeld und gute Laune haben eine weitaus bessere Wirkung.

In einem Versuch der Universität von Evanston in den USA schnitten Proband:innen, die ein Kreuzworträtsel lösten, besser ab, wenn sie guter Laune waren, da sie häufiger divergent dachten. Bei schlechter Laune musst du aber nicht gleich aufgeben, denn in diesen Phasen ist deine konvergente, zum konzentrierten Arbeiten notwendige Denkfähigkeit größer. Das bestätigt die Theorie einer Autorenkollegin von mir, die sich an den Tagen, an denen sie mit dem falschen Bein aufsteht, immer mit Buchhaltung und Steuererklärung beschäftigt. »Das macht zwar noch schlechtere Laune«, gibt sie freimütig zu, »aber immerhin hab ich am Ende des Tages irgendwas geschafft, anstatt mich darüber zu ärgern, dass ich heute keine guten Einfälle hatte.«

—— Übung ——

Dein kreativer Soundtrack

Wenn du das nächste Mal konzentriert und aufmerksam an einer Sache arbeiten sollst oder auf den Aha-Effekt wartest, versuche, dich mit Musik in Stimmung zu bringen. Vielleicht legst du dir bei dem Musik-Streaming-Portal deiner Wahl auch einfach ein paar Listen an? Zum Beispiel für ruhige, konzentrierte Stunden oder für kreativ-mentale Karussellfahrten? Zum Vergleich versuche anschließend, in völliger Stille zu arbeiten, beispielsweise in einer Bibliothek.

Die neueste Forschung[41] geht zwar nicht mehr davon aus, dass Hintergrundmusik zu kreativen Höchstleistungen führt, aber wenn Musik dir hilft, in gute Stimmung zu kommen, kann sie auf keinen Fall schaden. Probiere es einfach aus!

Der kreativen Arbeit ist außerdem zuträglich, so oft wie möglich die Perspektive zu wechseln. Eindimensionales Denken hat nämlich dieselben Folgen wie Spurrillen auf der Autobahn: Man kommt einfach nicht mehr raus. Am allerbesten ist es sogar, die Welt zumindest manchmal mit den Augen eines Kindes zu betrachten. Das klingt leichter, als es ist, denn wir verlassen unsere erwachsene Perspektive sehr selten. Wie würde ein Tag in deinem Leben aussehen, wenn du sieben Jahre alt wärst? Normen und Verbote behindern die Kreativität – wie wäre es also, wenn du einen ganzen Tag lang mal auf alles pfeifst?

—— ÜBUNG ——

Zurück in die Kindheit

Wenn du das nächste Mal einen Tag frei hast, möchte ich dich dazu einladen, diesen Tag so zu verbringen, als wärst du sieben Jahre alt und hättest keine Erziehungsberechtigten, die dir sagen, was gut und richtig ist. Du sollst an diesem Tag tun und lassen, was du willst. Schlafen bis elf? Gönn es dir! Pommes zum Frühstück? Na klar! Danach Fernsehen oder im Park herumalbern? Fremde Menschen in der U-Bahn ungeniert anglotzen? Mitten am Tag ein Schläfchen machen und ohne Zähneputzen ins Bett gehen? Kinder erfahren die Welt unmittelbar durch ihre Sinne, während Erwachsene die bekannten sensorischen Erfahrungen oft nur noch simulieren. An diesem Kindertag lade ich dich dazu ein, die Welt mit allen Sinnen wahrzunehmen. Fass alles an, rieche, schmecke, höre, staune.

Ich ermuntere dich mit dieser Aufgabe zum selbstver-
antwortlichen Ungehorsam. Falls du Kinder in deiner
Umgebung hast, Neffen und Nichten, eigene oder die
Kinder deiner Nachbarn, kannst du sie nach Inspiration für deinen perfekten freien Kindertag fragen.

Auch Pausen sind ganz wichtig. Wir neigen dazu, uns in Probleme zu verbeißen oder so lange an einer Aufgabenstellung
herumzuknobeln, bis wir endlich auf die Lösung kommen. Das
ist neurologisch betrachtet leider ziemlicher Unsinn, da das
Ruhezustandsnetzwerk dabei nicht aktiv wird und die guten
Ideen gar nicht kommen *können*.

Da es manchmal jedoch schwierig ist, aus dem Tunnel her-
auszukommen, hilft ein Ortswechsel. Es reicht oft schon aus, den
Laptop an einem anderen Platz aufzustellen, aber auch Spaziergänge oder das Ausräumen der Spülmaschine sind gute Gelegenheiten, um dem Hirn eine Pause zu verschaffen. Ein als unangenehm empfundenes Umfeld kann kreatives Denken verhindern,
wenn es zum Beispiel für den Einzelnen zu laut oder zu leise, zu
hell oder zu dunkel, zu kalt oder zu warm, zu vollgestopft oder
zu aufgeräumt ist. Jeder tickt da anders. Manche Kreative sitzen
in vollgestellten Arbeitszimmern an chaotischen Schreibtischen,
andere im perfekt aufgeräumten Raum ohne Bilder an den Wän-
den, damit ihre Gedanken frei wandern können.

Bereits sehr kleine Veränderungen können Blockaden auflösen
oder verursachen. Glücklich ist derjenige, dem es gelingt, das mentale Hindernis anzuerkennen, den Fokus zu lösen und die Umgebung zu ändern. So kommen die Assoziationen wieder in den
Fluss. Deshalb gibt es viele Menschen, die in einem trubeligen Café
hervorragend arbeiten können, andere hingegen brauchen die totale
Stille und die hereinbrechende Nacht, um in den Flow zu kommen.

Frischer Wind

Falls du merkst, dass du geistig in einer Sackgasse gelandet bist, probiere einmal Folgendes:

- Überprüfe deine Umgebung. Ist es laut oder leise? Warm oder kalt? Trist oder bunt? Einsam oder voller Menschen?

- Such dir nun eine Umgebung, die im offensichtlichen Kontrast dazu steht. Geh aus dem farblosen Raum raus und mach einen kurzen Spaziergang im Park. Öffne ein Fenster und lass viel frische Luft herein. Setz dich für eine halbe Stunde in ein lautes Café oder Restaurant, wenn es vorher still und einsam um dich war.

- Ruf bei einem Freund oder einer Kollegin an und halte einen kleinen Schwatz, in dem es nicht um dein aktuelles Thema geht. Das regt die Gedanken an.

- Und wenn gar nichts mehr hilft: Ab unter die Dusche! Die kurbelt die Kreativität an und bringt den Kreislauf in Schwung.

Natürlich gibt es auch andere Faktoren, die auf die eigene Kreativität Einfluss nehmen. Dieses zarte Gewächs kann nämlich nur unter guten Bedingungen gedeihen, also in einem toleranten, angstfreien Raum, in dem gut mit Kritik umgegangen wird. Jeder Mensch hat das Bedürfnis nach Anerkennung – wer ständig für seine Arbeit oder seine Persönlichkeit angegangen wird, hat es schwerer, seine Potenziale zu entfalten. Anerkennendes Lob ist tatsächlich motivationssteigernd. Der Lehrer, der dir eine schlechtere Note gegeben hat, damit du dich mehr anstrengst, hat also etwas ganz Grundsätzliches nicht verstanden. Erinnere dich an das Prinzip von Annäherung und Vermeidung: Wer vermeiden will, wieder gemaßregelt oder kritisiert zu werden, wird sich mitunter weniger bemühen als jemand, der seinem Ziel auf positive Art näher kommt.

Verschiedene Studien haben außerdem die Wirkung der Natur unter die Lupe genommen. Es klingt unglaublich banal, aber selbst der Anblick einer Zimmerpflanze oder eines bunten Blumenstraußes wirkt auf unser Gehirn inspirierend, von einem ausgedehnten Spaziergang im Grünen ganz zu schweigen. Falls bei dir im Büro keine Pflanzen erlaubt sind oder dein schwarzer Daumen alles tötet, was in Erde steckt: Selbst ein grünes Rechteck irgendwo in deinem Sichtfeld oder eine grün gestrichene Wand wirkt sich positiv auf deine Kreativität aus.

Ich kann aber noch einen draufsetzen. Reisen machen nicht nur Spaß (zumindest den meisten Menschen), sie unterstützen ebenfalls die eigene Schöpferkraft! Am besten sind Erkundungsfahrten oder Touren ins Blaue, bei denen du neue Erfahrungen sammeln kannst. Also nicht immer nur auf denselben Campingplatz fahren! In einer anderen Kultur muss dein Gehirn alte Denkmuster ablegen. Wir denken die meiste Zeit in Schubladen – wenn wir beispielsweise in ein Restaurant in unserer Heimatstadt gehen, wissen wir, wie wir uns in diesem Umfeld zu verhalten haben. Wir suchen uns einen Tisch aus, bekommen die Karte, bestellen Essen und so weiter. Alles bekannt.

Stell dir nun aber vor, du bist in Japan und gehst in ein Restaurant. Das Erste, was du im Eingangsbereich siehst, ist ein riesiges Regal für Schuhe. Okay, offenbar musst du deine eigenen jetzt ausziehen. Du wirst an einen niedrigen Tisch geführt, Stühle gibt es keine. Stattdessen nimmst du auf einem Sitzkissen Platz. Wenn dir die Karte gereicht wird, kannst du die Schriftzeichen nicht entziffern und wählst irgendwas aus – in der Hoffnung, es möge nicht aus etwas Ekligem bestehen. Du suchst nach dem Besteck … Aber es gibt nur Stäbchen. Wie sollst du damit die Suppe essen, die du offensichtlich bestellt hast? Dein Blick wandert zu den anderen Tischen … Ah, schlürfen! Du beginnst zu essen und bist erstaunt, wie lecker es ist. Die Schlürftechnik hast du auch bald drauf. Toll, so ein Restaurantbesuch in Japan!

Kannst du dir vorstellen, was in deinem Gehirn bei einem solchen Erlebnis vor sich geht? Nahezu alles, was du ansonsten aus dem Effeff beherrschst, funktioniert nicht mehr, du musst es neu lernen und dich in unbekanntes Gebiet vorwagen. Eine Rikschatour in Indien ist mit einer Taxifahrt in München nicht zu vergleichen – ich selbst habe es dort übrigens nicht mal geschafft, allein die Straße zu überqueren. Auch eine türkische Hochzeit, auf die du zum ersten Mal eingeladen bist, fordert deinen grauen Zellen mehr ab als die deutsche Feier in Castrop-Rauxel. Die Welt zu entdecken, egal ob vor der Haustür oder im entlegensten Winkel des Planeten, ist deiner Kreativität auf jeden Fall zuträglich.

Und selbst wenn du in deinem Urlaub überhaupt nichts entdecken, sondern nur auf der Sonnenliege braten willst: Die Erholung gibt dir die Möglichkeit, auf mentale Gedankenreisen zu gehen und dein Ruhezustandsnetzwerk mal wieder so richtig schön zu aktivieren. Deswegen sind Ferien vom Alltag und von der Arbeit so wichtig.

Allerdings muss auch klar sein: Vom Träumen allein wirst du nicht kreativer werden. Auch nicht, wenn seit Neuestem ein Ficus auf deinem Schreibtisch steht. Ein bisschen mehr Einsatz ist schon gefragt. Also leg los, am besten heute und nicht morgen, egal womit. Schaden wird es dir auf keinen Fall.

Hauptsache, es bereitet dir Freude. Vergeude dein Leben nicht mit Dingen, die dir nur ein bisschen Spaß machen.

Jaja, ich weiß schon, was du jetzt sagen willst. Manchmal muss man eben auch Aufgaben erledigen, die keine Freude bereiten. Überlege dir in diesem Fall, welche Fähigkeiten du bereits besitzt und welche dieser Fähigkeiten dir bei der Lösung der Aufgabe helfen können. Was macht den Reiz des Projekts aus? Manchmal ist das etwas ganz Kleines. Ich finde Buchhaltung zum Beispiel fürchterlich – aber allein der Gedanke, dass es nach einem Tag intensiven Dransetzens vorbei ist und ich die nächsten drei Monate Ruhe habe, löst geradezu Begeisterungsstürme in mir aus. Auch wenn ich diese Arbeiten nicht leiden kann, finde ich so einen Weg, das Beste daraus zu machen. Und, okay, ich gebe es zu: Am Abend nach einem solchen Buchhaltungstag gönne ich mir eine große Pizza und anschließend ein unverschämtes Dessert. Belohnung, ich sagte es bereits, steigert die Motivation beträchtlich …

Auch gilt die Ausrede nicht, zu alt für Neues zu sein. Wie oft habe ich schon gehört: »Ich kann kein Instrument mehr erlernen, weil ich schon zu alt bin!« Das ist Quatsch. Du wirst vielleicht kein zweiter Chopin, aber darum geht es ja gar nicht.

Es hilft auch, Gleichgesinnte zu suchen, mit denen man gemeinsam kreativ herumspinnen kann. Zum Beispiel beim Erlernen eines neuen Instruments. Meine Freundin Meike aus München war mir so eine Gleichgesinnte. Bei einem unserer seltenen Telefonate stellten wir fest, dass wir beide das gleiche Ziel haben: in unserer anvisierten gemeinsamen Seniorenresidenz mit virtuosem Klavierspiel zu unterhalten. Unsere Vorstellung ist zugegebenermaßen etwas abstrus. Denn das Klavierspiel am weißen Flügel ist für unsere Freundinnen gedacht, die ebenfalls in unserer Residenz wohnen und während unseres Kammerkonzerts hoffentlich viel zu viel Champagner trinken. Unser übergeordnetes Ziel, auch wenn es absurd und lächerlich wirkt, verstärkt unser beider Antrieb, auch in fortgeschrittenem Alter Klavier zu erlernen.

Kommunikation ist ein wichtiger Faktor in der kreativen Arbeit, der aufgrund unseres Vorurteils, Kreative seien allesamt einsame Genies, leider zu selten beachtet wird. Der Austausch hat aber viele positive Seiten. Du brichst deine eigenen, vielleicht auch festgefahrenen Denkstrukturen auf und gehst neue Wege. Ja, manchmal auch durch Kritik. Aber durch die kann man ja auch lernen und Dinge besser machen. Ich kenne einige Autorinnen und Autoren, die die ersten Kapitel eines neuen Buches oder ganze Buchideen erst mal mit befreundeten Kolleg:innen besprechen, bevor sie damit an einen Verlag herantreten. Auch im Drehbuchbereich gibt es häufig sogenannte Writers' Rooms, Teams, die zusammen an Ideen arbeiten. Es ist dabei erstaunlich, wie produktiv ein offen denkendes und wertschätzendes Miteinander unter Gleichgesinnten sein kann. Die eigene gedankliche Sackgasse, in die man sich mit einer Idee allzu oft hineinmanövriert, wird von einem Außenstehenden nämlich viel schneller erkannt – im Idealfall hat er sogar eine Lösung parat, wie man aus dieser Sackgasse wieder herauskommt.

Auch Musikschaffende, die häufig allein arbeiten, können ein Lied von Blockaden singen, und in allen anderen kreativen Domänen gibt es ebenfalls den Moment, in dem plötzlich nichts mehr geht. Im Inneren herrscht gähnende Leere, gute Einfälle sind mit einem Mal Mangelware. Drei Methoden können dabei helfen, wieder ins richtige Fahrwasser zu kommen:

Erstens, einfach weitermachen – egal wie laut der innere Kritiker schreit. Allein deswegen, weil man wieder ins Tun gekommen ist, können oftmals die kreativen Einfälle wieder sprudeln. Ganz gleich, ob man ein Lied oder einen Roman schreibt: Jeder Schritt zählt. Also lieber irgendeinen Quatsch als gar nichts produzieren. Das Gehirn wird im besten Fall keinen Unterschied erkennen und dich wieder in die Spur bringen.

Die zweite Methode verlangt das Gegenteil. Du steckst fest? Super! Du hast das Problem identifiziert und analysiert und eine Menge Lösungsansätze bereits ausprobiert. Mach jetzt eine Pause! In der wirst du vermutlich auf die zündende Idee kommen, weil dein Ruhezustandsnetzwerk hochfährt und die gesammelten Informationen zu einer kreativen, nutzbaren und guten Idee bündelt.

Drittens: Zerlege dein Projekt in viele Einzelprojekte, um kleine Erfolgserlebnisse wahrnehmen zu können. Vor einigen Jahren traf ich den australischen Komponisten Luke Howard, mit dem ich über seinen erfolgreichen Umgang mit Blockaden sprach. Er erklärte mir, dass er bei einem Stau im Hirn immer damit beginne, das Große in seinem Kopf in kleine Stücke zu zerlegen, um sich dann nach und nach mit den einzelnen Bestandteilen seiner Aufgabe auseinanderzusetzen. Das erfordert Geduld – aber die ist in so einem Fall auch angebracht.

Was natürlich auch immer geht, wenn es mal wieder hängt: Frag in einem sicheren Rahmen andere nach ihrer Meinung, das eröffnet neue Perspektiven. Keiner hat gesagt, dass du alles allein ausbrüten musst, und andere haben vielleicht schon ähnliche Erfahrungen gemacht. Warum also nicht von ihren Erkenntnissen profitieren?

Gemeinsam an einer Idee zu arbeiten, lässt Motivation und Kreativität beinahe von selbst steigen. Es ist noch nicht einmal notwendig, dass alle den gleichen Erfahrungsschatz haben oder über die gleichen Fähigkeiten verfügen. Eine heterogene Arbeitsgemeinschaft, in der es auch Querköpfe oder Neulinge gibt, kann sogar zu noch kreativeren Ideen kommen als die Runde der »alten Hasen«. Warum sonst findet man vor allem in Werbeagenturen Quereinsteiger aus anderen Berufen in den Kreativteams? Andersdenken ist das Gebot der Stunde!

Gerade im Bereich der technischen Innovationen finden sich überaus häufig heterogene Teams. Egal ob Steve Jobs und

Steve Wozniak, Mark Zuckerberg, Dustin Moskovitz, Chris Hughes und Eduardo Saverin oder Bill Gates und Paul Allen: Sie alle setzten auf das Prinzip der Gruppenintelligenz. Mit großem Erfolg, denn Apple, Facebook und Microsoft gehören heute zu den wertvollsten Unternehmen der Welt. Die Gleichgesinnten unterstützten sich gegenseitig in ihren Interessen und spornten einander zum Wachstum an – durch Kritik, aber auch durch Motivation.

Im Team ist es einfacher, sich immer wieder intellektuell herauszufordern. Auch können Sorgen in Gruppen leichter verteilt und getragen werden und verlieren so an Brisanz. Wenn ein Team gut miteinander arbeitet, kann die schlechte Stimmung eines Einzelnen besser aufgefangen und gehoben werden, als wenn du dir mit deiner miesen Laune allein begegnest.

Um Kreativität ranken sich einige hartnäckige Mythen, denen kaum beizukommen ist. Beispielsweise behaupten einige Kreative, dass sie unter Zeitdruck besser arbeiten und mehr kreatives Potenzial ausschöpfen können. Die Forschung, zum Beispiel Harvard-Professorin Teresa Amabile, hat das leider sehr eindeutig widerlegt. Sie sagt sogar, der Wettlauf gegen die Zeit sei besonders kreativitätsschädigend. Dem kreativen Gehirn fehlen unter Stress nämlich Zeit und Muße, sich ausgiebig mit einem Thema zu befassen. Unter Zeitdruck können Ideen auch nicht reifen, sie müssen sofort parat sein. Deadlines sind natürlich nicht per se schlecht, sie motivieren sogar, endlich mit der Arbeit anzufangen oder Entscheidungen zu treffen. Allerdings stehen sie dem kreativen Geist ziemlich im Weg.

Du weißt mittlerweile, dass du auf den göttlichen Funken, der dir die brillante Idee einfach so in den Kopf hineinschießt, vermutlich ewig warten kannst. Kreativität ist vielmehr ein Prozess, der verschiedene Stadien durchläuft. Aus den beiden ersten

Kapiteln weißt du, dass sich die Forschung sehr selten einig ist. Um dich nicht zu sehr zu langweilen, will ich dir nicht zu viele wissenschaftliche Modelle zum Kreativitätsprozess vorstellen … Denn obwohl ich dir ja schon verraten habe, dass Langeweile wichtig für Kreativität ist, wäre es mir doch lieber, wenn du dich nicht *während* des Lesens dieses Buches langweilst, sondern erst danach.

Ich beschränke mich also auf ein Modell von 1926, das aber immer noch aktuell ist und die wichtigsten Grundbegriffe der systematischen Theorie des kreativen Denkens beinhaltet. Es stammt von Graham Wallas, einem Sozialpsychologen aus England.[42] Seiner Auffassung nach besteht der Kreativitätsprozess aus vier Phasen:

1. der Präparation,

2. der Inkubation,

3. der Illumination und

4. der Verifikation.

Klingt schauderhaft theoretisch, oder? Noch mal der Reihe nach. Laut Wallas beginnt alles mit Phase eins, der Präparation, in der eine Aufgabe oder ein Problem von allen Seiten betrachtet und gedanklich durchdrungen wird.

Phase zwei, die Inkubation, beschreibt, wie dabei entstandene Ideen im Unbewussten »ausgebrütet« werden, miteinander Verbindungen eingehen oder neue Wege beziehungsweise Perspektiven eröffnen. Wie du weißt, geht das besonders gut im Schlaf oder Tagtraum, aber auch während eines Päuschens. Mitunter wird diese Phase in der Wissenschaft als die schöpferische Phase beschrieben.

In Phase drei führen die Ideen wie von Zauberhand zur Lösung. Ein Licht geht auf, weshalb die Phase wohl auch Illumination heißt. Der kreative Geist fühlt sich von der Muse geküsst und kommt zum Aha-Moment. Das ist der Moment, in dem du glaubst, eine geniale Idee zu haben.

Am Ende steht die Verifikation, in der die entstandenen Ideen vor einer eventuellen Umsetzung auf ihre Brauchbarkeit geprüft werden – vielleicht geht der Prozess hier von vorn los, weil die Einfälle eben doch nicht so brillant waren oder du merkst, dass ein anderer schneller war.

Ich gebe zu, das Modell ist vor allem eine Annäherung, in der Realität ist es oft nämlich nicht ganz so einfach. Auch könnte man denken, dass die Phasen alle in etwa gleich lang sind – das ist auf keinen Fall richtig. Manche Phasen dauern Jahre, andere nur Sekunden. In Wahrheit ist es also so, dass Kreative den Prozess wieder und wieder und wieder durchlaufen, zwischen den Phasen hin und her springen oder sich korrigieren müssen, eine andere Richtung einschlagen, ein weiteres Hindernis überwinden, von vorn anfangen und so weiter.

Egal, ob du an das Modell glaubst oder nicht, es ist äußerst lehrreich. Denn an ihm kannst du erkennen, wie wichtig Vorbereitung und Kenntnisse im jeweiligen Fachgebiet sind – ansonsten wäre es weder möglich, das Problem oder die Aufgabenstellung vollständig zu durchdringen, noch die Brauchbarkeit der Lösung zu bewerten.

Auch die Bedeutung von Pausen wird durch Wallas' Modell klar: ohne Unterbrechung keine neuen Verbindungen im Gehirn.

Es bestätigt sich durch das Modell auch das schöne Bonmot von Thomas Edison, der gesagt haben soll: »Erfinden ist ein Prozent Inspiration und 99 Prozent Transpiration.« Schöpfung braucht Zeit!

Und schließlich belegen die vier Phasen, dass Kreativität eine Mischung aus konvergentem und divergentem Denken ist.

Ist dir etwas aufgefallen? In Wallas' Modell fehlt eine für den kreativen Schaffensprozess ganz wichtige Phase, nämlich die der Realisierung. Irgendwann muss man die ganzen kruden oder genialen Einfälle im Hirn ja mal zu etwas Brauchbarem verarbeiten. Es gehört Fleisch an den Knochen! Ich habe mal gelesen, dass ein Autor gesagt hat: »Ich habe jeden Tag eine Buchidee, aber das heißt noch lange nicht, dass ich jeden Tag ein Buch schreibe.« Ideen zu *haben* ist also viel weniger schwer als Ideen umzusetzen.

Kreative wissen, dass die Realisierung mit das Schwierigste ist. Hier heißt es: dranbleiben und sich nicht ablenken lassen! Das Gute an dieser Phase ist jedoch, dass in ihr die tollen Flowmomente zustande kommen, die zu enormer Glückseligkeit führen können. Aber auch der Flow erfordert eine gewisse Disziplin, wie du in einem späteren Kapitel erfahren wirst.

Viele Berufskreative berichten davon, wie frustrierend es ist, oft nur auf die gute Idee reduziert zu werden. Die eigentliche Arbeit, die Realisierung, findet in den Augen der meisten nichtkreativ Arbeitenden offenbar nicht die gleiche Anerkennung wie die Idee selbst. Dabei ist es mitunter die Realisierung, die einen Normalkreativen von einem außerordentlich kreativen Menschen unterscheidet!

Denk mal an die beeindruckende Fülle von Beethovens, Helmut Newtons oder Goethes Werken. Die bewundern wir ja nicht nur, weil sie tolle Ideen hatten, sondern weil sie sich auf ihren Allerwertesten gesetzt und mit der Arbeit losgelegt haben und diszipliniert drangeblieben sind.

Ich habe es schon einmal gesagt, aber ich wiederhole es gern: Jeder Mensch wird mit dem Potenzial geboren, Kreatives zu leisten, auch wenn nicht jeder die Möglichkeit bekommt, dieses Potenzial auszuleben. Ein kreativer Geist braucht entsprechende

Persönlichkeitsmerkmale, intrinsische Motivation, das passende soziale Umfeld und nicht zuletzt die richtige Ausbildung, also das Wissen und die Fähigkeiten sowie unter Umständen auch das richtige Handwerkszeug zum vollen Ausleben seiner Potenziale.

An Wissen auf seinem Gebiet kommt kaum ein kreativer Kopf vorbei. Und auch wenn das Gekleckse einiger abstrakter Künstler:innen aussieht wie Kindergartenmalerei: Es ist davon auszugehen, dass die meisten Maler:innen dieser Gattung fundierte Kenntnisse haben und Techniken beherrschen. Eine Vielzahl dieser Personen wäre in der Lage, ein fotorealistisches Stillleben mit Obstkorb zu malen, wenn sie denn wollten — aber sie wollen eben nicht, weil es auf dieser Welt schon viel zu viele gemalte Obstkörbe gibt. Obwohl Picasso wusste, wie man einen Apfel so malt, dass er von der Realität kaum zu unterscheiden ist, entwickelte er gemeinsam mit Georges Braque den Kubismus, bei dem die beiden nicht nur mit den Seh-, sondern vor allem mit den Kunstgewohnheiten ihrer Zeit auf radikale Art brachen.

Wissen über das Gebiet, auf dem man sich betätigt, ist eine notwendige Bedingung, um kreativ arbeiten zu können. Es gibt sehr viele Menschen da draußen, die davon träumen, einen eigenen Roman zu schreiben, aber nur sehr wenige, die Schreibseminare besuchen, jede Woche ein Buch lesen oder sich an einem freien Tag an ein Kapitel setzen. In der Musik ist es noch schlimmer, da Castingshows vermeintliche Abkürzungen bieten und häufig vergessen lassen, dass zum künstlerischen Erfolg eben ein bisschen mehr gehört, als in zehn Liveshows aufzutreten oder Videos von sich auf YouTube hochzuladen, in denen man im heimischen Wohnzimmer Songs bekannter Idole nachsingt.

Erst echte Könnerschaft erlaubt, ein Problem als solches auch zu verstehen und Produkte von hoher Qualität zu

118

erschaffen, die sowohl alte wie auch neue Ideen miteinander verknüpfen. Und genau darum geht es doch bei einer kreativen Idee: Sie sollte eine Referenz zu dem bereits Gewesenen haben, gleichzeitig aber so weit fortentwickelt sein, dass man sie von allen anderen Einfällen unterscheiden kann.

Falls du also mit der Idee spielst, eine neue Form von Fortbewegungsmittel zu entwickeln, bist du gut damit beraten, erst mal die bereits vorhandenen Vehikel zu studieren. Auch eine Sinfonie schreibt sich leichter, wenn du grundsätzliche Kenntnisse von Noten und Harmonien hast und wenigstens rudimentäres Wissen in Musikgeschichte. Klar, vielleicht bist du zufälligerweise ein sogenanntes Genie, und es gelingt dir auch ohne irgendwelche erworbenen Fähigkeiten gleich eine Oper. Lass dich von mir dann nicht verunsichern!

Allen anderen möchte ich mit auf den Weg geben: Kreativität erfordert Aufmerksamkeit und Zeit. Das sind zwei sehr kostbare Ressourcen, von denen wir in der Regel viel zu wenig haben, weil das meiste für den normalen Alltag und unser alles in allem eher stressiges Leben draufgeht. Erst ein Überschuss an Aufmerksamkeit führt zu kreativen Entwicklungen. Es müssen Kapazitäten frei sein – das bedeutet auch, dass das tägliche Überleben gesichert ist.

Schauen wir uns die Zentren der Kreativität im Laufe der Zeit an, lässt sich feststellen, dass es vor allem die wohlhabenden Regionen waren, in denen bahnbrechende Erfindungen, großartige Innovationen und berauschende Kunstwerke erdacht wurden. Paris, Florenz, Antwerpen, aber auch das alte Ägypten, das kaiserliche China oder das antike Rom – Orte, die für die Kreativität von großer Bedeutung waren und in denen zu der Zeit, als sie die höchste innovative Produktivität aufwiesen, materieller Wohlstand herrschte. Dieser Wohlstand bedeutet, dass das Überleben der meisten gewährleistet ist, woraus sich dann erst Kreativität entwickeln kann. Außerdem ist die Grundlage von Wohlstand Bildung, womit wir wieder bei Wissen angekommen wären. Wenn man etwas weiß, kann man einerseits verhindern, etwas zu erfinden, was schon einmal da war. Andererseits hilft Wissen, die eigene Intelligenz zu nutzen und hohe Qualität zu sichern.

Wir haben schon einige Faktoren kennengelernt, die es braucht, um überdurchschnittliche Leistungen zu erbringen. Neben der Persönlichkeit, der Motivation, einem gewissen Grad an Begabung, Intelligenz und Wissen sowie viel Übung gilt auch der Zeitpunkt, wann ein Mensch damit anfängt, sich mit einer Domäne zu befassen, als wichtig. Die Grundregel lautet, je früher, desto besser. Wer bereits im Kindesalter mit dem Erlernen eines Instruments, dem Zeichnen oder dem Sport beginnt oder mit einem außerordentlichen Interesse für Wissenschaft aufwartet, hat bessere Chancen, später einmal in diesen Tätigkeiten seine berufliche Erfüllung zu finden. Auf die richtige Mischung aus Fleiß und Begabung kommt es hier an. Denn selbst die größte Gabe verkümmert, wenn sie nicht gefördert wird, und Ehrgeiz allein bringt einen im Leben vielleicht weiter, macht aber kein Wunderkind aus dir.

Sicher erinnerst du dich an die 10 000-Stunden-Regel von Anders Ericsson. Sie gilt mittlerweile auch deshalb als widerlegt, weil eben nicht aus jedem Kind, das unzählige Stunden am Klavier geübt oder mit dem Chemiebaukasten geforscht hat, ein virtuoser Pianist oder brillanter Wissenschaftler geworden ist. Übung macht den Meister? Ja, schon, sie ist aber kein Garant für Genialität. Vor allem ersetzt Übung keine Begabung. Sie fördert selbige und sorgt für einen idealen Nährboden, um sie freizulegen.

Viel wichtiger ist, und da ist sich die Wissenschaft endlich einmal einig, dass die Beschäftigung mit einer Sache Freude bereiten sollte, wenn man wirklich erfolgreich darin sein will. Das bestätigt auch die Regisseurin Maren Ade: »Ich denke, dass

120

einem der Prozess Spaß machen muss. Es darf am Ende nicht nur um das Ergebnis gehen. Es ist eher ein Abenteuer oder eine Reise, auf der man was entdecken will. Die Vision vom Ergebnis variiert währenddessen.«

Um Spaß mit einem kreativen Hobby zu haben, braucht man kein absolutes Gehör und keine 10 000 Stunden Übung. Begeisterung für ein Fachgebiet und eine hohe intrinsische Motivation, sich mit einem Thema auseinanderzusetzen, bringen Menschen dazu, an ihre Leistungsgrenze zu gehen und das Maximum aus sich herauszuholen. Aus Analysen von Tagesabläufen einiger erfolgreicher Kreativer weiß man, dass sie vor allem einen überdurchschnittlichen Arbeitseifer zeigten und sich Jahre, wenn nicht gar Jahrzehnte mit ihrer Materie auseinandersetzten. Bis ein Mathematiker in der Lage ist, eigene Formeln zu entwickeln, oder ein Jazzmusiker dazu befähigt ist, Melodien während des freien Spiels zu komponieren, geht viel Wasser die Spree hinunter. Dafür müssen diese Kreativen aber mehr als nur die Grundlagen beherrschen. Viel mehr als das müssen sie in der Lage sein, sich so souverän und selbstverständlich auf ihrem Gebiet zu bewegen, dass sie einen Überschuss an Aufmerksamkeit produzieren. Dieser ist eine notwendige Bedingung für Kreativität. Es geht nichts über Expertise! Und wie erlangt man die? Durch lebenslanges Lernen.

Allerdings ist Wissen nur ein Teil der Miete – und wer viel weiß, muss keineswegs intelligent und erst recht nicht kreativ sein. Das Dilemma unseres Schulsystems ist, wie ich bereits angesprochen habe, dass vor allem Faktenwissen eingetrichtert und abgefragt wird. Mit diesem Vorgehen wird Kindern, die von Natur aus wesentlich kreativer sind als Erwachsene, ebenjene Kreativität abtrainiert. Damit geht auch die Idee verloren, Lösungsansätze spielerisch und über das divergente Denken zu entwickeln. Auch werden Logik und Kognition als wichtiger erachtet als Imagination und Kreativität. Jahre später, wenn sie dann in ihren Büros sitzen, müssen sie sich verschiedene Kreativitätstechniken wie Mindmapping, Brainstorming, Brainwriting oder Osborn-Checklisten erst noch mühsam aneignen. Im Grunde bescheuert. Damit wir alle durch dasselbe Bildungssystem laufen können, werden wir genormt, nur um im Erwachsenenalter Nachhilfestunden in Sachen Individualismus und Nonkonformismus zu nehmen.

Kreativität wird uns in den meisten Bildungseinrichtungen und Hochschulen regelrecht aberzogen – sieht man einmal von der Hochbegabungsforschung und -förderung ab, mit der nun mal die wenigsten Normalsterblichen in Berührung kommen. Im internationalen Vergleich steht Deutschland mit seinen preußischen Tugenden, die bis heute an Schulen vermittelt werden, ziemlich allein da. Denk mal an Island, wo Kinder bereits in sehr jungen Jahren viele Freiheiten in der Persönlichkeitsentwicklung und kreative Anstöße bekommen. Hier lautet das Motto: »Ich kann Probleme mit meinen Fähigkeiten und meiner Kreativität lösen.«

Aber auch die englischsprachigen Länder legen mehr Wert auf unkonventionelles Denken und die Förderung der Kreativität. In Neuseeland, das für sein gutes Schulsystem bekannt ist, werden beispielsweise Radiergummis aus dem Unterricht verbannt, damit die Schulkinder lernen, dass man sich für Fehler nicht schämen muss. »Fehler«, lautet das Motto, »helfen dem Gehirn zu wachsen.« Kreativität braucht diese Offenheit und Toleranz anstelle einer Fixierung auf die eine richtige Lösung.[43]

Dennoch sträubt sich die hiesige Pädagogik, irgendetwas anders zu machen als in den vergangenen Jahrzehnten, obwohl sich der Arbeitsmarkt in den kommenden Jahren massiv verändern wird und ganz andere Fähigkeiten und Begabungen gefragt sein werden. Zum Leidwesen derjenigen, die im Schulsystem Zensuren vergeben, ist Kreativität sehr individuell, und man fürchtet um die zur Leistungsbeurteilung wichtige Vergleichbarkeit. Das Einordnen kreativer Lösungen in Kategorien wie falsch und richtig gelingt nicht. Oder wie mein Sohn sagen würde: »Jede Antwort kann richtig sein. Es kommt nur auf die Perspektive an!«

Ein Fokus auf Kreativitätsförderung müsste aber gar nicht bedeuten, dass man alle bisherigen Lehrpläne einstampft. Ich habe dir ja erklärt, dass die Grundlage für Schöpfertum Wissen ist – und Kreativität ist die Neuformation dieses Wissens. Es spricht also überhaupt nichts dagegen, Kunstgeschichte zu pauken, Physik zu büffeln oder Vokabeln zu lernen … Wenn unsere Kinder aber nicht in der Lage sind, diese Kenntnisse neu und ungewöhnlich miteinander zu verbinden, ist das ganze Wissen mitunter nichts wert. Es wird im Laufe der Zeit in irgendwelche tief liegenden Gehirngänge verschoben und vergessen. Was, wie du dir denken kannst, Kreativität sogar verhindert. Denn wenn Wissen nicht im Kopf behalten wird, sondern wieder in der Versenkung verschwindet: Warum sollte man dann überhaupt etwas lernen?

Aus den Biografien vieler kreativer Menschen weiß man, dass eine anregende Lernumgebung, motivierende Erziehung, die Förderung von Autonomie und die Wertschätzung des kreativen Denkens wichtige Faktoren bei der Ausbildung der schöpferischen Persönlichkeit sind. Solange wir unsere Kinder zur Norm und zur Einhaltung von Konventionen erziehen, müssen wir uns nicht wundern, wenn in den kommenden fünfzig Jahren keiner auf eine Lösung für die weltweiten drängenden Probleme kommt. Außerdem ist bekannt, dass Kinder vor allem durch Vorbilder lernen. Wer sich selbst nie kreativ betätigt und somit nicht nach Lösungen sucht (und dabei ist es egal, ob du ein Kleid nähst, ein Vogelhaus baust oder ein Ölgemälde malst), wird auch seine Kinder nicht zum kreativen Schaffen animieren.

Auch in der Schule werden die kreativen Fächer oft vernachlässigt, man kann sie sogar abwählen. Kunst, Handwerken und Musik, aber auch experimentelle Naturwissenschaften sind jedoch wichtig, um ideenreiche Potenziale schon im Kindesalter zu erkennen und zu fördern. Wenn wir in unserer Gesellschaft den Schwerpunkt nur auf Wissenserwerb, nicht aber auf seine originelle und unkonventionelle Anwendung legen, werden wir uns nicht weiterentwickeln. Stell dir vor, Albert Einstein wurde einmal als kleiner Junge von seinem Kindermädchen als »deppert« bezeichnet, weil er auf dem Sofa lag und darüber nachdachte, weshalb die Kompassnadel nach Norden zeigt. Und jetzt versuche, dir auszumalen, der kleine Einstein wäre von noch mehr Menschen umgeben gewesen, die ihm gesagt hätten, er sei ein Trottel. Wer hätte die Relativitätstheorie entwickelt? Vielleicht ein anderer, aber vielleicht auch niemand!

Kinder entwickeln eigene Denkwege, und dabei sollte man sie unbedingt gewähren lassen. Eigentümliches Verhalten und Ansätze, die nicht der Norm entsprechen, sollten von Erziehungspersonen gefördert und nicht verhindert werden. Je origineller, desto besser! Auch medialer Overkill kann die Denkstrukturen eines Kindes negativ beeinflussen, weshalb immer mehr Pädagog:innen dazu raten, Kindern so spät wie möglich Zugang zu Computern und Handys zu geben, damit sie sich mit Büchern, Sport, Musik und Wissenschaft erst einmal analog auseinandersetzen und ihr Wissen nicht nur aus dem Internet ziehen.

Die Arbeit mit den Händen und die Entwicklung von feinmotorischen Fähigkeiten kommt ebenfalls seit vielen Jahren zu kurz. Von einer befreundeten Grundschullehrerin weiß ich, dass es in der ersten Klasse Kinder gibt, die sich nicht die Schuhe zubinden können oder nicht wissen, was man mit einem Wasserfarbkasten anstellt. Es ist erschreckend, dass selbst Einjährige schon begreifen, wie sie mit dem Daumen ein Handydisplay entsperren können – zeigt man ihnen zwei Jahre später drei Kastanien und ein paar Zahnstocher, kommen sie nicht auf die Idee, daraus ein Männchen zu basteln.

Handarbeiten, aber auch Kleinreparaturen von Kleidung oder Haushaltsgegenständen lösen nach erfolgreichem Abschluss des Projekts regelrechte Dopaminräusche in uns aus. Wir fühlen uns aber nicht nur gut, diese Erfolgserlebnisse stärken auch unser Selbstvertrauen. In der Psychologie spricht man dabei von einer hohen Selbstwirksamkeitserwartung, was nichts anderes heißt, als dass wir das Gefühl verspüren, unser Leben im Griff zu haben und nicht vom Schicksal oder der Außenwelt abhängig zu sein. Du kannst dir sicher vorstellen, wie wichtig eine hohe Selbstwirksamkeitserwartung für die Persönlichkeit eines Menschen ist. Sie macht uns von Opfern zu Machern und bestärkt uns darin, das Leben in die Hand zu nehmen, statt darauf zu warten, dass etwas Großartiges passiert.

Tätigkeiten wie Stricken, Nähen, Malen, mit Holz arbeiten oder Basteln lindern zudem Stress. Vor einigen Jahren erschienen plötzlich Ausmalbücher für Erwachsene auf dem Markt. Von vielen belächelt, haben sie aber eine beruhigende und ausgleichende Wirkung auf denjenigen, der zu Stiften greift.

Kreative Ideen lassen sich sehr gut in der Gruppe entwickeln, aber auch im Alleinsein können wunderbare Dinge entstehen. Manchmal möchte man zuerst in Ruhe über ein Thema oder ein Problem nachdenken, bevor man damit vor andere tritt. Wie oft wird unseren Kindern diese Möglichkeit der individuellen Problemlösung eingeräumt? Viel zu selten. Stattdessen stellen wir sie unter den gleichen Druck, den auch wir in unserem beruflichen Umfeld verspüren. Dabei ist sich die Wissenschaft mittlerweile weitestgehend einig, dass ein positives Arbeitsumfeld und Bestätigung von anderen der Kreativität eher förderlich sind als Kritik und Beurteilung.

Der Psychologe Robert Sternberg formulierte 1995 verschiedene Empfehlungen, die den kreativen Output fördern[44]:

- Finde ein Gebiet, auf dem du eine hohe intrinsische Motivation verspürst, kreativ zu sein! Es geht um nichts als die Sache selbst.

- Pfeif auf alle Regeln und Normen, die dein kreatives Handeln einschränken würden. Vergiss aber deine eigenen Ansprüche nicht.

- Sei überzeugt von dem, was du erschaffst oder leistest, und ignoriere die Kritik anderer. Wenn du kritisch sein willst, dann beschäftige dich nur mit deiner Selbstkritik – denn die bringt dich weiter.

- Such dir Unterstützung von Menschen, die unkonventionell denken und dich zum Risiko ermutigen.

- Arbeite dich in dein Gebiet ein und sammle möglichst viel Wissen in diesem Bereich.

Ich möchte dich außerdem dazu ermutigen, so häufig wie möglich Zeit für kreative Projekte in deinen Alltag einzubauen. Denn deine Schöpferkraft wird stärker, je häufiger du sie anregst, und auch die Qualität deiner Ideen wird sich nach und nach verbessern. Wirf also nicht gleich nach der ersten verlorenen Masche oder einem verhunzten Bild hin, sondern bleib am Ball! Auf das Ergebnis kommt es nämlich viel weniger an als auf die Beschäftigung an sich. Der Fachausdruck für diese zur Realisierung von Zielen notwendige Beharrlichkeit lautet Persistenz. Du liebst Schauspielerei? Such dir eine Laienspielgruppe! Du möchtest häufiger singen? Es gibt knapp 15 000 Chöre in Deutschland, ich bin mir sicher, du findest einen, bei dem du mitmachen darfst, auch wenn du noch nicht der größte Meister deines Fachs bist. Das beweisen Hobbysänger:innen wie der Berliner Kneipenchor oder die Hamburger Goldkehlchen, die es mit ihren Interpretationen von Popsongs sogar auf große Festivals oder in die Elbphilharmonie geschafft haben.

Singen macht glücklich!

Viel beachten musst du bei deinen eigenen kreativen Übungen eigentlich nicht. Mindestens eine halbe Stunde, besser eine ganze darfst du einplanen. Wenn du eine neue Fähigkeit erlernen willst, solltest du versuchen, täglich zu üben. Wenn dir dies nicht gelingt, dann probiere es zwei- bis dreimal die Woche. Hauptsache, du verlierst nicht den Anschluss, lässt dein kreatives Hobby also nicht monatelang auf dem Stapel der unerledigten Dinge liegen, der dich vorwurfsvoll ansieht. Deswegen ist es ja auch so gut, sich Termine in den Kalender einzutragen oder sich einer Gruppe anzuschließen, die sich regelmäßig trifft. Es ist dasselbe Prinzip, nach dem Laufgruppen oder Literaturklubs funktionieren: Ein Haufen Menschen mit gleichen Interessen verabreden sich in bestimmten zeitlichen Abständen, um gemeinsam einer Leidenschaft zu frönen. Vielleicht gibt es in deiner Nachbarschaft noch mehr Leute, die häufiger zeichnen, backen, handwerken oder töpfern wollen. Finde es heraus und such dir Gleichgesinnte, sofern diese dich in deiner Kontinuität unterstützen.

Übrigens ist es nie zu spät, eine neue Leidenschaft zu entwickeln. Es heißt zwar oft, dass Kreativität nach einem Höhepunkt zwischen zwanzig und dreißig nachlasse, aber das trifft bei Weitem nicht auf alle Domänen zu, in denen man sich kreativ austoben kann. Vor allem nicht dann, wenn du nicht vorhast, zukünftig deinen kompletten Lebensunterhalt damit zu bestreiten, sondern allgemein ein grundsätzlich kreativeres Leben anvisierst. Dabei geht es nicht nur um deine persönliche Zerstreuung, sondern um eine neue Lebenseinstellung, die dir in zukünftigen Situationen mehr Handlungsspielraum ermöglicht und dich zufriedener macht.

Übrigens ist auch für Berufskreative nach der Sturm-und-Drang-Phase mit Ende zwanzig noch lange nicht Schluss. Ab Mitte fünfzig folgt sogar eine zweite kreative Hochphase, die eher experimentell als rebellisch ist und aus der eigenen Erfahrung schöpft.[45]

Ich wünsche mir, dass du eines wirklich verinnerlichst: Kreativität ist kein bloßer Zeitvertreib, sondern eine Quelle, aus der du in jeder Phase deines Lebens schöpfen kannst. Vielleicht ist sie im Moment nur ein dünnes Rinnsal, möglicherweise ist sie temporär auch ganz versiegt. Das macht aber nichts, denn selbst wenn gerade nichts sprudelt, die Quelle ist immer noch da. Finde die Beschäftigung, die deine Kreativität wieder ins Fließen kommen lässt, und ich bin mir sicher, du wirst erstaunt sein, wie sich damit deine Perspektiven und dein inneres Gleichgewicht verändern.

Dafür ist es jedoch auch notwendig, sich vor den vielen äußeren Einflüssen zu schützen, die jeden Tag mit der Informations- und Bilderflut auf uns einstürzen. Nie zuvor wurde der Mensch so reizüberflutet wie heute. Abertausende von visuellen und akustischen Eindrücken prasseln ununterbrochen auf uns ein – und es gibt keine Unterbrechungen, in denen unser Gehirn mal eine Pause machen und die Impulse verarbeiten darf. Überall flimmern Monitore, bimmelt Musik, vibriert das Handy, ploppen News oder E-Mails auf. Wir erfahren viel und wissen wenig – das ist so ziemlich das Gegenteil von einem kreativitätsfördernden Umfeld.

Es gibt aber ein paar hilfreiche Tipps, wie du deinen Geist auf die kreative Schaffensphase vorbereiten kannst. Stille ist bei vielen die Grundvoraussetzung für Kreativität – wenn nichts mehr ablenkt oder beeinflusst. Überleg mal: Wann war es um dich herum das letzte Mal richtig still?

Urlaub fürs Gehirn

Dein Gehirn darf zur Ruhe kommen. Versuche, mindestens drei der folgenden Übungen in deine kommende Woche einzubauen.

- Raus in die Natur! Ganz egal, ob du eine kleine Radtour unternimmst oder einen Spaziergang machst: Geh raus an die frische Luft und versuche, mindestens eine Stunde draußen zu bleiben.

- Halte dich am Wasser auf! Wasser hat auf den Menschen eine beruhigende Wirkung, also such dir einen See, Fluss, Strand oder Kanal und genieße den Anblick des Wassers. Wenn es partout kein Gewässer in deinem Umfeld gibt, auf das du starren kannst, lass dir eine Badewanne ein oder geh zumindest ins Schwimmbad, um ein paar Runden zu drehen.

- Schalte die Bildschirme aus! Damit sind sowohl Fernseher, Computer als auch Handy gemeint. Gönn dir einen Offlineabend, an dem es nirgendwo flimmert und dich keine Unterhaltung auf irgendeinem Gerät ablenkt. Nimm dir stattdessen ein gutes Buch, lausche einem Hörbuch oder beschäftige dich mit deinem kreativen Hobby.

- Finde einen Kraftort! Das kann ein Platz in der Natur sein, aber auch das Heim eines Menschen, bei dem du Ruhe und Vertrauen findest. Dir fällt ad hoc keiner ein? Überleg doch mal: Wo fühlst du dich ausnahmslos immer wohl? Fahr dort hin und bleibe eine Weile, während der du dich mit keinen digitalen Medien ablenkst.

- Schau nach innen! Die meisten Menschen zucken zusammen, wenn sie an Meditation denken. Dabei ist es wirklich ganz leicht und tut überhaupt nicht weh. Setz dich für mindestens zehn Minuten an einen bequemen und stillen Ort und fokussiere dich beispielsweise auf deinen Atem. Falls es dir nicht gelingen will: Genieße eine Viertelstunde Tagträumen und Gedankenwandern in einem gemütlichen Sessel oder auf dem Sofa. Versuch aber bitte, dabei nicht einzuschlafen, okay?

Kreativität ist immer da, aber sie braucht bestimmte Bedingungen, um einen Weg an die Oberfläche zu finden. Die meisten beinhalten einen Fokus auf dich selbst und den Moment des Loslassens. Neue Ideen können in Brainstorming-Runden mit den Kollegen entstehen, wahrscheinlicher ist aber, dass dir der zündende Einfall in einem sterbenslangweiligen Meeting zu einem ganz anderen Thema, in der Badewanne oder bei einem Spaziergang im Wald kommt. Am ehesten auf jeden Fall beim Gehen. Das konnte eine Forschungsgruppe der Stanford University in einer Untersuchung von 2013 nachweisen[46], in der sie Testpersonen verschiedene Kreativitäts- und Konzentrationsübungen im Sitzen, auf einem Laufband und beim Spazierengehen in der

Natur ausführen ließ. Auf die Konzentration hatte die Bewegung der Studie zufolge kaum beziehungsweise eher hindernde Auswirkungen, aber bei der Kreativität schnitten diese Testpersonen deutlich besser ab als die sitzenden.

Übrigens weiß man mittlerweile auch, dass bei den meisten Menschen Dämmerlicht für kreativere Gedanken sorgt.[47] Genau wie die Farbe Grün und auch die Farbe Blau scheint ein gedimmtes Licht unser kreatives Zentrum im Hirn zu stimulieren, wohingegen grelles Licht das planerische und analytische Denken unterstützt. Man erklärt sich diese Besonderheit bei den Lichtverhältnissen mit der Fähigkeit des Auges, bei hellem Licht scharf und deutlich, bei schummrigem Licht schlechter zu sehen. Offensichtlich fördert genau diese visuelle Schwäche das abstrakte Denken, und das unterstützt die kreativen Prozesse.

Vielleicht denkst du jetzt: Mann! Was soll ich denn noch alles machen?! In der Dämmerung im Wald spazieren gehen und an nichts denken. Bin ich ein hypnotisiertes Reh, oder was?

Keine Sorge, ich will dich mit meinen Tipps, dir eine möglichst förderliche Atmosphäre zu schaffen, nicht stressen – das wäre nämlich absolut schädlich für deine Kreativität. Viel wichtiger als alle guten Ratschläge ist außerdem, dass du in der Lage bist, mit dir allein zu sein und die Einsamkeit auszuhalten. Handy, Laptop, Fernseher und Radio dürfen für ein paar Stunden in der Woche also ausgeschaltet werden. Du wirst vermutlich sowieso nicht viel verpassen, wenn du mal offline bist. Oder hängt dein Leben wirklich von dem Post eines Influencers oder von irgendeinem Länderspielergebnis ab? Nö. Sorge also noch vor allem anderen für einen ungestörten Moment, wenn du wirklich vorhast, kreativ zu sein. Versuche, dir keine Termine auf den Tag zu legen und in einer Umgebung zu sein, in der es erst mal nur dich selbst gibt. Je reizärmer, desto besser. Nichts soll dich ablenken – übrigens ist genau deswegen Multitasking eine sehr schlechte Idee beim kreativen Prozess. Das Gehirn ist dann nämlich stark mit dem Jonglieren der unterschiedlichen Prozesse beschäftigt und macht natürlich keine Kapazitäten für die Kreativität frei.

Allerdings ist das nur die eine Seite der Medaille. Denn wie ich schon sagte, ist der Austausch mit anderen von enormer Wichtigkeit für das eigene kreative Handeln. Das können Mentoren sein, die dich in deinem Tun unterstützen und mit konstruktiver Kritik ermuntern, deine Komfortzone zu verlassen, aber auch Mitstreiter, die sich mit denselben Problemen herumschlagen wie du.

Es wird dich nicht überraschen, wenn ich dir verrate, dass übermäßige Kritik und schlechte Bewertungen im kreativen Prozess der Killer schlechthin sind. Deswegen zeigen viele, die etwas erschaffen, auch so ungern ihre Zwischenergebnisse: Sie haben Angst, dass die Rückmeldung sie entmutigt.

So geht es auch Kreativen, die noch im Prozess des Entstehens mit einem unsensiblen Kommentar eiskalt erwischt werden. Das Ganze ist ja in der Regel noch nicht ausgegoren, sondern besagte Annäherung, von der wir bereits sprachen, mit viel Raum für Verbesserung. Dennoch: Jeder kreative Prozess ist ein individuelles Produkt, das aus dem tiefsten eigenen Inneren entspringt. Wenn ein anderer diesen zarten Grashalm mit seiner Mähdreschermentalität niederwalzt, kann niemals ein dichter Rasen daraus werden. Wenn wir kreativ sind, befinden wir uns in einem leeren Raum, in dem wir träumen und uns mit jeder sich bietenden Möglichkeit Ausdruck verleihen dürfen. Überhebliche, wertende oder demotivierende Kritik ist in keinem Fall hilfreich.

Auch im sozialen Miteinander ist Wertschätzung immer ein guter Rat. Die Idee deiner Kollegin, die Wand in eurem Büro safrangelb zu streichen und ab sofort jeden Morgen »Let the Sunshine In« aus dem Musical »Hair« laut in den Gängen zu spielen, mag erst mal bescheuert klingen. Aber hey, sie hat sich Gedanken gemacht und den Mut aufgebracht, ihren Einfall kundzutun! Wann hast du dich zum letzten Mal so weit aus dem Fenster gelehnt? Die meisten von uns fürchten doch das vernichtende Urteil der anderen – mit ein Grund, warum sogenannte Brainstorming-Runden oft in peinlichem Schweigen enden. Keiner will sich zum Deppen machen, keiner will die scharfe Klinge der Bewertung auf seinen Nacken sausen lassen. Lieber Löcher in die Luft starren und sehr beschäftigt die eigenen Fingernägel inspizieren – und darauf hoffen, dass sich ein anderer dem Plenum zum Fraß vorwirft.

Dabei geht es auch anders. Kreativitätstechniken ermöglichen – richtig angewandt und in einer wertschätzenden Umgebung praktiziert – eine Maximierung des flexiblen Denkens. Ziel ist nicht, das Arbeitsumfeld niederzumachen, sondern Denkblockaden zu überwinden und kreative Prozesse anzuregen. Kritik ist wichtig, aber konstruktiv sollte sie sein. Im richtigen Setting machen Kreativitätstechniken sogar Spaß. Wenn sie dir bislang keine Freude bereitet haben, weißt du nun, wo der Hund begraben liegt. Egal ob Mindmapping, Brainwalking, Walt-Disney-Methode, Flip-Flop, 6-3-5-Technik oder Clustering: Das Angebot ist so vielfältig, dass garantiert für jeden etwas dabei ist. Aber auch die beste Methode kann im falschen Umfeld zum Bumerang werden, Kreativität also nicht fördern, sondern sie nachhaltig und umfassend lahmlegen. Viel wichtiger als kurzfristige »kreative Intervalle« zu produzieren ist es dem Entwicklungspsychologen Franz E. Weinert zufolge deshalb, ein kreativitätsförderndes Organisations- und Unternehmensklima auf allen Ebenen zu schaffen, in dem neue Ideen ausdrücklich erlaubt und innovative Einfälle erwünscht sind. In einem Lern- und Arbeitsumfeld, in dem der Satz »Das haben wir schon immer so gemacht, das machen wir auch weiter so!« dominiert, wird niemand um die Ecke denken oder sich trauen, Vorschläge zur Verbesserung und Weiterentwicklung zu unterbreiten. Wieso auch? Er wird ja doch nur abgewatscht. Ein Paradigmenwechsel muss her, allerdings nicht nur in der Schule oder im beruflichen Kontext, sondern auf allen Ebenen. Eltern dürfen von Kindern lernen, Lehrende von Auszubildenden, Vorgesetzte von Angestellten. Wir brauchen eine neue Denkkultur in Deutschland, die Kreativität und Einfallsreichtum als hohen Wert ansieht. Interessanterweise haben oftmals diejenigen Menschen, die in den Entscheiderpositionen sitzen, am meisten Angst, diese zu verlieren. Als müssten sie ihren Schreibtisch räumen, weil der Azubi eine gute Idee hatte. Ist das nicht verrückt? Und was sagt das über diese Menschen aus? Solange Kreativität Angst macht, wird sie uns nicht helfen. Sie braucht ein Umfeld, in dem sie wertgeschätzt und gefördert wird, damit sie mit vorhandener Expertise und vermitteltem Wissen die bestmögliche Verbindung eingehen kann. Dafür müssen wir nicht alles anders machen als bisher – aber wir sollten unbedingt damit beginnen, in unserem Geist ein Fenster zu öffnen, damit nicht nur die guten Ideen hineinkommen, sondern auch die alten Vorurteile und Ängste hinausgelangen und in den Himmel aufsteigen können.

4

FLOW

DAS GLÜCK DES TUNS

In diesem Kapitel wenden wir uns einem sehr spannenden Thema zu, um das sich – wie um so vieles andere auch, was mit Kreativität zu tun hat – zahllose Mythen ranken. Bestimmt hast du schon einmal von ihm gehört, vielleicht hast du ihn sogar bereits am eigenen Leib erfahren: den Flow.

Betrachten wir zunächst einmal das Wort an sich. Flow heißt übersetzt »fließen« oder »Fluss«. Man beschreibt damit einen mentalen Zustand vollkommener Vertiefung, während man sich einer Tätigkeit widmet. In dieser Tätigkeit geht man im Flow völlig auf – so sehr, dass man beinahe das Gefühl hat, die Tätigkeit gehe wie von selbst. Dieses Gefühl, das weißt du sicher auch, ist absolut beglückend und angenehm – und leider nicht auf Knopfdruck herzustellen.

Du erinnerst dich bestimmt noch an den ungarischen Forscher mit dem unaussprechlichen Namen Mihály Csíkszentmihályi. Er hat sich in seinen Studien mit Glück, aber vor allem mit dem Flow beschäftigt und gilt heute als Begründer der Flow-Theorie. Auf ihn gehen die wichtigsten Werke und Untersuchungen zum Flow zurück, weshalb wir uns im folgenden

Abschnitt vor allem mit seinen Erkenntnissen beschäftigen werden. Wir werden gemeinsam untersuchen, was beim Flow im Gehirn passiert, wie wir uns dabei fühlen und auf welche Weise man diesen wunderbaren Zustand erzeugen kann.

In den vorangegangenen Kapiteln hast du einiges über Kreative erfahren und weißt mittlerweile, dass es zwischen ihnen große Unterschiede gibt. Was sie jedoch eint, ist der Antrieb durch die intrinsische Motivation – diese unsichtbare, wunderbare Kraft, die sie dazu verleitet, Dinge zu tun, für die viele andere keinen Grund sehen. Sie handeln nicht, weil das große Geld lockt (im Gegenteil, die meisten Kreativen leben nicht gerade auf großem Fuß) oder Ruhm, Ehre und Anerkennung winken. Sondern weil sie es *wollen*. Weil sie den tiefen, innigen Wunsch verspüren, eine Sache um ihrer selbst willen zu tun – und daran ist auch dieses fantastische Hochgefühl schuld, das wir Flow nennen. Es entsteht, wenn man sich hoch konzentriert einer bestimmten Sache widmet, egal ob es sich um das Ausstechen von Keksen, Stricken oder das Formen einer Skulptur handelt. Manche Menschen kommen auch beim Abheften von Steuerunterlagen oder beim Putzen des Badezimmers in den Flow. Das kann ich persönlich zwar nicht nachvollziehen, aber dennoch erreichen manche Menschen bei diesen Tätigkeiten einen beinahe tranceähnlichen Zustand in ihrem Tun.

Der Flow kann bei jeder Tätigkeit entstehen, sofern die Ziele der auszuführenden Aufgabe klar sind und die Anforderungen den eigenen Fähigkeiten entsprechen. Das Bewusstsein richtet sich bei einem Flow-Erlebnis zu einhundert Prozent auf das Handeln und die unmittelbare Rückmeldung des eigenen Fortschritts: Du denkst im Flow nur an das Keksausstechen, Stricken oder die Arbeit an der Skulptur. Okay, auch an das Abheften und das Badputzen, wenn das deine bevorzugten Tätigkeiten sind. Alles andere blendest du aus – sowohl deine Sorgen als auch deine Wünsche, vor allem aber jegliche Angst, du könntest versagen. Schließlich weißt du: Ich kann Kekse ausstechen, stricken und eine Skulptur formen! Während du vor dich hin arbeitest und mit deinen Gedanken an keinem anderen Ort als im Hier und Jetzt und bei deiner Tätigkeit bist, vergisst du zum einen dich selbst in deinem Tun, verlierst aber auch jegliches Zeitgefühl. Könnte sein, dass du erst seit fünf Minuten oder aber seit fünf Stunden an deiner Arbeit sitzt. Wer weiß das schon? Du auf jeden Fall nicht.

Charakteristisch für Flow-Erlebnisse ist außerdem, dass sie wie die kreative Arbeit intrinsisch motiviert sind – und spätestens hier steige ich aus, was das Badputzen oder die Buchhaltung angeht, aber es soll ja wirklich Leute geben, die so etwas gern machen. Falls du dazugehörst und ich dich gerade beleidigt habe: Sorry! Ich habe bestimmt auch ein paar Leidenschaften, über die du nur den Kopf schütteln kannst.

Zurück zum Flow. Vielleicht denkst du im ersten Moment, der Flow-Zustand ist dem des Tagtraums ähnlich. Tatsächlich gibt es allerdings einen großen Unterschied. Der Tagtraum richtet sich nämlich ausschließlich nach innen, das Ruhezustandsnetzwerk läuft auf Hochtouren und produziert Ideen und Fantasien am laufenden Band. Es passiert nicht viel im Außen, du bist beim Tagträumen nur in Gedanken. Im Flow indes konzentrierst du dich vollständig auf das Tun. Dein Fokus ist nach außen gerichtet, und du gerätst in eine selig machende Selbstvergessenheit. Genau wie ein Kind, das stundenlang mit Bauklötzen spielt oder ewig und drei Tage mit Buntstiften malt und die Welt um sich herum ausblendet. Wann warst du das letzte Mal so selbstvergessen bei einer Sache? Hast dich ihr voll und ganz verschrieben und bist in einen regelrechten Rausch gekommen? Vielleicht kennst du das vom Sport. Gerade bei Ausdauersportarten wie Joggen und Schwimmen kommt man – sofern man lange genug durchhält – in einen Zustand, in dem Beine und Arme wie von allein funktionieren und du deinem Körper in gewisser Weise nur noch hinterherläufst. Oder -schwimmst. Die Bewegungen führen sich wie von Geisterhand aus, plötzlich macht es keine Mühe mehr, du bist nur bei der Sache und bei nichts anderem sonst.

Das ist der Flow!

In den 1970er-Jahren untersuchte Csíkszentmihályi diesen Zustand als einer der Ersten, weshalb er heute als Pionier auf dem Gebiet gilt. Er bezeichnet den Flow als mühelose Aktivität, die zu einem Einklang von Gedanken, Gefühlen und Handlungen führt.[48] Vergangenheit, Gegenwart und Zukunft verschmelzen im Flow zu einem einzigen Moment. Dieser Zustand wird von uns als glücklich wahrgenommen, weil haufenweise Dopamin ausgeschüttet wird.

Bevor ich dir erkläre, wie auch du den Flow erzeugen kannst, möchte ich dir noch seine bessere Hälfte vorstellen: den Flash. Das ist keine Figur aus dem Marvel-Comic-Universum, sondern eine Bezeichnung für das plötzliche Aufblitzen einer Inspiration. Während sich der Flow über Minuten oder Stunden erstrecken kann, dauert der Flash oft nur ein paar Millisekunden und ist so schnell verschwunden, wie er aufgetaucht ist. Man nennt den Flash deshalb auch Inspiration oder Geistesblitz, jene »göttliche« Eingebung, von der wir bereits gesprochen haben, vor allem in Bezug auf einige Kreative wie Newton oder Mozart, denen die Ideen im Traum oder eben als plötzliche Einsicht unterm Apfelbaum kamen. Es gibt sie also, diese plötzliche Kreativität, allerdings hat sie recht wenig mit spirituellen Erlebnissen zu tun, auch wenn sie sich für den ein oder anderen vielleicht so anfühlt. Heute geht man davon aus, dass es sich beim Flash um einen unbewussten Prozess handelt, der auf einmal ins Bewusstsein rückt. Im Hirn geht in diesem Moment sprichwörtlich das Licht an. Tadaa, Vorhang auf für eine gute Idee! Und wieder runter von der Bühne. Licht aus, Klappe zu, weg ist die wunderbare Eingebung.

Bleiben wir mal beim Bild mit dem Licht – das hilft, die drei Phänomene Flash, Tagtraum und Flow voneinander zu unterscheiden. Der Flash ist so etwas wie ein kurzes Aufflackern im Hirn. Licht an, Licht aus. Den Tagtraum kannst du dir wie ein mildes Glimmen hinter deiner Stirn vorstellen – wie eine Leselampe mit verschiedenen Stufen, die du heller oder dunkler dimmen kannst, je nachdem, wie tief du in den Tagtraum abtauchst. Und womit lässt sich der Flow vergleichen? Möglicherweise kennst du Bilder des Tiefsee-Anglerfisches. Das ist ein im Großen und Ganzen eher hässlicher Fisch, der in allen Weltmeeren unterhalb von dreihundert Metern Tiefe lebt. Schwierige Gegend, ziemlich kalt und stockdunkel. Deswegen hat der Tiefsee-Anglerfisch eine Taschenlampe, die aus seinem Kopf herauswächst und vor seinem Gesicht, genauer gesagt seinem wirklich Furcht einflößenden Maul hängt. Er kann diese Lampe nach Belieben anknipsen, um in der absoluten Dunkelheit kleine Fische und allerlei anderes Getier anzulocken. Der Flow ist wie dieses glühende Licht im Dunkel: Alles außen herum verschwindet. Deine Aufmerksamkeit richtet sich nur noch auf das, was direkt vor deinen Augen liegt.

Keine Angst, du bist nicht der hässliche Tiefsee-Anglerfisch – es geht nur um das Bild: Der Flash ist ein Blitzlicht, der Tagtraum die gedimmte Leselampe im Kopf, der Flow das Lämpchen außerhalb deines Körpers. *Got it?*

Tagtraum und Flow sind ziemlich gut untersucht. Aber dem Flash auf die Spur zu kommen, ist verdammt schwer, weil der Prozess nicht einfach so reproduzierbar ist und dazu, na ja, manchmal nur Bruchteile einer Sekunde andauert. Trotzdem haben sich einige Forscher:innen herangewagt und neurobiologische Untersuchungen angestellt. Deshalb wissen wir, dass bei einem Flash die rechte Gehirnhälfte besonders aktiv ist. Kurz darauf gerät auch der linke Frontallappen in Wallung, er »überprüft« sozusagen die Eingebung aus dem chaotischen Reich der kreativen Ideen, bestätigt oder verwirft sie.[49]

Der Flash ist ein schlüpfriges kleines Ding. Wie bereits gesagt, ist der bekanntere Name für ihn die Inspiration, was sich vom lateinischen »spirare« für »atmen, Atem schöpfen« ableitet und als Wort so viel wie »Beseelung« oder »Einhauchen« bedeutet. Da wären wir wieder beim Göttlichen, das dem menschlichen Gehirn die gute Idee auf dem Silbertablett serviert. Beziehungsweise einschenkt, denn in der Antike dachte man, Kunstschaffende seien ein menschliches Gefäß, in das die Götter ihre Eingebungen hineingießen. Gut, dass diese Zeiten vorbei sind. Heute wissen wir, dass der Flash zwar unvermittelt und spontan ins Bewusstsein tritt, sein Auftauchen aber weniger mit Gott oder irgendwelchen Gefäßen zu tun hat, sondern mit unserem Gehirn.

Nach Todd Thrash und Andrew Elliot[50] setzt sich die Inspiration aus drei Komponenten zusammen: Transzendenz, Empfänglichkeit und Annäherungsmotivation. Mit Transzendenz meinen die Forscher den Moment, in dem uns neue oder bessere Möglichkeiten bewusst werden – das ist der Augenblick, den man als Erleuchtung wahrnimmt. Unter Empfänglichkeit verstehen sie, dass man sich als »Erleuchteter« nicht für die Inspiration verantwortlich fühlt – man hat also den Eindruck, die Idee käme nicht aus einem selbst. (Das erklärt das Missverständnis, eine höhere Macht trichtere uns ihre genialen Einfälle ein.) Die neue Möglichkeit stimuliert positiv und verleitet das Individuum zu weiterem Handeln – manche fühlen sich sogar gezwungen, ihre Idee in die Tat umzusetzen. Das bezeichnen die Forscher als Annäherungsmotivation, die, wie du weißt, das Gegenteil der Vermeidungsmotivation ist. Der Flash löst den sogenannten Transmissionseffekt aus: Aus der Inspiration wird der innere Wunsch, die Idee zu realisieren.

Aber wie hilft dir das? Dazu kommen wir jetzt. Du musst nämlich nicht ein Leben lang darauf warten, dass die guten

Ideen in dein Bewusstsein drängen, sondern kannst etwas dafür tun, um einen guten Nährboden zu schaffen und die kleinen Blitzlichter überhaupt wahrzunehmen. Dazu gehört einerseits, sich in anregende Umgebungen zu begeben oder mit inspirierenden Menschen in Kontakt zu treten. Das können Kreative sein, im Grunde aber alle Menschen, die irgendetwas mit Passion und Leidenschaft tun. Auch Gespräche, Bilder und Musik können eingebende Gedanken in dir auslösen. Allerdings erfordert die Inspiration ein offenes Bewusstsein, du solltest also den Willen und die Bereitschaft mitbringen, dich von anderen Menschen, Dingen oder Orten anregen zu lassen. Erinnerst du dich an das Persönlichkeitsmerkmal »Offenheit für Erfahrung« der Big Five? Genau diese Bereitschaft, Neues, Fremdes oder Andersartiges kennenzulernen, haben Kreative über die Maßen – was nicht heißt, dass du sie nicht ebenfalls trainieren kannst. Doch auf neue Erfahrungen muss man sich einlassen. Und genau da liegt bei vielen der Hund begraben. Neues kann nämlich Angst machen. *Kenn ich nicht, will ich nicht, ist potenziell gefährlich. Ihh, ein neues Gemüse! Brrh, eine andere Kollegin. Veränderung ist pfui! Ich mach das lieber so wie sonst auch.*

Wer immer dieselben Dinge tut und denkt, macht es sich in seiner Komfortzone derart gemütlich, dass es die guten Ideen schwer haben, ins Bewusstsein zu drängen. Sie sind zwar da, bleiben aber ein kurzes Aufflackern, das sofort wieder von der Dunkelheit verschluckt wird. Aber damit ist jetzt Schluss. Du möchtest ja ein inspirierendes, anregendes, kreatives Leben führen. Und das bedeutet: Weg mit den alten Zöpfen. Ab heute ist »anders« dein neues Lebensmotto. Mach dir klar: Alles, was du noch nicht kennst, kann dein Gehirn zu einer neuen Idee anregen! Für Zögern und Zaudern ist im Inspirationsprozess kein Platz. Der Teil deines Gehirns, der Bewertungen ausspricht und dich vor Unvorhersehbarem bewahren will, soll seine Pause haben. Ich weiß, dass gerade der Anfang schwer ist – der erste Schritt raus aus der Komfortzone tut am meisten weh. Aber je häufiger du dich an etwas Neues wagst, desto leichter fällt es dir, mit den neuen Erfahrungen weiterzumachen. Dein Gehirn will an allem, was es kennt, festhalten. Das ist seine Aufgabe, denn es möchte dich vor möglichen Gefahren beschützen. Du darfst deine grauen Zellen also ein wenig anschubsen, damit sie sich vom Weg des geringsten Widerstands entfernen und neue Pfade einschlagen.

Das Tolle ist: Du hast nichts zu verlieren! Nimm einmal an, du entscheidest dich heute Abend bei Netflix nicht für die Serie, die du seit der ersten Staffel schaust und mittlerweile auswendig kennst, sondern für eine Dokumentation über das Gehirn (ha!), ein Buch oder einen Abend mit klassischer Musik. Was ist das Schlimmste, was dir passieren kann? Genau, du hast einen nicht ganz so schönen Abend wie sonst. Und was ist das Beste? Du machst eine neue Erfahrung und stellst vielleicht sogar fest, dass du Hirndokumentationen, Bücher und Kammermusik magst. Wag etwas Neues! Dein Hirn wird es dir danken, auch wenn es dich erst mal glauben lassen will, du seist auf dem Holzweg. Um inspiriert zu werden, musst du sprichwörtlich alle Luken in deinem Oberstübchen öffnen: Lass Luft und Licht rein, damit deine Neuronen neue Tanzpaare bilden!

Wenn du das alles befolgt hast, darfst du dich entspannt zurücklehnen und deinen Gedanken freien Lauf lassen. Warte nicht auf das Anknipsen der Glühbirne – sondern lass dich treiben. Dieses Loslassen ist ein elementarer Bestandteil der Inspiration. Sei offen für alles, was passiert. Ein Flash ist nicht wie ein großer, gewaltiger Blitz, der in dein Bewusstsein einschlägt, sondern eher wie ein kurzes Aufleuchten, genau wie der britische Sozialpsychologe Graham Wallas es in seiner vierstufigen Erklärung des Kreativitätsprozesses mit der Illumination beschrieben hat.

Übrigens ist der Flash ein gar nicht so seltenes Phänomen, wie du vielleicht annimmst. Wahrscheinlich hast du bereits ohne meine Tipps täglich mehrere »lichte Momente«, in denen die Inspiration versucht, dich zu erreichen. Die Frage ist aber: Bist du diesen Impulsen bislang nachgegangen? Hast du deinen Gedanken so weit vertraut, dass du ihnen gefolgt bist? Also ganz konkret: Hast du dich an den Schreibtisch gesetzt und die Kurzgeschichte skizziert, die dir für den Bruchteil einer Sekunde glasklar vor Augen stand? Hast du einen Stift genommen und den Rock gezeichnet, den du dir nähen möchtest? Oder die verrückte Kombination von Lebensmitteln notiert, die dir als leckeres Gericht vor dem inneren Auge erschienen ist? Wir sind häufig so abgelenkt von dem, was wir Leben nennen, dass wir verlernt haben, richtig hinzuhören und hinzuschauen. Da sind Hunderte toller Ideen und Impulse, jeden Tag, in unserem Kopf. Wir müssen sie aber auch am Schopf packen und den ersten Schritt tun, um sie in die Tat umzusetzen. Je mehr Aufmerksamkeit du deinen Flashs zukünftig schenkst und je weniger du sie noch im Entstehungsstadium als unsinnig oder blöd verwirfst, desto häufiger werden sie dir als anregende Gedanken dienen. Es liegt an dir, aus dem chaotischen Stroboskoplicht in deinem Hirn echte Inspirationen zu machen.

Auch Musiker Sebastian Madsen kennt die plötzlichen Eingebungen, die ihn von Zeit zu Zeit heimsuchen: »Im kreativen Prozess bist du ja nicht die ganze Zeit kreativ. Die eigentliche Kreativität ist wie ein scheues Reh. Manchmal muss man sie sich erkämpfen oder sie liegen lassen und erst wieder weitermachen, wenn die Inspiration von irgendwoher kommt. Einen Einfall zu bekommen, ist nicht steuerbar. Es kann zum Beispiel an der Kasse im Supermarkt passieren, dass du auf einmal *die* Idee hast. Die Kunst ist, diesem Einfall dann deine Zeit zu schenken und zu sagen: Ich lasse jetzt alles stehen und liegen und kümmere mich darum.«

Inspiriere dich

Um deiner Inspiration die Möglichkeit zu geben, in Erscheinung zu treten, versuche in der kommenden Woche bitte Folgendes:

- Häng dir ein Bild auf, das du als besonders inspirierend empfindest, das also deine Fantasie anregt und deine Gedanken auf Traumreise schickt. Vielleicht ist es das Foto eines paradiesischen Strandes, möglicherweise aber auch eine farbenfrohe abstrakte Zeichnung? Alles ist erlaubt.

- Bitte jemanden aus deinem Freundeskreis, dir eine Playlist aus Liedern zu erstellen, die du noch nicht kennst und die dich in eine besondere Stimmung versetzen sollen, egal ob diese besonders fröhlich oder melancholisch ist. Höre diese Liste in der kommenden Woche mindestens dreimal in deiner Freizeit an und lass deine Gedanken wandern.

- Bestell beim nächsten Mal im Restaurant etwas, was du noch nie bestellt hast und nicht kennst. Du kannst in dein Lieblingslokal gehen oder eine neue Richtung probieren. Wie wäre es mit einem Abend beim Perser? Oder in einem afrikanischen Restaurant? Falls es in deinem Umkreis keine solchen Lokale gibt, kauf dir im Supermarkt ein Gemüse, das du noch nie zubereitet oder probiert hast, und recherchiere im Internet nach Rezepten.

Im zweiten Kapitel habe ich darauf hingewiesen, dass divergentes, also lösungsoffenes Denken genau wie konvergentes Denken für den kreativen Prozess von immenser Bedeutung ist, und zwar im sich abwechselnden Doppelpack. Wie passt der Geistesblitz da hinein? Im Grunde ist er eine Mischung aus beidem. Er entsteht in dem Hirnareal, das für Imagination und Fantasie zuständig ist, tritt allerdings als eindeutige Lösung in dein Bewusstsein. Ein Flash ist demnach beides: divergenten Ursprungs, aber konvergent in seinem Erscheinungsbild. Gleichwohl kann man ihn nicht erzwingen, egal wie angestrengt man auch nachdenkt – im Gegensatz zu einem mathematischen Lösungsweg, bei dem Tüfteln durchaus hilft, um auf das richtige Ergebnis zu kommen. Ich gebe zu, das ist kompliziert. Es wird also höchste Zeit, dass wir uns wieder dem Flow zuwenden. Den kannst du nämlich – anders als den Flash – selbst herbeiführen. Und seine Auswirkung auf deine Zufriedenheit ist spektakulär!

Wie kommst du in den Flow? Zunächst einmal darfst du dir eine Tätigkeit suchen, in der du vollkommen aufgehst. Sie sollte nicht so *easy-peasy* sein, dass du dich bald schon langweilst, aber auch nicht derart kompliziert, dass sie dich überfordert. Von einer anspruchsvollen Operation am menschlichen Knie würde ich dir also abraten – es sei denn, du bist orthopädischer Chirurg, und Knieoperationen sind dein Steckenpferd. In diesem Fall gilt: Ran an die Knie!

Für alle anderen lautet die Vorgabe: Such dir eine Tätigkeit, in der du dich sicher und wohl fühlst, die dich angenehm anstrengt, ohne dich zu überfordern. Wenn du ein Instrument spielst, kannst du dir zum Beispiel ein Musikstück vornehmen und es so lange üben, bis es in Fleisch und Blut übergegangen ist. Spiel es wieder und wieder, und du wirst mit großer Wahrscheinlichkeit nach einer Weile in den Flow kommen. Auch

Singen hält große Flow-Momente bereit – überhaupt schafft es kaum eine andere Beschäftigung, so viele Glücksmomente im menschlichen Körper auszulösen wie das Singen.

Der Flow trägt das Potenzial in sich, unsere Selbstaufmerksamkeit auf die geringste Stufe zu stellen. Gefühlt werden in diesem Zustand Person und Handlung eins. Das wiederum fühlt sich unglaublich angenehm und befreiend an – eben wie pures, reines Glück, das von keinen Dingen oder anderen Menschen, sondern allein von dem Zustand abhängig ist, den du selbst generiert hast. Raum und Zeit lösen sich auf, es gibt nur noch dich und diese Sache, mit der du dich gerade beschäftigst.

Es kann eine ganze Weile dauern, bis du ein Umfeld und eine Tätigkeit gefunden hast, bei der du regelmäßig in den Flow kommst. Ein schneller und einfacher Weg ist, Umfelder zu identifizieren, in denen dieser Zustand für dich ganz und gar unerreichbar ist, und diese zu meiden. Das habe ich am eigenen Leib erfahren.

Ich bin in einem abgelegenen Bergdorf in den Alpen aufgewachsen. Nach der Realschule legte mir meine Familie eine Ausbildung in der örtlichen Strumpfhosenfabrik nahe. Auch wenn ich damals schon eine andere Vorstellung von meinem Leben hatte, ließ ich mich auf das Experiment ein. Ganze drei Tage lang. Drei Tage, in denen ich in einem Keller saß und Einblicke in die wunderbare Welt der Strumpfhosenspulen bekam. Die Zeit verging so langsam wie nie zuvor in meinem Leben. Mein Blick klebte geradezu auf der Uhr, insgeheim hoffte ich, den Zeiger allein durch die Kraft meiner Gedanken nach vorn schieben zu können. Mir war nie zuvor bewusst gewesen, wie lang acht Stunden sein können! Von fehlendem Zeitempfinden also keine Spur. Die Arbeit, die ich verrichtete, war derart langweilig, dass ich beinahe im Stehen einschlief und mich am Ende eines Arbeitstages trotzdem vollkommen ausgelaugt fühlte. Mein Hirn, so kam es mir vor, verkümmerte aufgrund meines

Desinteresses bereits in den ersten Stunden meiner Ausbildung so sehr, dass ich irreparable Schäden befürchtete. Und das sollte ich drei Jahre über mich ergehen lassen? Und danach für den Rest meines Lebens? Vielen Dank, aber ohne mich, entschied ich und reichte am Ende von Tag drei meine vorzeitige Kündigung ein, ohne zu wissen, wie es danach weitergehen sollte. Als ich Jahre später im Studium zum ersten Mal vom Flow hörte, wurde mir klar, was mir zu meinem Glück in der Strumpfhosenfabrik gefehlt hatte.

Tatsächlich gibt es viele Menschen, die an genau diesem Ort ihren Flow finden und seit Jahrzehnten voller Zufriedenheit dort arbeiten. Ich für meinen Teil bin aber sehr froh, dass mein innerer Antrieb mich dazu brachte, meine Zufriedenheit in einem anderen Metier zu finden. Die Tätigkeiten, mit denen wir in den Flow kommen, sind sehr individuell. Ich weiß, dass nicht alle dieses Glück haben und dass es da draußen sehr viele Menschen gibt, die in ihrer beruflichen Tätigkeit keinen Flow finden, weil sie einfach nicht zu ihnen passt. Manche werden Controller, obwohl sie Zahlen und Excel-Tabellen nichts abgewinnen können. Andere werden Ärzte, weil es in ihrer Familie eben Tradition ist. Wieder andere entscheiden sich für einen Beruf, von dem sie eine bestimmte Vorstellung haben, die sich jedoch später nicht erfüllt. Oder sie verändern sich, denn die Persönlichkeit ist nicht vollends in Stein gemeißelt und unterliegt permanenten Einflüssen von außen und innen.

In Amerika lebt ein Autor und Philosoph namens Matthew Crawford. Nach dem Studium und der Promotion landete er als Creative Director in einer Kreativagentur. Eigentlich eine feine Sache – nur spürte Crawford bereits nach fünf Monaten, dass ihn die Arbeit am Computer krank machte. Also kündigte er. Und eröffnete eine Motorradwerkstatt. Er wusste nämlich, wie glücklich es ihn machte, mit den Händen zu arbeiten. Seitdem lehrt er an einem Tag in der Woche

Philosophie an der University of Virginia, den Rest der Zeit verbringt er in der Werkstatt oder mit dem Verfassen philosophischer Werke wie »Ich schraube, also bin ich« oder »Die Wiedergewinnung des Wirklichen«. Wie du siehst, meint es der Mann wirklich ernst, wenn er sagt: Denken allein kann unglücklich machen. Crawfords Leben steht sinnbildlich für den kreativen Ausgleich.

Nun hat nicht jeder Mensch die Möglichkeit, beruflich einfach umzusatteln und seine Zeit nur noch mit den Dingen zu verbringen, die ihm sinnstiftend erscheinen. Und nicht in jedem Beruf sind Flow-Momente garantiert, die nachweislich die Zufriedenheit am Arbeitsplatz fördern. Die meisten Menschen versuchen also, ihre Zufriedenheit in der Freizeit zu generieren. Vermutlich ist das der Grund, warum eines der auflagenstärksten Magazine der letzten Jahre auf dem deutschen Zeitschriftenmarkt *Landlust* war, ein Heft, in dem das Einkochen von Marmeladen, das Binden von Blumenkränzen und stimmungsvolle Tischdekorationen für den Osterbrunch thematisiert werden. Denn je abstrakter und digitaler, ja komplexer unsere Welt wird, desto eher wollen wir Dinge tun, die wir mit den Händen ausführen und deren Ergebnis wir sofort sehen können: häkeln, malen, schnitzen, aber auch Makramee anfertigen, Salzteig formen, Seidenmalerei oder Handwerken.

Im Grunde ist es sogar gut, dass nicht jeder Job Flow-Potenzial hat. Wie immer gibt es nämlich auch eine Kehrseite der Medaille: Im Flow verlieren wir nicht nur das Zeit- und Raumgefühl, sondern auch den Blick auf unsere eigenen Bedürfnisse. Das ist temporär sehr angenehm und förderlich, kann jedoch ins Negative kippen. Menschen, die das Gefühl haben, in ihrer Arbeit vollkommen aufzugehen, laufen Gefahr, sich viel zu sehr mit ihrer Tätigkeit zu identifizieren und den Blick auf sich selbst zu verlieren. Sind der Selbstwert und die Arbeit dann so eng miteinander verknüpft, kann schlimmstenfalls ein

Burn-out drohen. Eine Überidentifikation mit der Arbeit gilt es also in jedem Falle zu vermeiden. Keiner sollte so sehr in seinem Job aufgehen, dass er darin verschwindet. Denn Arbeit ist, egal wie sehr man sie liebt und schätzt, immer noch für das Leben da – nicht umgekehrt.

In der Praxis treffe ich immer wieder auf Kreative, die mit ihrem Schaffen regelrecht verschmelzen und darüber ihre Grundbedürfnisse nicht mehr befriedigen. Klar, es ist ein tolles Gefühl, bis tief in die Nacht vollkommen konzentriert an einer Sache zu arbeiten – wer aber vergisst, für eine regelmäßige Nahrungsaufnahme, ausreichend Schlaf, Pausen und Entspannung zu sorgen, schadet seinem Organismus nachhaltig. Körperliche und seelische Erschöpfung dürfen niemals das Ergebnis des Flows oder der Arbeit sein. Man wird auch kein besserer Musiker, Maler oder Tänzer, wenn man sich tage- oder sogar wochenlang geknechtet hat, ohne immer wieder einen Ausgleich zu schaffen – im Gegenteil. Selbstdisziplin gehört zum kreativen Schaffensprozess, aber Selbstaufgabe nicht. Die wahre Kunst ist es, den richtigen Moment zu finden, um mit der Arbeit aufzuhören. Dafür sollte man sich durchaus ein wenig angestrengt haben, aber noch genug Ressourcen übrig behalten, um am nächsten Tag weiterzumachen. Dein Körper und dein Geist werden es dir danken. Sollten sich deine Gedanken nämlich immer nur um deine Tätigkeit drehen, blendest du nicht nur Störfaktoren aus deiner Umwelt, sondern leider auch Warnsignale deines Körpers aus. Wer das Gefühl für sich selbst verliert, weil die Arbeit an seine Stelle getreten ist, bemerkt nicht mehr, wenn der Körper eine Pause braucht.

Das klingt für dich vielleicht nach Stress. Tatsächlich hat die Forschung herausgefunden, dass mit dem Flow ein leicht erhöhter Cortisolwert im Blut einhergeht. Das Stresshormon werden wir im nächsten Kapitel noch etwas genauer unter die Lupe nehmen, aber ich kann dir schon mal verraten: Es steigert kurzfristig unsere Konzentrationsfähigkeit und ermöglicht den Tunnelblick. Das heißt, unwichtige Informationen werden ausgeblendet, der Fokus liegt auf dem Handeln. Wir nehmen diese körperliche Reaktion als angenehmen Stress wahr, den sogenannten Eustress, denn wir sind mit allen Sinnen dabei und fühlen uns lebendig. Das wiederum steigert unsere Leistungsfähigkeit und sorgt somit für ein positives Selbstgefühl. Natürlich nur in Maßen, denn wie immer gilt: Die Dosis macht das Gift. Zu viel ist in der Regel bei so ziemlich allem schädlich – Kaffee, Zucker, Shopping und eben auch beim Cortisol. Das konnte sogar in einer Studie nachgewiesen werden:[51] Proband:innen, denen zwanzig Milligramm Hydrocortison verabreicht worden waren (was einen Zustand auslöst, der in etwa dem Gefühl entspricht, gerade einen Fallschirmsprung absolviert zu haben), kamen deutlich schlechter in den Flow als Testpersonen, die lediglich ein Placebo erhielten. Übermäßiger Stress ist dem Flow also nicht zuträglich.

Bevor du aber Angst bekommst, lass dir sagen: In den allermeisten Fällen ist der Flow nicht nur sehr angenehm, er hat sogar die Kraft, deine grundsätzliche Zufriedenheit zu steigern. Er macht dich glücklich! Das Gefühl, dass dir die Dinge leicht von der Hand gehen und du alles im Griff hast, nennt die Psychologie subjektives Kontrollerleben, und das ist im Flow sehr hoch. Ganz anders im Stress, bei dem es gern mal drunter und drüber geht und du einen Drahtseilakt nach dem anderen hinter dich bringen musst.

Der Flow verbessert außerdem deine Leistungen, wie verschiedene Studien mit Studierenden zeigten. 2008 verglichen Psychologen die Ergebnisse von Statistikprüflingen miteinander und fanden heraus, dass diejenigen, die beim Lernen in den Flow gekommen waren (und bei Statistik will das was heißen!), besser abschnitten als diejenigen, die sich beim Pauken gequält hatten.[52] Ähnliche Resultate ergab eine Untersuchung mit

Marathonläufer:innen an der Universität Zürich aus dem Jahr 2009.[53] Hobbyläufer:innen, die im Training von Flow-Erlebnissen berichteten, liefen die Strecke schneller als diejenigen ohne Flow und berichteten, dass die Zeit für sie gefühlt schneller vergangen war. Laufen eignet sich im Übrigen besonders gut, um in den Flow zu kommen. Für all diejenigen, die diesen Flow-Effekt beim Laufen noch nie erlebt haben, stellt sich natürlich die Frage, warum man sich an einem herrlichen Sonntagmorgen aus dem Bett quälen sollte, um vor dem Frühstück noch zwölf Kilometer joggen zu gehen. Für diejenigen, die beim Laufen in den Flow kommen, stellt die körperliche Betätigung binnen kürzester Zeit gar keine Anstrengung mehr dar. Das klingt unglaublich, ich weiß. Und auch ich liebe das Sonntagmorgens-Liegenbleiben, möchte aber auf das gute Gefühl beim Laufen nicht verzichten.

Der Flow hat auch mit Übung zu tun – was logisch ist, denn je sicherer du eine Handlung ausführen kannst, desto eher werden im Gehirn Kapazitäten frei, die dich in den Flow bringen. Wenn du beim Joggen auch bei Kilometer elf noch denkst: »O Gott, ich hasse es, ich hasse es, ich hasse es, ich bekomme keine Luft, habe Seitenstechen, warum tue ich mir das an?«, wird dir der Flow einen Vogel zeigen. Such dir in dem Fall eine andere Tätigkeit, mit der du besser in den Flow kommst. Vielleicht reicht es ja schon, das Tempo beim Laufen zu drosseln und einfach nur etwas zügiger spazieren zu gehen.

Je häufiger wir in den Flow kommen, desto zufriedener sind wir. Wir trauen uns mehr zu und stellen uns Herausforderungen offener. Wenn man sich überlegt, wie anspruchsvoll und belastend viele Menschen ihren Alltag erleben, ist das doch eine feine Sache. Stress gehört mittlerweile zu den Hauptauslösern für Krankheiten aller Art, von Bluthochdruck bis Kopfschmerzen, Burn-out bis Depressionen. Die Weltgesundheitsorganisation erklärte ihn sogar zur größten

Gesundheitsgefahr des 21. Jahrhunderts! Im nächsten Kapitel werden wir uns damit noch eingehender beschäftigen, doch es sei schon einmal gesagt: Ein bisschen Stress ist okay, viel Stress ist nicht mehr okay, sehr viel Stress ist eine Bedrohung für Leib und Leben. Wenn wir eine Tätigkeit im richtigen Maß ausführen, kommen wir in den Flow. Er ist also ein super Indikator für dich: Körperlich und geistig bist du im Flow perfekt ausbalanciert. Wann immer dir also etwas leicht von der Hand geht und dich trotzdem angenehm herausfordert, sodass der Flow sich einstellt, darfst du dir ein fettes mentales Lesezeichen ins Gehirn kleben: »BITTE MEHR DAVON«. Bitte mehr *lagom*. Das ist ein schwedisches Wort, für das es keine direkte Übersetzung ins Deutsche gibt. Kein Wunder, denn wir Deutschen sind im *lagom* nicht so gut. Es bedeutet so viel wie: genau richtig, im richtigen Maß, nicht zu viel und nicht zu wenig, in Balance. In Schweden liebt man alles, was »lagom« ist: das *Lagom*-Wetter (nicht zu warm, nicht zu kalt), das *Lagom*-Fahren auf der Autobahn (nicht zu schnell, nicht zu langsam) oder die *Lagom*-Köttbullar (nicht zu groß, nicht zu klein). Hast du gerade erst angefangen, ein neues Instrument zu erlernen, empfindest du das Musizieren nicht als *lagom*, sondern als verdammt herausfordernd. Auf den Flow musst du in diesem Fall noch ein bisschen warten, der kommt erst, wenn du dich einigermaßen sicher fühlst mit dem Instrument. Das kann allerdings schneller passieren, als du denkst, denn die Grenze zwischen »kann ich schon« und »muss ich noch lernen« ist fließend und verändert sich andauernd, eben jedes Mal, wenn du trainierst, übst oder dich deiner Tätigkeit widmest. Kleine Herausforderungen sind übrigens kein Problem, sie begünstigen sogar die Entwicklung des Flows, solange Verschnaufpausen folgen, in denen du dich auf das, was du bereits beherrschst, wieder verlassen kannst. Du solltest aber eben nie überfordert in deinem Tun sein. Denn das ist so was wie der Flow-Killer.

Auch das Setzen von gut zu erreichenden Zwischenzielen hilft, in den Flow zu kommen. Falls du ein Buch schreiben willst, ist es also besser, erst mal das nächste Kapitel im Auge zu haben, statt dich auf die dreihundert Seiten zu konzentrieren, die noch vor dir liegen. Beim Bergsteigen kann man mit den eigenen Kräften besser haushalten, wenn man nicht dauernd zum Gipfel starrt, sondern den Blick auf die zwei Meter vor sich richtet und einen Schritt nach dem anderen tut. Jeder Meter, den man hinter sich gebracht hat, löst ein unmittelbares Feedback im Gehirn aus, daher ist es oft motivierender, sich auch mal umzudrehen und zu schauen, was man schon alles geschafft hat, als nur das Ziel vor Augen zu haben. Das wusste übrigens schon Beppo, der Straßenkehrer aus »Momo«. Der liebte es, sich seiner Arbeit in den frühen Morgenstunden mit Hingabe zu widmen. Und das ist auch sein Tipp, um angesichts einer großen Aufgabe nicht zu verzagen: Er richtete seine Gedanken nie auf das noch weit entfernte Ende, sondern immer nur auf den nächsten Schritt, den nächsten Besenstrich, und geriet so nicht in Hetze. Nur wenn man ganz in der Gegenwart und bei der Sache ist, vergisst man die Zeit, und die Arbeit erledigt sich wie von selbst.

—— ÜBUNG ——

Fünf Tipps für den Flow

- Such dir eine Herausforderung, die deinen Fähigkeiten entspricht und die du bewerkstelligen kannst, ohne dich mental oder körperlich zu verausgaben.

- Fang am besten eine Stunde nach dem Aufstehen mit deiner Tätigkeit an – dann ist dein Cortisolspiegel am höchsten, und du kommst am besten in den Flow.

- Sorge für leichte Bewegung, idealerweise einen kleinen Spaziergang zwischendurch.

- Stelle alle Störfaktoren ab: Handy, Mailprogramm, Telefon. Nur wenn du wirklich ungestört bist, kannst du in den Flow kommen.

- Sorge für ausreichend Pausen während der Tätigkeit und für Entspannung danach!

Es gibt einen Faktor, der den Flow beeinflusst, den wir noch nicht besprochen haben. Dieser ist allerdings elementar für das Flow-Erleben. Und zwar: Der Sinn deiner Tätigkeit sollte dir so klar wie möglich sein. Es genügt dabei, wenn der einzige Zweck dein Vergnügen oder deine Zerstreuung ist. Setz dich also nicht mit der mentalen Vorgabe unter Druck, der oder die Beste auf deinem Gebiet werden zu müssen. Das verhindert den Flow sogar, denn übermäßiger Ehrgeiz wirkt sich negativ auf deine Gelassenheit aus. Natürlich sollte es dir auch nicht vollkommen wurscht sein, ob du in deiner Tätigkeit etwas gebacken kriegst – dann kannst du es nämlich auch lassen, dich damit zu beschäftigen. Die Bewertung, weshalb du dich einer Sache widmest, ist absolut subjektiv und dennoch unglaublich sinnstiftend.

Nimm zum Beispiel einen Hausmeister, der in einer Schule arbeitet. Wenn er keinen sinnstiftenden Moment in seiner Tätigkeit erlebt, wird er seinen Job möglicherweise schrecklich finden. Macht er sich jedoch bewusst, dass ohne ihn in diesem Gebäude vieles nicht funktionieren würde und der Lehrbetrieb damit eingeschränkt wäre, wird er seine Tätigkeit fortan womöglich mit größerer Genugtuung erledigen und auch leichter Flow-Momente generieren. Genauso ist es bei dir, wenn du dich einem Hobby oder einer Beschäftigung zuwendest. Wenn du keinen tiefer gehenden Sinn darin erkennst, wirst du auch nicht in den Flow kommen.

Auch Unterstützung und Feedback aus deinem Umfeld können helfen, Aufgaben mit Zuversicht und Begeisterung zu erledigen, was wiederum den Flow fördert, da es dich selbstsicherer werden lässt.

Interessanterweise hat die Forschung zudem eine Korrelation zwischen leichten »emotionalen Aufregern« und dem Flow-Erlebnis festgestellt. In einer wissenschaftlichen Untersuchung wurden Testpersonen zuerst einer stressigen Interviewsituation ausgesetzt und anschließend bei einer komplexen Computertätigkeit beobachtet.[54] Und siehe da: Der Flow setzte vor allem bei den Testpersonen ein, die vorher eine verstärkte Cortisolausschüttung gezeigt hatten – aber eben nicht so viel, als wären sie gerade mit einem Fallschirm auf dem Rücken aus einem Flugzeug gesprungen. Sondern *lagom* Cortisol. Nicht zu viel, nicht zu wenig. Eben genau richtig.

Zudem war das Flow-Erleben dadurch gekennzeichnet, dass der Parasympathikus aktiviert war. Das ist der Teil des vegetativen Nervensystems, der im Körper für Entspannung zuständig ist. Was unter anderem das Wohlbefinden erklärt, das man im Flow empfindet. Im Flow laufen demnach anregende und entspannende körperliche Vorgänge parallel ab.

Ich weiß, ich bin wahrlich ein Wiederkäuer, wenn es um meine Predigt geht, viel spazieren zu gehen. Es gibt allerdings kaum etwas Besseres, um deinen Körper auf Kreativität und Flow-Erlebnisse einzustellen. Dein Gehirn wird mit frischen Eindrücken versorgt, deine Entspannung steigt, gleichzeitig wirkt sich ein kleiner Marsch durch den Park positiv auf ein körperliches Tief aus, wie man es zum Beispiel nach dem Mittagessen hat.

Nun habe ich lange über den Flow und seine Wirkung gesprochen, aber eine Frage stellt sich dir vermutlich immer noch:

Inwieweit beeinflusst der Flow meine eigene Kreativität? Zunächst einmal ist festzustellen, dass Flow und Kreativität nicht das Gleiche sind. Der Flow kann im kreativen Schaffensprozess nach der Inspiration einsetzen und ist der Zustand, in dem du Ideen am besten und effektivsten umsetzt. Er macht jedoch nicht per se kreativer, sondern sorgt dafür, dass du Freude an deinem Tun hast und dir die Arbeit leicht von der Hand geht. Es sind zwei unterschiedliche Phänomene, die nicht miteinander verwechselt werden dürfen. Während es sich bei Kreativität eher um ein Gesamtkonzept handelt, das mit einer bestimmten Persönlichkeit, den Denkstrukturen und Verhaltensweisen eines Individuums zusammenhängt, ist der Flow ein Zustand, der auch bei vielen anderen Tätigkeiten außer der kreativen Arbeit entstehen kann. Ein Zustand, der ansteckend sein kann.

Tatsächlich habe ich mir die wichtigste Prämisse, um den Flow zu generieren, für den Schluss aufgehoben: Vertrauen. Sowohl in dein Schaffen als auch in deinen Körper. Du hast mittlerweile erfahren, dass dein Gehirn auch dann assoziiert und Ideen produziert, wenn du *nicht* vor deinem Schreibtisch sitzt und angestrengt über etwas nachdenkst. Ganz im Gegenteil, gerade in den Pausen, den Tagträumen, den Ruhephasen, dreht der Teil deines Gehirns auf, der für die guten Einfälle verantwortlich ist. Vertraue auf den Mechanismus, anstatt auf Biegen und Brechen produktiv sein zu wollen. Erlaube deinem Körper, dich zu überraschen, und freu dich auf die inspirierenden Gedanken, die aus den Tiefen deines Zerebrums zu dir aufsteigen.

Hab auch Vertrauen in dein Tun. Bewerte nicht, beurteile nicht, sondern versuche, dich deiner Tätigkeit zu einhundert Prozent hinzugeben. Wenn du Übung in etwas hast, führt dein Körper die Bewegungen, die notwendig sind, von allein aus. Er kennt sie, darauf kannst du dich verlassen. Deine Aufgabe ist, ihm das Vertrauen zu schenken, dass er die Sache schon richten wird. Denk an den Tiefsee-Anglerfisch! Nur wenn du den Teil deines präfrontalen Cortex vernachlässigst, in dem Bewertungen, Selbstkritik und Zensur beheimatet sind, kommst du in den Flow. In diesem Zustand soll es fließen, rinnen, strömen – genau wie das Wort es besagt. Deine Zweifel und deine Selbstkritik sorgen aber dafür, dass der Fluss gestört wird. Sie sind wie kleine Barrikaden, die dein Tun in eine andere Richtung lenken. Genauso fatal ist Stress für deinen Tätigkeitsstrom, da er nicht wie kleine Kieselsteine, sondern wie riesige Findlinge wirkt, an denen sich dein Handeln regelrecht aufstaut. Genau deswegen werden wir uns im nächsten Kapitel dem Stress zuwenden.

5

STRESS

ALARM IM ORGANISMUS

Stress! Was wurde in den vergangenen Jahrzehnten nicht schon alles über ihn geschrieben. Interessanterweise gibt es den Begriff Stress in der akademischen Welt erst seit etwa einhundert Jahren – im Gegensatz zum Phänomen Stress in unserem Körper, das existiert nämlich, seitdem wir auf der Erde wandeln. Stress ist ein uralter, geradezu archaischer Mechanismus, der in unserem Organismus regelmäßig für Ausnahmezustände sorgt.

In den vergangenen Jahrzehnten wurden die Anforderungen durch äußere Reize an uns Menschen immer höher. Genau deswegen nehmen viele Stress heute auch nicht nur in Notlagen wahr, sondern permanent und chronisch. Warum das nicht gerade förderlich für unseren Organismus ist, welche Auswirkungen der Stress auf unsere Kreativität hat und wie wir mit kreativem Arbeiten Stress reduzieren können, wird Inhalt des folgenden Kapitels sein. Du wirst erfahren, wie Stress unsere Wahrnehmungs- und Konzentrationsfähigkeit verändert und warum positiver Stress essenziell für Kreativität ist. Wir werden leider auch nicht darum herumkommen, darüber zu sprechen, welche Stressoren unseres Alltags, und dazu zählen unter anderem soziale Medien und Co., sich kontraproduktiv auf dein Gemüt auswirken und schlussendlich deine Produktivität behindern. Damit du am Ende des Kapitels nicht allzu frustriert bist oder dein Handy in der Toilettenschüssel versenkst, gebe ich dir einige wertvolle und leicht umzusetzende Tipps, wie du möglichen Stressfaktoren zukünftig begegnen kannst. Du wirst erfahren, dass das richtige Mindset großen Einfluss auf dein individuelles Stressempfinden hat. Und: Kreativität hilft, Stress zu reduzieren! Du hast richtig gehört. Wer sich auf welche Art auch immer kreativ betätigt, mindert Stress, aber auch die eigenen Ängste. Bäm!

Wir fangen trotzdem erst mal am Anfang an. Das Wort Stress gibt es erst seit 1936. Hans Selye, ein ungarisch-kanadischer Mediziner und Biochemiker, »erfand« den Begriff, der sich vom lateinischen *stringere*, auf Deutsch »anspannen«, ableitet und ein hohes Maß an Beanspruchung beschreibt. Selye war ziemlich umtriebig, er schrieb schlappe 1700 Fachartikel und 39 Bücher zum Thema. Man kann ihn also zweifellos als Vater der Stressforschung bezeichnen.

Selye beschrieb in seinen zahllosen Studien und Beobachtungen vor allem das körperliche Phänomen Stress. Erst Jahrzehnte später interessierte man sich auch für die Faktoren, die Stress im Menschen auslösen, die sogenannten Stressoren. In den 1990er-Jahren machte ein Psychologe namens Richard Lazarus mit seinem transaktionalen Stressmodell auf sich aufmerksam. Darin beschrieb er erstmals, dass zwischen den Anforderungen einer stressreichen Situation und dem handelnden Individuum komplizierte Wechselwirkungen bestehen – deshalb heißt das Ganze auch transaktional. Während man viele Jahre lang davon ausgegangen war, dass bestimmte Reize bei jeder Person eine ähnliche Stressreaktion verursachen, fand Lazarus heraus, dass die subjektive Bewertung des Individuums einen großen Einfluss auf die nachfolgende Stressreaktion hat.

Einfacher formuliert: Was für den einen Stress bedeutet, ist für den anderen nicht der Rede wert – er bemerkt es vielleicht nicht einmal.

Bill Lloyd hat zum Beispiel für sich herausgefunden, dass es für ihn puren Stress bedeuten würde, in der Öffentlichkeit zu stehen. Er ist seit 1995 unsichtbares Mitglied der Band Placebo. Ich habe ihn vor ein paar Jahren in London besucht und war erstaunt, wie normal sein Leben trotz über zwanzig Jahren weltweit erfolgreicher Bandgeschichte ist und wie friedlich er mit seiner Familie leben kann, ohne zum Beispiel öffentlich erkannt oder lediglich auf seinen Erfolg reduziert zu werden.

Für meine Recherche zu diesem Buch fragte ich ihn, ob ihm nichts fehle, wenn er nie im Rampenlicht stehe und nicht über ihn geschrieben werde, obwohl er doch einen wichtigen Beitrag zum Erfolg der Band leiste. Er lachte. Für ihn sei immer klar gewesen, dass er nie in der Öffentlichkeit stehen wolle. Denn das hätte für ihn Stress auf vielerlei Ebenen bedeutet.

Nur die wenigsten Kreativen, die der Öffentlichkeit bekannt sind, können privat ein »normales« Leben führen. Bill erklärte mir, dass Musik zu machen für ihn etwas sei, das stressreduzierend wirke, ihm Selbstvertrauen gebe, ihn glücklich mache und ihm helfe, Dinge zu verarbeiten. Egal ob er in seinem Studio für sich improvisiert und herumklimpert oder ob er für die Band arbeitet.

Stress lauert an jeder Ecke. Prüfungen, drohende Deadlines, Reisevorbereitungen, Knatsch mit dem Liebsten oder existenzielle Nöte: All diese Situationen können bei Menschen sehr unterschiedliche Stressreaktionen hervorrufen. Die einen knicken beim Englischtest ein, die anderen bekommen Schnappatmung, wenn sie an die Abgabe der Steuererklärung in drei Tagen denken. Warum haben manche Menschen so heftiges Lampenfieber, dass sie sich vor jedem Auftritt übergeben müssen? Smudo, Bandmitglied der Fantastischen Vier, ist so ein

Fall, dem der Stress in der Anfangsphase seiner Karriere massiv auf den Magen schlug.[55] Manch andere indes marschieren von Anfang an einfach so auf eine Bühne und performen vor Publikum. Lampenfieber? Och, nö. Vielleicht ein bisschen aufgeregt. Manche beflügelt eine Herausforderung, andere macht sie fertig. Drei von vier Menschen haben laut Führungsberaterin Beverly Flaxington Angst, in der Öffentlichkeit zu sprechen.[56] Stress läuft in unseren Köpfen zwar immer nach einem ähnlichen Schema ab (denn die ausgeschütteten Hormone und beteiligten Hirnareale sind immer dieselben), wirkt sich jedoch hochgradig individuell aus. »Schuld« daran ist unter anderem unsere Bewertung.

Aber dazu kommen wir gleich. Zunächst einmal sollten wir klären, wann wir uns gestresst fühlen. Wissenschaftlicher Konsens ist heute: immer wenn eine Situation von einer Person als belastend empfunden wird und nicht mehr ohne Weiteres zu bewältigen zu sein scheint.

Lazarus entwickelte ein Modell, um zu veranschaulichen, wie Stress in uns entsteht. Seine Grundannahme ist ein Mensch, der mit seiner Umwelt interagiert – er nimmt sie selektiv wahr, bewertet eventuelle Stressoren subjektiv und reagiert daher individuell auf sie. Klar, wir leben ja nicht in einem hermetisch abgeriegelten Raum ohne äußere Einflüsse, sondern sind den ganzen Tag von Reizen umgeben. Sonne, Licht, Wärme, Geräusche, ein Vogel, der uns auf die Schulter kackt, Lärm, Mitmenschen, Gespräche, Nahrung, ein leerer Kühlschrank … Und das ist nur ein Bruchteil der Dinge, die wir bewusst wahrnehmen, unbewusst geht nämlich richtig der Punk ab. Weil unser Kopf aber vermutlich explodieren würde, wenn unser Geist auf jedes Bild, jeden Ton, jeden Geruch, jede Empfindung reagieren würde, hat sich in unserem Gehirn die sogenannte Bewusstseinsschwelle eingerichtet. Sie lässt nur einen winzigen Teil der Dinge, denen wir begegnen, in unser Bewusstsein durchsickern, der Rest wird unbewusst verwurstet. Dieser »Rest« hat es übrigens in sich. Man geht davon aus, dass wir unbewusst elf Millionen Sinneseindrücke verarbeiten. Pro Sekunde. Lass dir das gern auf der Zunge zergehen. Willst du einen Tipp abgeben, wie viele dieser Sinneseindrücke sekündlich bewusst von uns wahrgenommen werden? Es sind vierzig. Ich bin nicht gut in Mathe, was mein Sohn bestätigen könnte, aber mir ist klar, dass vierzig zu elf Millionen ein erheblicher Unterschied ist.

Mehr als elf Millionen Reize pro Sekunde prasseln also auf uns ein, nur eine Handvoll wird direkt fürs Bewusstsein aussortiert, der Rest in den tiefer gelegenen Schichten erfasst. Einige dieser elf Millionen und vierzig Reize tragen stressförderndes Potenzial in sich, zum Beispiel der Vogel, der dir auf die Schulter kackt. Oder der Platten an deinem Vorderrad, ein geringer Akkuladestand deines Handys, ein *bad hair day*, Liebeskummer, die Erkenntnis, dass du wieder mal zu spät mit der Präsentation angefangen oder den Geburtstag deiner Mutter vergessen hast.

Lazarus spricht von drei Stufen der Bewertung. Bevor aus dem Ereignis echter Stress werden kann, durchläuft es im Gehirn zwei Stufen: die sogenannte primäre und die sekundäre Bewertung. Ist der Stress dann da, folgen die Anwendung von Bewältigungsstrategien, sogenannten Copingstrategien, und eine Neubewertung.

In der primären Bewertung untersucht dein Geist blitzschnell, ob er das Ereignis als positiv, gefährlich oder irrelevant einstuft. Positive Ereignisse lösen den sogenannten Eustress aus, also eine freudige Erregung, irrelevante Ereignisse Gelassenheit. Die Haare sitzen nicht so, wie sie sollen? Schwamm drüber. Ein Vogel kackt mir auf die Schulter? Soll Glück bringen, yeah, gibt's noch mehr davon?

Erst bei Reizen oder Ereignissen, die wir als gefährlich bewerten, wird der Stresszyklus aktiv. Laut Lazarus unterscheiden wir in diesem Fall drei Unterkategorien, nämlich ob wir es mit einer Herausforderung, einer Bedrohung oder einer Schädigung zu tun haben. Wenn es gut läuft, kann ein Ereignis von uns also als herausfordernd, aber bewältigbar interpretiert werden: Platten am Rad, und ich bin schon fünf Minuten zu spät – dann muss ich gleich ordentlich in die Pedale treten. Wird die Herausforderung gemeistert, winkt übrigens eine ordentliche Ladung körpereigene Belohnung, und wir fühlen uns gut.

Doch natürlich haben solche Ereignisse auch das Potenzial, uns in eine echte Stressreaktion zu stürzen, nämlich dann, wenn wir sie als Bedrohung oder Schädigung interpretieren. Wenn du zum Beispiel auf dem Weg zu deiner eigenen Hochzeit bist, und der Auspuff des schönen Oldtimers, in dem du kutschiert werden sollst, pustet dir eine ordentliche Ladung Ruß auf das weiße Kleid oder den edlen Anzug … Die primäre Bewertung wird an einem solchen Tag dann mit ziemlicher Wahrscheinlichkeit nicht positiv ausfallen – und irrelevant ist es auch nur für die wenigsten. Also bleibt: gefährlich. So ein Mist! Ruß auf dem Hochzeitskleid oder dem schicken Anzug. Da bleibt kein Auge trocken, und das schon vor dem Ehegelübde.

Als Nächstes kommt es zur sekundären Bewertung, in der dein Bewusstsein überprüft, ob du die Situation mit den verfügbaren Ressourcen bewältigen kannst. Im Fall des versauten Hochzeitskleids: Kann man es abwischen? Habe ich ein Ersatzkleid oder einen anderen Anzug im Schrank? Gibt es eine Expressreinigung in der Nähe? Würde ich auch nackt vor den Altar treten? Kann die Hochzeit verschoben werden? Werde ich den Fahrer des Oldtimers erwürgen? Und so weiter.

Bewertet dein Bewusstsein deine inneren und äußeren Ressourcen als nicht ausreichend, wird die Stressreaktion eingeleitet, die deinen Organismus in Aufregung versetzt. Gleichzeitig setzt du eine Bewältigungsstrategie in Gang, die von deinen individuellen Eigenschaften und deinen Denkstrukturen abhängig ist. Verfällst du in blinde Panik? Wirst du ruhig und katatonisch? Fängst du an zu weinen und sagst die Hochzeit ab? Jeder reagiert auf ein dreckiges Kleid oder einen verhunzten Anzug am wichtigsten Tag des Lebens anders. Den sehr unterschiedlichen Umgang mit Bedrohung nennt die Psychologie Coping, vom englischen *to cope with something*, also »etwas bewältigen oder überwinden«.

Copingstrategien, die dir möglicherweise direkt in den Sinn kommen:

- Du haust dem Chauffeur eine runter. Hat er ja auch verdient, der Depp.

oder

- Du rennst zurück in die Wohnung und verkriechst dich in einer Ecke. Soll doch jemand anders heiraten.

oder

- Du beschließt, dann eben nicht in Weiß den Bund der Ehe einzugehen oder dein dreckiges Outfit als Designerteil zu deklarieren.

oder

- Die Hochzeit wird abgesagt. Die meisten Ehen werden ja sowieso wieder geschieden.

oder

- Du blendest das Problem einfach aus: Ruß? Welcher Ruß?

Nach Lazarus sind Copingstrategien entweder problem- oder emotionsorientiert.[57] Das heißt: Wir versuchen, unser Handeln den Gegebenheiten anzupassen, um die Situation selbst zu ändern, oder wir versuchen, unseren emotionalen Bezug zur Situation zu ändern. Im Laufe des Lebens probieren wir unterschiedliche Copingstrategien für verschiedene Situationen aus. Bewähren sie sich, wenden wir sie häufiger an, bis sie uns irgendwann in Fleisch und Blut übergehen und wir sie als normal erachten. Unsere Bewertung der individuellen Copingstrategie beeinflusst also unser zukünftiges Handeln. Wenn wir im Nachhinein feststellen, dass ein hollywoodreifer Nervenzusammenbruch beim Anblick des verdreckten Hochzeitsoutfits rein gar nichts an unserer Situation geändert, ja sie sogar noch verschlimmert hat (denn damit war auch das aufwendige Make-up hinüber, und auf den anschließenden Fotos waren unsere Augen so verquollen, als hätten wir drei Tage durchgemacht), können wir trainieren, Situationen zukünftig anders zu bewerten. Das funktioniert natürlich auch andersherum, wenn beispielsweise eine Person selbst im Angesicht einer wirklichen Gefahr *seeeehr* entspannt bleibt und diese eher als Möglichkeit sieht, obwohl letztendlich Flucht die bessere Wahl wäre. Auch können sich Herausforderungen so wandeln, dass sie zu einer echten Bedrohung werden. Denk mal an einen Mitarbeiter, der sich mit Arbeit überhäufen lässt und sie mit einem Lächeln als Herausforderung annimmt, irgendwann unter dem Druck jedoch zusammenbricht und ernsthaft krank wird. Da hat die Stressreaktion dann leider versagt.

Du siehst also: Stress ist viel individueller, als man so denkt. Das wusste übrigens schon Epiktet, ein antiker Philosoph, auf den das Zitat zurückgeht: »Es sind nicht die Dinge, die uns beunruhigen, sondern unsere Sicht der Dinge.« Und auch meine Oma, die zwar keine anerkannte Philosophin war, aber trotzdem oft recht hatte. Sie sagte: »Es gilt, Wichtiges von Unwichtigem zu unterscheiden.«

Heißt im Klartext: Dass dir den ganzen Tag lang potenziell stressige Dinge widerfahren, kannst du nicht ändern. Aber vielleicht deine innere Haltung. Ich weiß, das hast du schon tausend Mal irgendwo gelesen. Aber hey, wie oft hast du versucht, dein Verhalten auch tatsächlich zu ändern? Dir ein neues Mindset anzueignen? Deinen Reaktionen Einhalt zu gebieten? Hand aufs Herz, wir führen uns doch alle immer wieder wie blinde Hühner auf, die panisch über den Hof rennen, wenn etwas Unvorhergesehenes eintritt. Das ist zutiefst menschlich, aber eben auch ziemlich ungesund für unseren Körper und unsere Psyche.

Denn in einer immer komplexeren Welt werden auch die Stressoren stetig mehr – und subjektiv herausfordernder. Vor zehn Jahren musste man sich über den Einfluss von Instagram und Co. auf das Seelenleben des Individuums noch keine Gedanken machen, sie waren nämlich noch gar nicht erfunden. Und ich bin mir sicher, dass wir uns in zehn Jahren wieder ganz anderen Herausforderungen stellen müssen als heute. Jeder Tag beinhaltet das Potenzial, eine neue Katastrophe über dich hereinbrechen zu lassen. Oder aber du schaffst es, über dich hinauszuwachsen und deine Bewältigungsstrategien zu verbessern. Wie du deine Welt wahrnimmst, ist Ansichtssache.

Stress ist also nicht per se schlecht. Wenn er richtig umgedeutet wird und in Maßen im Körper vorhanden ist, kann er unsere Leistungen sogar verbessern. Das bestätigt unter anderem eine Studie aus dem Jahr 2004 von Alison Wood Brooks[58], die verschiedene Testpersonen in Stresssituationen untersuchte und herausfand, dass diejenigen bessere Leistungen erbrachten, die den Stress als positive Aufregung empfanden – im Gegensatz zu denen, die versuchten, den Stress zu unterdrücken.

Das Aktivationsmodell von Robert Yerkes und John Dodson[59], das die Leistung im Zusammenhang mit dem Erregungsniveau beschreibt, korrespondiert mit dieser Erkenntnis. In diesem Modell veranschaulichen die Forscher, dass die kognitive Leistungsfähigkeit mit dem allgemeinen Erregungsniveau einer Person in Zusammenhang steht. Konkret heißt das: Eine niedrige nervöse Anspannung sorgt für eine geringe Effektivität. Eine mittlere Anspannung sorgt für eine hohe Produktivität. Der Druck ist in diesem Fall angemessen und führt zum Optimum der Leistungsfähigkeit, der sogenannte Flow tritt ein. Ein sehr hohes Erregungsniveau wiederum bringt, genau wie die Unterforderung, eine geringe Effektivität mit sich. Denn wer zu stark gestresst ist, kann seine Potenziale nicht mehr abrufen und ist im schlimmsten Fall Burn-out-gefährdet.

Das bedeutet, es gibt eine Art Idealmaß der nervösen Anspannung, mit dem die besten Leistungen erbracht werden können. Zu viel des Guten führt zu schlechteren Ergebnissen. Dabei ist die Kurve, die den Zusammenhang zwischen Anspannung und Effektivität beschreibt, bei jedem Menschen unterschiedlich. Unterforderung und Überforderung setzen demnach an verschiedenen Punkten ein.

Überfordert fühlen sich in unserer modernen Gesellschaft leider sehr viele Menschen, sei es durch die Beanspruchung am Arbeitsplatz oder durch die unzähligen Auswahlmöglichkeiten sowohl vor dem Joghurtregal als auch in der Art und Weise, wie sie ihr Leben gestalten wollen. Es reicht ja nicht mehr aus, ein Dach über dem Kopf zu haben, in einer mehr oder weniger glücklichen Beziehung zu leben, durchschnittlich 1,5 Kinder in die Welt zu setzen und auf den Renteneintritt zu warten. Nein, wir müssen schon etwas mehr leisten als vor einigen Jahren. Die Gesellschaft erwartet von uns, dass wir uns selbst verwirklichen, unserem Leben einen Sinn und jedem Tag die Chance geben, der schönste überhaupt zu werden. Darüber hinaus sind wir von Deadlines, Verpflichtungen und Leistungsdruck umzingelt. Sogar die Nichtteilnahme an Ereignissen kann Stress auslösen, wie das Phänomen FOMO zeigt. Das Akronym steht für die englische Bezeichnung *fear of missing out* oder die Angst, etwas zu verpassen. FOMO hängt mit der Nutzung von Smartphones und sozialen Netzwerken zusammen beziehungsweise wird von diesen verstärkt.

So schön und leicht unsere Welt durch mobiles Internet und Smartphones auch geworden ist: Dauerhafte Beschäftigung damit kann zur Sucht werden. Einer aktuellen Studie zufolge sind vor allem die Hände der Millennials geradezu mit den Handys verwachsen. Fünfundzwanzig Prozent schauen täglich etwa einhundert Mal darauf, fünfzig Prozent zumindest fünfzig Mal am Tag.[60] Durchschnittlich drei bis fünf Stunden hängen die Menschen, die zwischen 1980 und 2000 geboren sind, täglich am Handy. Und es kommt noch schlimmer: Unter den Befragten gab es so gut wie niemanden, der sich vorstellen konnte, das Handy für dreißig Tage abzuschalten. Nicht mal dann, wenn es dafür eine Belohnung gab: eine Gehaltserhöhung, einen kostenlosen Urlaub oder ein *meet and greet* mit dem Idol ihrer Wahl. Und jetzt kommt's: Vier Prozent der Teilnehmenden gaben an, dass sie lieber einen Monat ins Gefängnis gehen würden, als ein Jahr lang auf das Smartphone zu verzichten. Da frage ich mich natürlich: Wissen die Befragten, dass man im Knast kein Handy haben darf? Und überhaupt. Einhundert Mal am Tag aufs Smartphone glotzen? Warum? Wir rennen doch auch nicht zwölfmal am Tag zum Briefkasten! Kein Wunder, dass die meisten von uns das Gefühl haben, nicht mehr hinterherzukommen und andauernd gestresst zu sein.

Es gibt nur einen Schlüssel, wie wir der permanent auf uns einströmenden Stressoren Herr werden können: Selbstverantwortung. Wir sagen so oft Ja, obwohl wir eigentlich Nein meinen, und lenken uns von unseren Bedürfnissen ab. Wir können Grenzen ziehen. Stattdessen jedoch übergeben wir dem Zeitdruck das Zepter und lassen zu, dass Stress in allen Bereichen unseres Lebens überhandnimmt. Das Problem dabei: Unsere Akkus können sich auf diese Weise nicht wieder aufladen. Wir rotieren weiter, obwohl der Ladezustand schon im roten Bereich ist.

—— ÜBUNG ——

Sag alles ab

Wann hast du das letzte Mal ein ganzes Wochenende lang nichts getan? Oder nur das, worauf du wirklich Lust hattest? Schnapp dir deinen Kalender und suche ein freies Wochenende heraus. Blockiere es, am besten mit einem großen roten Balken. Oder schwarz, wenn du es ernst meinst.

Dieses Wochenende gehört nur dir – und deiner Familie, wenn du eine hast und sie in diesen Tagen sehen willst. Ansonsten trag dir bitte keine Verpflichtungen ein. Tu an diesen zwei Tagen nur das, worauf du Lust hast. Joggen ist jedes Mal eine Überwindung für dich? Dann lass es an diesem Wochenende sein. Triff dich auch nicht mit der anstrengenden Freundin, die immer nur von sich erzählt. Sag ab, zieh dich zurück, entscheide selbst. Iss, wonach es dich gelüstet, ohne Reue. Nein, nicht nur Salat und Rohkost! Frage dich einmal die Stunde: Wonach steht mir der Sinn? Du hast keinen Bock, noch in den Supermarkt zu fahren? Du wirst ein Wochenende ohne Aufschnitt und Milch überleben. Diese zwei Tage sind deine Oase im stressigen Alltag.

Dein Handy hat übrigens auch Sendepause. Schließ es ein, pack es weg. Lass nicht zu, dass irgendetwas oder irgendjemand deine heiligen zwei Tage mit Stress, Anspannung oder Erwartungen ruiniert.

———————

Ich weiß, dass es viele Menschen gibt, die einem auch unter großem Druck suggerieren: Nur die Harten kommen in den Garten! Damit wächst der Stress für diejenigen, die andauernd das Gefühl haben, überlastet oder abgehängt zu sein, ins Unermessliche. Die Weltgesundheitsorganisation hat dies erkannt und Stress, wie bereits erwähnt, zu einer der größten Gesundheitsgefahren des 21. Jahrhunderts erklärt. Da Stress als »modern«, manchmal sogar als »schick« gilt, ist es sehr schwer, dem Problem beizukommen. So gern sagen wir: »Dafür habe ich keine Zeit!« Im Grunde meinen wir aber: »Dafür nehme ich mir keine Zeit.« Der Unterschied zwischen beiden Aussagen ist enorm.

—— Übung ——
Mit anderen Worten

Sprache ist Ausdruck deines Denkens. Gleichzeitig hat das, was du sagst, Einfluss auf das, was du denkst. Probiere doch mal, die folgenden Formulierungen aus deinem Wortschatz zu verbannen und durch andere zu ersetzen:

- »Ich habe keine Zeit.« Sage oder denke stattdessen: »Ich nehme mir keine Zeit.«

- »Ich muss noch Joggen gehen.« Wie wäre es, wenn du statt »müssen« »wollen« verwenden würdest? »Ich will noch Joggen gehen.«

- »Das ist ein Problem.« Probleme machen schlechte Laune, aber Herausforderungen steigern die Motivation. Versuch mal den folgenden Satz: »Das ist eine Herausforderung.«

- »Ich bin im Stress.« Mit Stress verbinden wir ein bestimmtes Bild. Probier doch zur Abwechslung ein anderes: »Ich stehe unter Anspannung.«

Erkennst du den Unterschied? Die alten Sätze suggerieren, dass du der Situation ausgeliefert bist. Aber nicht die Zeit entscheidet, wie viel von ihr dir zur Verfügung steht, sondern du selbst. Niemand zwingt dich dazu, joggen zu gehen – du möchtest es. Wer umgeben ist von Problemen, sieht nur das Negative, nicht das Herausfordernde, an dem man wachsen kann. Und wer die Verantwortung an den Stress abgibt, übernimmt keine Verantwortung für sich selbst.

Wir kokettieren so häufig mit dem Wort »Stress«, dass es beinahe schon seine bedrohliche Bedeutung verloren hat. Stress ist gut, denn wer unter Stress steht, ist wichtig und leistet etwas – so weit sind wir schon gekommen. Probier doch mal, bei der Arbeit zu sagen: »Mir geht es gut, ich bin total entspannt.« Wetten, die Kollegen denken, du hast nichts zu tun oder irgendwas stimmt nicht?! Es ist en vogue, ständig vierhundert Mails vor sich herzuschieben. Dabei weiß man heute, dass Stress nicht nur für zahlreiche Herz-Kreislauf-Erkrankungen und psychische Krankheiten verantwortlich ist, sondern sogar die Größe unseres Gehirns beeinflusst – und leider nicht positiv.

Im normalen Zustand strebt der Körper nach einem Gleichgewichtszustand, auch Homöostase genannt. Unter Stress gerät diese Homöostase allerdings außer Kontrolle, und die Hormone fahren permanent Achterbahn. BDNF ist ein Protein, das bei der Entstehung neuer Nervenzellen mitwirkt – nur eben nicht unter Dauerstress. Das sorgt für ein erhöhtes Risiko, an Demenz oder Alzheimer zu erkranken. Die Spiegel von Dopamin und Serotonin, die eigentlich die Stimmung heben, sinken im gestressten Gehirn, was mit einer permanenten Niedergeschlagenheit und dem Risiko einhergeht, dass wir uns in übermäßigen Konsum oder gar Süchte flüchten.

Dass wir unser Gehirn nicht sehen wie einen Arm oder ein Bein und es auch seltener fühlen als vielleicht unser Herz oder unsere Nieren, heißt noch lange nicht, dass wir es dauerhaft Stresssituationen aussetzen dürfen.

Die Amygdala, die Angstzentrale im Gehirn, informiert den Hypothalamus über Gefahr im Verzug. Daraufhin schüttet der Hypothalamus hormonelle Botenstoffe aus, welche auf die Hirnanhangsdrüse, auch Hypophyse genannt, wirken. Die Nebennieren werden dann wiederum durch die Hirnanhangsdrüse stimuliert, vermehrt das Stresshormon Cortisol auszuschütten. Dies führt alles in allem dazu, dass unser Körper mehr Sauerstoff und Energie zur Verfügung hat. Irgendwann muss sich unser Körper aber auch mal erholen, doch dies gelingt nicht, wenn du unter Dauerstress stehst.

Das Beste kommt zum Schluss. Denn neben all diesen gruseligen Dingen droht bei andauerndem übermäßigem Stress zudem der Verlust von Gehirnzellen im Hippocampus, was die Gedächtnisleistung und Emotionsregulation beeinträchtigen kann und ihn im schlimmsten Fall sogar schrumpfen lässt. Vielleicht sagst du das deinem Vorgesetzten, wenn er dich wieder mal mit Arbeit überhäuft. Oder dir selbst, weil du dich wegen eines Abendessens oder einer Feier, die du ausrichtest, total verrückt machst: Stress macht doof.

Vielleicht fragst du dich jetzt: Warum hat unser Körper die Stressreaktion überhaupt erfunden, wenn sie nur schädlich für uns ist? Nun, Stress erfüllt einen wichtigen Zweck – im Grunde sichert er sogar unser Überleben. Es handelt sich nämlich um einen uralten Mechanismus, der schon vor Millionen von Jahren in den Organismen unserer Urahnen funktionierte. Besonders dann, wenn sie sich einer Gefahr gegenübersahen. In diesem Fall reagierte der Körper gewissermaßen schneller als der Geist: Blutdruck und Puls stiegen, die Muskulatur wurde besser durchblutet, alle energiefressenden Prozesse wie Verdauung und Immunsystem wurden heruntergefahren. So war der Körper unserer Urahnen perfekt vorbereitet, um auf eine Bedrohung zu reagieren, und zwar mit Flucht oder Kampf. Die Beine in die Hand zu nehmen und wegzulaufen, war ein probates Mittel, um dem Säbelzahntiger zu entkommen – die Fäuste zu ballen und dem Höhlengenossen eine aufs Maul zu hauen, ein anderes, wenn es um das größere Stück Fleisch ging. Beides sicherte das Überleben des steinzeitlichen Individuums.

Zudem wurden im Körper all die stressbedingten Hormone wieder abgebaut, während unser Urahn durch die Steinzeit rannte oder sich prügelte, um zu überleben. Die Stresshormone waren wieder verschwunden, die Gefahr gebannt, das Problem bewältigt. Und das Gehirn so: *Alles richtig gemacht, yeah, ich bin der Geilste hier!* Spätestens jetzt sollte dir klar sein: Stress ist eigentlich gar kein Feind. Sondern dein Freund. Und die dreihunderttausend Jahre alten Prozesse funktionieren heute noch genauso wie damals.

Natürlich gibt es ein Aber, zwei sogar. Denn erstens kann dein Gehirn zwischen echtem, realem Stress und fiktivem Stress

173

nicht unterscheiden. Das heißt, dass du dich allein durch Ängste oder Befürchtungen in denselben Zustand versetzen kannst wie dein Urahn, der sich der Keule seines Höhlennachbarn gegenübersah. Zweitens bauen wir modernen Menschen unsere Stressreaktion fast nicht mehr ab. Keiner von uns rennt zehn Minuten um den Block, nachdem er von seiner Chefin angebrüllt wurde, oder haut dem Typen eine runter, der ihm den Parkplatz geklaut hat. Na ja, also die wenigsten von uns tun das jedenfalls. Manche schon. Aber das heißt nicht, dass du es ab heute auch so machen solltest.

Es gibt nämlich bessere und sozial verträglichere Möglichkeiten, den eigenen Stress wieder loszuwerden. Der ist in den meisten Fällen sowieso eine Überreaktion des Körpers, denn eine schreiende Chefin oder ein weggeschnappter Parkplatz beeinträchtigen vielleicht deine Laune, aber nicht dein unmittelbares Überleben. Die Gefahren sind harmlos – und doch allgegenwärtig. Da wir kaum noch für Ausgleich sorgen, reihen sich die Stresssituationen wie Perlen an einer Kette aneinander. Erholungsphasen? Pustekuchen! Das bedeutet, Stresshormone werden nicht mehr ordentlich abgebaut und machen uns dauerhaft krank.

Willst du die Liste der körperlichen Reaktionen sehen, die Stress hervorrufen kann? Nein? Pech gehabt, ich verrate dir trotzdem ein paar: chronische Kopfschmerzen, Tinnitus, Übersäuerung des Magens, geschwächtes Immunsystem, Diabetes, Bluthochdruck, Depressionen, Stoffwechselstörungen, Schlafstörungen und chronische Müdigkeit, Nervosität und, TROMMELWIRBEL: eine eingeschränkte Libido. Gib's zu, spätestens beim letzten Punkt warst du wieder aufmerksam. Also: Wie wichtig ist es dir ab heute, permanent erreichbar zu sein und auch nach Feierabend noch berufliche Mails zu beantworten?

Wir alle stehen nicht nur unter viel zu viel Stress, wir machen ihn uns auch. Und lassen so zu, dass wir die Kontrolle über unsere Zeit und unser Handeln verlieren.

Zugegeben, das geht nicht jedem so. Es gibt Menschen, die fangen in Stresssituationen erst richtig an zu glänzen, denn das Stressempfinden ist, wie ich bereits erklärt habe, sehr individuell. Warum jonglieren einige mit mehreren Projekten gleichzeitig, gehen vor der Arbeit ins Fitnessstudio und posten abends noch Bilder ihrer aufwendig gekochten *foodporns*? Während andere schon die Krise kriegen, weil einer der Projektbeteiligten krankheitsbedingt ausfällt und die Deadline um zwei Tage verschoben werden muss? Es ist nicht fair – aber es ist, wie es ist.

—— Übung ——

Was stresst dich?

Untersuche doch mal, was genau dich stresst. Dafür nimmst du dir ein Blatt Papier und schreibst deinen Namen in die Mitte – oder fertigst, ganz kreativ, eine Zeichnung von dir an. Nun erstellst du eine Mindmap, indem du um deinen Namen herum alles notierst, was dich stresst. Such dir im nächsten Schritt die Dinge heraus, die du aus eigener Kraft nicht ändern kannst. Das hilft dir zu erkennen, in welchen Bereichen du deine Ressourcen lieber schonen solltest und in welchen du deine Situation tatsächlich verändern kannst. Hier ist deine Energie nicht verschwendet. (Von den Dingen, die du nicht beeinflussen kannst, kannst du dich nur distanzieren beziehungsweise eine neue Einstellung dazu finden.) Überlege dir, wie du dich beziehungsweise bestimmte Dinge ändern kannst, und sei dabei so konkret wie möglich. Wenn du zum Beispiel genervt bist, weil du zu wenig Sport treibst, nimm dir konkret vor, in der kommenden Woche mindestens zweimal körperlichen Aktivitäten nachzugehen. Wie du aus Kapitel 3 weißt, ist das erfolgversprechender, als wenn du dir nur vornimmst, insgesamt sportlicher zu werden.

Das Leben kann ungerecht sein. Und nicht alle Menschen sind gleich. Manchem gelingt es, aus negativem Stress, dem sogenannten Distress, positiven Eustress zu machen. Auch wandeln Menschen unter uns, die aufgrund ihrer Persönlichkeitsstruktur besser mit Stress umgehen können.

Du erinnerst dich bestimmt an die Big Five der Persönlichkeitsdimensionen: Extraversion, Neurotizismus, Gewissenhaftigkeit, Verträglichkeit und Offenheit gegenüber Erfahrung. Neurotizismus geht beispielsweise mit einer Überaktivität im limbischen System und vermehrtem Stresserleben einher. Extravertierte Menschen hingegen reduzieren ihr Stressempfinden, indem sie sich in Stresssituationen Unterstützung von außen holen, und sei es nur dadurch, dass sie ihren Zustand kommunizieren.[61]

Das ist mitunter der Grund, warum nicht jeder Prüfling eine Prüfungssituation als stressig empfindet und weshalb manche von uns Stress bewältigen, indem sie ihn möglichst häufig kommunizieren, während andere damit beschäftigt sind, die Situation zu verharmlosen oder unter Kontrolle zu bringen. Es scheint also einen Zusammenhang zwischen individuellem Stressempfinden, Stressbewältigung und verschiedenen Persönlichkeitsmerkmalen zu geben. Wie du vom Anfang des Kapitels weißt, ist auch der Vater der Stresstheorie, Richard Lazarus, davon überzeugt gewesen, dass Stress von jedem Menschen anders bewertet wird und bei jedem unterschiedlich wirkt.

Trotze dem Stress

Leider gibt es kein allgemeingültiges Rezept, wie man Stress von nun an und für immer vermeiden kann. Dafür ist Stress viel zu individuell. Was aber in stressigen Situationen helfen kann:

Mach dir klar, was genau dich stresst. Benenne ganz konkret, was es ist, und notiere dir die Dinge. Bleib dabei nicht allgemein – schreibe also nicht »Arbeit«, sondern werde spezieller: deine Umgebung, das aktuelle Projekt, deine Arbeitsbelastung, dein Zeitmanagement und so weiter.

Wie kannst du in Zukunft mit Menschen oder Ereignissen umgehen, von denen du weißt, dass sie eine Stressreaktion in dir auslösen? Notiere dir, wie du dich verhalten möchtest, sodass du zukünftig entspannter bist. So zeigst du dir selbst alternative Handlungsweisen auf und entkommst dem Gefühl der Ohnmacht.

Schreib eine Liste! Ja, ganz klassisch. Markiere die wichtigsten und/oder stressigsten Punkte und arbeite sie zuerst ab. Und, um die Balance zu halten, halte danach alles fest, was besonders gut läuft, und notiere auch, wo es bereits positive Veränderungen gegeben hat. Genieße anschließend das angenehme Gefühl der Beruhigung. Du hast etwas Wichtiges geschafft!

Ich habe schon ein paarmal über positiven und negativen Stress, sogenannten Eustress und Distress, geschrieben. Die Unterscheidung geht auf Hans Selye zurück, den wir bereits kennengelernt haben. Eustress ist biochemisch betrachtet ganz ähnlich wie sein Gegenspieler, der Distress. Allerdings drückt sich Eustress inspirierend und motivationssteigernd aus und führt nicht selten zu Höchstleistungen. Heute weiß man, dass sich Eustress sogar positiv auf die Gesundheit auswirkt und das Immunsystem unterstützt. Probleme werden von Menschen mit hohem Eustresslevel eher als Herausforderungen betrachtet, der Fokus liegt auf dem Gelingen, nicht auf der damit verbundenen Anstrengung. Kommt dir irgendwie bekannt vor? Du liegst richtig: Eustress ist *der* Antriebsmotor für Kreativität, denn er entsteht bei Freude an einer Arbeit, mit der wir uns weder unter- noch überfordert fühlen – und natürlich im Flow. In diesem Zustand sind wir aufmerksam, leistungsfähig und voller Selbstvertrauen, denn unser Organismus wird von Glückshormonen geflutet, die unsere Laune steigern. Wie das Modell von Yerkes und Dodson gezeigt hat: Wer sich immerzu unterfordert fühlt, wird keine besonderen Leistungen erbringen und dementsprechend auch nicht das Gefühl haben, über sich hinauszuwachsen. Der Bore-out winkt – das ist das Gegenteil vom Burn-out, aber genauso schädlich für das eigene Wohlbefinden.

Eustress ist im Grunde nichts anderes als »normaler« Stress, der aber nicht als solcher, sondern positiv und stimulierend wahrgenommen wird. Dennoch ist wichtig, dass du auf einen Ausgleich achtest und den Druck, der auf dir liegt, selbst regulierst. Das heißt auch, dass du keine Arbeit mit ins Wochenende, in die Ferien oder in den Feierabend nimmst, dass du auch Menschen außerhalb deines Arbeitsumfeldes kennst und dich den Dingen widmest, die dich glücklich machen: einer großen Spazierrunde im Park, einem leckeren Essen, einem Abend auf dem Sofa, einem guten Buch, netten Menschen, einem Tag im Spa und so weiter.

Bleibt der Ausgleich aus, kann auch Eustress als überfordernd wahrgenommen werden, und so wird daraus im Nullkommanichts Distress. Stell ihn dir wie die böse Schwester des Eustress vor, die Pechmarie, an der das Unglück klebt. Denn stressige Situationen, die dich beflügeln, können ins Gegenteil kippen, wenn du deinen Bedürfnissen keine Beachtung schenkst. Dein Immunsystem ist in anhaltenden Stressphasen dauerhaft in Alarmbereitschaft. Dein Blutdruck und dein Puls sind permanent erhöht. Häufig gehen damit Magen-Darm-Probleme einher, aber auch deine Psyche leidet. Das Gefühl, nach und nach die Kontrolle zu verlieren, nimmt überhand, du fühlst dich angespannt und überlastet. Für deine Produktivität, aber auch für deine Kreativität, sind diese Gefühle der Killer. Und habe ich schon die Libido erwähnt?

Was zieht deine Energie von den wirklich wichtigen Dingen im Leben ab? Wie kannst du für Ausgleich und Entspannung sorgen? Nach lang anhaltendem Stress reicht übrigens kein Wochenende, an dem du mal gar nichts tust. Denn je länger dein Stress andauert, desto mehr Zeit benötigt auch die Regeneration. Zwei Wochen Urlaub sind das Minimum, das du dir und deinem Körper in diesem Fall gönnen solltest. Belastung addiert sich nämlich und wirkt im schlimmsten Fall bis in den Schlaf hinein. Das heißt: Du nimmst die Anspannung nicht nur mit in den Feierabend, sondern sogar mit ins Bett. Und dort sollte außer deinem Partner, sofern du einen hast, wirklich niemand sein – es sei denn, ihr habt das vereinbart, aber das ist ein anderes Thema. Nach einer Nacht, in welcher dein Körper immer noch von Stresshormonen geflutet ist, fühlst du dich nicht ausgeruht und voller Energie, sondern matt und abgeschlagen. Weil du keine Lust auf irgendwelche Aktivitäten hast, tust du außer herumsitzen und netflixen gar nichts mehr … und findest dich bereits mitten im schönsten Stresskreislauf wieder.

Nun ist es so, dass das Leben aus Millionen von potenziellen Stressfaktoren besteht. Manchen regt bereits das Regenwetter auf

179

– okay, nicht meinen Sohn, der freut sich, wenn die Bäume etwas zu trinken bekommen. Aber viele Menschen finden Regenwetter doof. Andere geraten in Schnappatmung, wenn ihre Socken farblich nicht zum Oberhemd passen. Wie gesagt: Jeder empfindet andere Dinge als stressig. Ziel eines ausgeglichenen, gesunden Lebens kann natürlich nicht sein, allen möglichen Stressoren aus dem Weg zu gehen. Erstens würdest du dich dann auch nicht mehr in den positiven Eustress versetzen, zweitens ist ein Leben ohne Stressoren nicht denkbar. Vielleicht, wenn du dir eine einsame Insel in der Südsee kaufst und fernab von allen Menschen ein Leben mit Baströckchen und Hängematte führst. Aber selbst auf dieser einsamen Insel können Dinge passieren, an die du jetzt noch nicht denkst: Unwetter, Überschwemmungen, Nahrungsmittelknappheit, aber auch so etwas Lapidares wie eine entzündete Zahnwurzel oder ein gebrochener Fuß, Langeweile, Sonnenbrand oder Heimweh. Das Leben steckt voller Überraschungen.

Aber: Du kannst diese Überraschungen für dich nutzen, indem du deinen Umgang mit den vermeintlichen Stressoren änderst. Ich spreche hier von Stressoren, die objektiv betrachtet kein Gefühl der Bedrohung auslösen müssen. Ich habe dir vorhin, beim Modell von Lazarus, bereits vom Coping erzählt, dem Oberbegriff für Strategien, die beim Umgang mit Distress helfen. Es ist unter anderem so, dass deine Einstellung zu einem möglichen Stressfaktor ausschlaggebend für das tatsächliche Stresserlebnis ist.

Das sind gute Nachrichten. Denn du kannst entscheiden, wie stressig etwas ist, indem du deine Einstellung änderst. Das Gehirn ist ja, wie du weißt, neuroplastisch, kann sich also umformen. Wenn du an den Stellschrauben deiner Einstellung drehst, wird das automatisch eine Auswirkung auf dein Stresserleben haben.

Viele empfinden beispielsweise Stress, weil sie einen Hang zum Perfektionismus haben, in der Realität aber immer wieder erleben, dass sie nicht alles kontrollieren können. Aber der Wunsch, etwas perfekt zu machen, ist nicht nur sehr schwer zu erfüllen, er ist schlichtweg eine Illusion. Es wird immer jemanden geben, der etwas zu meckern hat. Spar lieber deine Ressourcen und konzentriere dich auf die Dinge, die wirklich wichtig sind. Natürlich kannst du deine nächste Geburtstagsfeier bis ins kleinste Detail planen, Monate vorher handgeschöpfte Papiereinladungen verschicken, ein gigantisches Büfett aufbauen, tagelang Playlists zusammenstellen, die Gäste um die Einhaltung des Dresscodes zum Farbkonzept der Party bitten und sogar die Flüssigseife im Bad danach aussuchen – aber es wird vielleicht trotzdem jemanden geben, der auf deine Wünsche pfeift und zu spät, bereits angetrunken, in Jeans und mit nicht angemeldeter Begleitung erscheint. Das ist das Leben! Ärgere dich nicht. Wie würdest du deine Party genießen können, wenn du zwei Wochen weniger für die Vorbereitung investieren würdest? Wenn es statt eines mehrgängigen Menüs, das alle vorhandenen Lebensmittelunverträglichkeiten und Geschmäcker berücksichtigt, einfach Pizza vom Lieferdienst gäbe? Wenn die Gäste ihren Alkohol selbst mitbrächten? Und wenn es egal wäre, was sie anhaben oder ob die Seife farblich zu der Klamotte passt, die du extra für diesen Anlass gekauft hast? Stress wie diesen darfst du zukünftig vermeiden. Du brauchst ihn nicht. Deine Gäste kommen deinetwegen – nicht wegen der Seife oder der Playlist.

—— ÜBUNG ——

Stress lass nach!

Wenn du das nächste Mal eine stressige Situation als solche identifizierst, frage dich:

Wie kann ich mich in dieser Situation verhalten, sodass mein eigenes Wohlbefinden nicht darunter leidet?

Wie kann ich mich in dieser Situation verhalten, sodass meine Gesundheit nicht darunter leidet?

Wie kann ich mich in dieser Situation verhalten, sodass mein Sozialverhalten nicht darunter leidet?

Ich weiß, die Beantwortung dieser Fragen ist nicht immer angenehm. Aber ich verspreche dir, du wirst beim nächsten Mal achtsamer und freundlicher dir selbst gegenüber sein, wenn du auch nur einen Faktor mehr berücksichtigst.

––––––––––

Bewältigungsstrategien kann man also üben. Und du hast jeden Tag unzählige Möglichkeiten dazu. Coping bedeutet, dass du eine Stresssituation entweder in Bezug auf ihre Problemlage veränderst oder deinen emotionalen Bezug anpasst. Es geht sogar beides! Dafür hält auch die Psychologie einige Methoden bereit, aber die einfachste ist, nach folgendem Mantra zu leben: *»Love it, change it or leave it.«* Auf Deutsch: Finde dich damit ab, verändere es, oder hör damit auf.

Nehmen wir ein Beispiel: Regenwetter am Tag deiner Gartenparty. Ein Albtraum. Kein Wunder, dass dein Körper mit Stresstsunamis reagiert. Andauernd schaust du aus dem Fenster, checkst den Wetterbericht, telefonierst mit deiner Mutter und malst dir schreckliche Horrorszenarien aus.

Ändert das irgendwas an deiner Situation? Nö.

Nehmen wir einmal an, du versuchst ab jetzt, dein Mantra in einer Situation wie dieser anzuwenden. *»Love it, change it or leave it.«* Frage dich: Kannst du die Situation, ergo das Regenwetter verändern? Nein. Kannst du die Party absagen? Ja, aber das willst du nicht. Also bleibt nur: Finde dich damit ab. Such eine Lösung! Stell dich den Herausforderungen. Das heißt, verleg die ganze Chose nach drinnen. Oder bitte alle Gäste, sich in Regenkleidung einzufinden. Wenn es warm genug ist, darfst du auch Badesachen bereitstellen und einen Pool für die Kinder aufbauen. Wird doch eh alles nass.

Wann hast du dich zuletzt unnötig aufgeregt, zum Beispiel über das schlechte Wetter im Urlaub oder die Reifenpanne auf dem Weg zur Arbeit? Alles Mögliche kann Stress auslösen, doch besonders unsinnig wird es, wenn wir uns von Dingen stressen lassen, auf die wir überhaupt keinen Einfluss haben. Nimm zukünftig hin, was ist. Du kannst es nicht ändern. Sag dir selbst laut: Es ist, wie es ist. Dann überlege ruhig und gelassen, welche Schritte du einleiten kannst, um die Situation zu verändern. Mach dir klar: Dein Stress ist vollkommen sinnlos. Er wird dich nicht zu besseren Leistungen oder einer höheren Produktivität oder einem Gefühl von hoher Selbstwirksamkeit und Wohlbefinden bringen, sondern dich runterziehen und schwächen. Das kannst du nicht gebrauchen. Also lass es los.

Stress entsteht nicht nur durch äußere Faktoren, sondern auch, wenn du gegen deine inneren Überzeugungen handelst. Der andauernde Widerstand ist anstrengend! Oft kann man das bei Menschen beobachten, die zwar beruflich erfolgreich sind oder viel Geld verdienen, deren Tätigkeit sich aber nicht im Einklang mit ihren Moralvorstellungen befindet. In diesem Fall helfen übrigens auch keine Atemübungen, kein Yoga, keine Meditation und keine langen Parkspaziergänge mehr – da müssen sich schon die Lebensumstände ändern, damit ein Mensch dauerhaft Zufriedenheit und Entspannung findet.

Die Anspannung, die der Stress erzeugt, solltest du, vor allem in Phasen erhöhten Stressaufkommens, abbauen. Sport, Entspannungstechniken, aber auch ein Treffen mit Menschen, die dir wichtig sind, können helfen, das Spannungsniveau abzusenken. Dafür ist es auch hilfreich, nach dem Eisenhower-Prinzip zwischen Dringendem und Wichtigem zu unterscheiden. Nach diesem Prinzip werden dringende Dinge sofort erledigt, wichtige kann man auch mal aufschieben. Eine dringende Angelegenheit ist zum Beispiel die Manuskriptabgabe, die unmittelbar bevorsteht – eine wichtige das Geburtstagsgeschenk, das du noch nicht für deinen Liebsten besorgt hast. Aber Achtung, Wichtiges darf vom Dringenden nicht in den Hintergrund gerückt werden! Es geht um das Setzen der richtigen Prioritäten, und auch hier steht das Gleichgewicht an erster Stelle: Dringende und wichtige Dinge sollten sich unbedingt die Waage halten. Die große Schwierigkeit im Stresszustand besteht darin, den Unterschied zwischen den beiden Faktoren zu erkennen. Im Stress erscheint nämlich plötzlich alles dringend und stressauslösend. Das hat mit der Amygdala zu tun, der Angstzentrale im Hirn. Dieser mandelförmige Komplex im limbischen System ist maßgeblich an der emotionalen Kontrolle beteiligt und somit auch verantwortlich dafür, wie unsere körperlichen und psychischen Reaktionen auf Stress oder Angst ausfallen. Geraten wir in eine stressige oder Furcht einflößende Situation, feuert die Amygdala, was das Zeug hält. Das macht uns wach und aufmerksam – was sehr gut ist, wenn wir uns nach Einbruch der Dunkelheit in einer zwielichtigen Gegend aufhalten. Für die Gartenparty ist es eher lästig.

Vielleicht hast du selbst schon einmal das Phänomen Lampenfieber kennengelernt, bei einem Vortrag oder Auftritt. Wir haben oft das Gefühl, Lampenfieber sei per se schlecht, und etwas stimme mit uns nicht, weil wir so aufgeregt sind. Es haben aber sehr viele Menschen Lampenfieber, selbst wenn sie es nicht zeigen, und sofern es dich nicht handlungsunfähig macht, ist es sogar gut. Denn es schärft deine Konzentration. Gäbe es kein Lampenfieber, würden die meisten Musiker:innen wie Schlaftabletten auf der Bühne rumstehen und ein wenig auf ihren Instrumenten herumklimpern. Wichtig ist, die Aufregung als

solche anzuerkennen und zu akzeptieren. Wenn wir uns nämlich gegen sie wehren oder sie unterdrücken, nähren wir sie,
ohne es zu wollen. Und klar, kein Mensch, der seine Kunst
anderen zugänglich macht, sollte so unter seiner Auftrittsangst
leiden, dass sie für ihn unerträglich wird.

Angst kann nämlich zu einer Art Dauereinstellung im Hirn
werden, wenn wir nicht lernen, unseren Stress wieder abzu-
bauen. Man kann die Amygdala mit permanentem Stress und
Sorgen sogar regelrecht trainieren und auf eine äußerst scharfe Wahrnehmung einstellen, in der so ziemlich alles als Stress
empfunden wird, was normalerweise gar nicht der Rede wert
wäre. Das ist der Grund, weshalb man in Stresssituationen oft
ein besonders angespanntes Nervenkostüm hat und leicht aus
der Haut fährt. Unter dauerhaftem Stress wirkt alles bedrohlich
oder problematisch. Auch die eigene Selbstwirksamkeitserwartung leidet, was nichts anderes bedeutet, als dass du das Gefühl
verlierst, überhaupt etwas ausrichten zu können.

Ich glaube, du hast mittlerweile verstanden, wie schlecht
permanenter Stress für deinen Organismus ist. Kommen wir
nun zum entscheidenden Teil des Kapitels: der Auswirkung von
Stress auf deine Kreativität.

Egal, was manche Leute sagen: Übermäßiger negativer
Stress ist pfui für die eigene Kreativität. Ja, Stress verstärkt den
Tunnelblick. Der ist hilfreich, wenn man sich konzentrieren
will, aber tödlich, wenn es um alternative Handlungsoptionen
geht. Denn im Tunnel sieht man nur einen Ausgang. Is klar.
Neue Lösungswege oder andere Sichtweisen existieren nicht.

Es stimmt außerdem, dass ein wenig Zeitdruck die Motivation verstärkt, ins Handeln und Entscheiden zu kommen,
also aus den vielen Möglichkeiten des divergenten Denkens
auszuwählen – gleichzeitig bedeutet zu hoher Zeitdruck aber
auch, dass die Kreativität kaum mehr Möglichkeiten hat, sich
wirklich zu entfalten.

In einer Langzeitstudie der Harvard Business School mit 177 Teilnehmenden aus kreativen Berufen stellte sich heraus, dass zwar viele von ihnen von sich selbst glaubten, sie seien unter Zeitdruck kreativer als sonst, damit aber völlig falschlagen. So wurde festgestellt, dass ein Arbeitstag unter enormem Zeitdruck das kreative Denken beeinträchtigt. Und zwar nicht nur an dem entsprechenden Tag, sondern auch an den darauffolgenden, mitunter sogar noch länger. Der Arbeitsrausch, von dem so mancher nach einem solchen Tag stolz berichtet, führt also offenbar nicht nur zu schlechteren Ergebnissen, sondern darüber hinaus zu so etwas wie kreativen Katerbeschwerden, von denen man sich erst erholen muss, bevor man kreativ wieder aus dem Vollen schöpfen kann.[62]

Chronischer Stress, permanenter Zeitdruck und fehlende Erholungsphasen sind für die Kreativität also wie Kryptonit für Superman. Ein wenig Druck mag die eigene Produktivität erhöhen, nicht aber die Wirksamkeit. Sollte von dir an deinem Arbeitsplatz ein offenes, divergentes, kreatives Denken gefordert sein, kann ich dir demnach nur empfehlen, dir echte Auszeiten zu gönnen und Aufgaben abzugeben. Konzentriertes analytisches Denken korrespondiert im Umkehrschluss viel besser mit Deadlines oder Stress, denn der Tunnelblick wird verstärkt und Störfaktoren von außen ausgeblendet. Allerdings ist auch hier ein Gleichgewicht angebracht – denn wie du weißt, ist andauernder Stress für dich nicht gesund.

Außerdem geht es in diesem Buch um Kreativität und wie sie dich in deinem Leben zufriedener macht! Ich will dich also nicht ermutigen, den Stress in deinem Leben gutzuheißen. Temporär und in Maßen ist er sicher in Ordnung, denn Eustress kann ungeahnte Kräfte in dir entfesseln. Ich kann jedoch nicht oft genug betonen, wie essenziell es für dein inneres Gleichgewicht ist, dich Aktivitäten zu widmen, die deinen Geist entspannen und das diffuse, divergente und offene

Denken ermöglichen. Zu diesen Aktivitäten gehört neben den von mir beschworenen Spaziergängen und kleinen Powernap-Einheiten übrigens auch das kreative Handeln.

In einem der ersten Kapitel habe ich vom Ruhezustandsnetzwerk geschrieben, das vor allem dann aktiv wird, wenn wir nichts tun – oder nicht viel. Mit einem aktivierten Ruhezustandsnetzwerk kommen wir oft auf die besten Ideen. Ein Forschungsteam der Universität Nimwegen hat sich eingehend damit beschäftigt, dass kreative Ideen nicht ohne Ruhephasen entstehen können.[63] Leider bedeutet das nicht, dass du ab jetzt nur noch faul in der Hängematte herumlümmeln sollst, denn entscheidend für wirklich gute Einfälle ist der Wechsel zwischen konzentrierter Arbeit und entspannenden Phasen. Und, ach ja, man weiß leider auch, dass leichte Aktivitäten wie Spazierengehen besser für das Ruhezustandsnetzwerk sind als passives Faulenzen.

Aber wie sorgt Kreativität eigentlich für einen Stressabbau im Gehirn und eine gesunde Psyche? Das hat eine Forschergruppe der Universität von Otago untersucht.[64] Das Team bat 658 Freiwillige darum, zwei Wochen lang ein Tagebuch zu führen, in dem sie die Erfahrungen des Tages und die jeweiligen Stimmungen festhielten. Anschließend wurden die Tagebücher untersucht, und man fand heraus: Testpersonen, die an einem Tag einer kreativen Aktivität nachgegangen waren, waren signifikant glücklicher als an anderen Tagen. Auch waren positive Gefühle für die Kreativität am folgenden Tag förderlich – die Testpersonen fühlten sich noch besser als am Tag zuvor. Die Forschergruppe konnte auf Grundlage der Tagebücher eine regelrechte Aufwärtsspirale beobachten: Die kreativen Aktivitäten steigerten das Wohlbefinden, dieses wirkte sich wiederum auf die kreativen Leistungen des kommenden Tages aus. Übrigens wurden keine professionellen Kreativen, sondern »normale Leute« untersucht, die sich in ihrer Freizeit mit Handarbeiten, Kochen, Musizieren, Schreiben oder Malen beschäftigten.

Mittlerweile weiß man, dass kreative Tätigkeiten nicht nur die Laune heben und Stress lindern, sondern sogar Ängste verringern können. Damit hat auch der Flow zu tun, in den man kommt und in welchem man alles um sich herum, aber auch in sich drin vergisst. Also auch negative Gedanken, Sorgen und Kummer. Nur 45 Minuten kreative Arbeit am Tag vermindern das Stresslevel in Körper und Geist nachhaltig und lassen das Cortisol sinken – und zwar egal, ob Proband:innen kreative Vorerfahrungen hatten oder besonders gut in dem waren, was sie machten.[65] Es heißt sogar, dass kreative Aktivitäten wie eine abstrakte Form des Tagebuchschreibens sind, da negative Gedanken und Gefühle in ihnen verarbeitet und losgelassen werden. Dem Führen eines Tagebuchs (oder neudeutsch »Journaling«) schreibt die Psychologie eine besonders heilende Wirkung zu. Es soll den eigenen Optimismus stärken und die Erfahrungen des Tages psychisch verarbeiten, außerdem hilft das Ritual des Schreibens, den Stress zu reduzieren. Du hast dich möglicherweise schon gefragt, warum so viele Anleitungen zum positiven Tagebuchschreiben aus dem Boden sprießen. Das ist der Hintergrund.

Ein Musterbeispiel unter den kreativen Aktivitäten ist übrigens auch das Singen im Chor. Es soll beruhigend, angstmindernd und heilungsfördernd wirken – und das wurde in Studien belegt.[66] Außerdem ist Singen nachweislich stimmungsaufhellend. Glückshormone wie Endorphin, Serotonin und Dopamin werden ausgeschüttet, Cortisol und Adrenalin hingegen abgebaut. Und Oxytocin wird freigesetzt, das Kuschelhormon. Und zu guter Letzt sorgt Melatonin für besseren Schlaf und verringert das Risiko, an Krebs zu erkranken.[67]

Ich frage dich: Musst du noch mehr erfahren, oder bist du inzwischen überzeugt davon, dass kreative Aktivitäten gut für dich sind? Wann warst du eigentlich das letzte Mal kreativ? Damit meine ich alles, was deine Erfindungsgabe aktiviert hat:

eine besonders einfallsreiche Geschenkverpackung, das Basteln eines Adventskalenders, die Kombination ungewöhnlicher Zutaten in einem Rezept, das Ausmalen eines Mandalas … Egal was! Bei der kreativen Tätigkeit gibt es kein Richtig oder Falsch. Es geht um das Tun, nicht um das Produkt – um den Weg, wenn du so willst, nicht um das Ziel.

—— Übung ——

Finde dich selbst

Weißt du eigentlich, welche Form der Kreativität am besten zu dir passt? Was spricht dich an? Wo willst du dich betätigen? Schreibe dir in einem ersten Schritt auf, was du in deiner Kindheit immer besonders gern gemacht hast – unabhängig davon, ob du gut darin warst oder nicht.

Als Nächstes schreibe dir kreative Bereiche auf, die du interessant findest und die dich reizen.

Überlege nun, was dir im Leben besonders wichtig ist. Es geht in diesem Übungsteil um die drei bis vier Grundwerte, nach denen du lebst. Das können Ordnung und Ruhe, Abwechslung und Freude, Wachstum, Zufriedenheit oder Gelassenheit sein.

Im letzten Schritt ordne die kreativen Bereiche deinen Werten zu. Sicher wirst du feststellen, dass einige Tätigkeiten mehr mit deinen Werten im Einklang stehen als andere. Wenn du vor allem nach Ruhe und Einsamkeit strebst, ist ein Chor vielleicht keine gute Wahl

– denn dort wirst du deine Werte nicht ausleben können. Gleichzeitig könnte aber genau dort das Wachstum liegen, das dir wichtig ist. Von größter Bedeutung
bei der Auswahl einer kreativen Domäne ist, dass sie
dich nicht in Stress versetzt, sondern auf angenehme
Art anregt und motiviert. Such dir also nichts aus, dessen Schwierigkeitsgrad zu hoch ist. Wie du weißt, sollte ein kreatives Hobby weder zu leicht noch zu schwer
zu erlernen sein, dich weder unter- noch überfordern,
sondern deine vorhandenen Fähigkeiten und Interessen nutzen, um dich wachsen zu lassen.

Ich weiß, wie schwer es sein kann, sich auf etwas Neues einzulassen. Der innere Kritiker ist schließlich nie weit. Er flüstert
dir ein, dass du mit deinen zwei linken Händen doch nicht
ernsthaft auf die Idee kommen kannst, ein Bild zu malen, oder?
Manchmal braucht es auch keinen inneren Kritiker, weil die
Kritiker in deinem Umfeld seine Rolle einnehmen. Ich kannte
mal eine Frau, nennen wir sie Erna, die beschloss mit Mitte
fünfzig, endlich Leinwände, Ölfarben und Pinsel zu kaufen und
mit dem Malen anzufangen. Jahrelang hatte sie eine Freundin,
Ulla, die großartige Bilder produzierte, um ihr Talent beneidet,
und nun war es so weit: Erna wollte selbst ran. Unterstützt von
Ulla, legte sie sich eine Grundausstattung von Malutensilien zu.
Die beiden Frauen buchten einen gemeinsamen Urlaub in der
Normandie, wo Ulla Erna ein paar Grundtechniken beibrachte
und ihr die Angst vor dem eigenen Scheitern nahm.

Erna malte ohne Unterlass und kam wie berauscht zurück
nach Hause. Dort zeigte sie ihrem Ehemann Otto die Bilder,
auf die sie so stolz war. Errätst du, was passierte? Er fing an zu
lachen. Dann klopfte er seiner Frau auf die Schulter, schüttelte

den Kopf und sagte: »Das hängen wir mal lieber in der Gästetoilette auf, dann müssen wir es nicht jeden Tag sehen.« Diese Geschichte endet traurig, denn Erna hat nach dieser Erfahrung nie wieder zu Pinsel und Leinwand gegriffen – allen Beteuerungen ihrer restlichen Familie zum Trotz, die Bilder seien gut und würden gefallen. Doch die Kritik von der Person, die ihr am nächsten stand, war zu vernichtend ausgefallen, als dass Erna noch einmal einen Versuch gewagt hätte. Danke, Otto!

Du weißt mittlerweile, dass ein negatives Mindset deiner Kreativität nicht förderlich ist. Auch Kritiker:innen, die nicht wissen, dass Kritik immer konstruktiv sein sollte, Energieräuber und andere negative Menschen darfst du großzügig aussortieren. Vielleicht nicht ganz aus deinem Leben, zumindest aber aus deinem kreativen Umfeld. Von diesen Personen hast du nichts. Sie geben dir nichts, sie lähmen dich lediglich und verstärken deinen Stress.

Such dir stattdessen Gleichgesinnte oder Menschen, die dich unterstützen. Ehrliches Feedback ist unbezahlbar, genau deswegen war Ernas Idee, mit Ulla in den Malurlaub zu fahren, auch so gut. Die Freundin motivierte und respektierte sie – im Gegensatz zu ihrem Ehemann, der sie klein machte und verspottete. Achte bei deinen kreativen Aktivitäten darauf, von Menschen umgeben zu sein, die ihre Kritik positiv formulieren, dir Tipps und Ratschläge geben, anstatt dich zu verurteilen. Vielleicht hilft es dir, wenn du dir deine Kreativität wie ein zartes Blümchen vorstellst, das du an einem geschützten Ort pflanzen solltest, wo der Rasenmäher nicht hinkommt. Denn wo die Rasenmäher wohnen, haben es die Blümchen immer schwer!

Und komm bitte nicht auf die Idee, deine Bemühungen einzustellen und mit der kreativen Aktivität aufzuhören wie Erna mit ihrer Malerei. Es ist wichtig, deine eigene Kreativität auszuleben, da sie ansonsten zu negativen Gefühlen führen kann. Manche Forscher:innen meinen sogar, ungenutzte, nicht gelebte Kreativität sei gefährlich und schädigend für die mentale Gesundheit. Die amerikanische Sozialforscherin Brené Brown sagt jedenfalls: »Ungenutzte Kreativität ist gefährlich. Sie verwandelt sich in Trauer, Verurteilung und Wut. Sie ist wie Gift.«[68]

Vielleicht gibt es auch in deinem Leben einen Otto, der deine kreativen Aktivitäten im besten Fall milde belächelt, im schlimmsten Fall verspottet. Möglicherweise brauchst du diesen Kritiker gar nicht, da deine innere Stimme allein schon gehässig genug ist. In der nächsten Übung verrate ich dir einige positive Sätze, sogenannte Affirmationen, die du dir selbst immer wieder sagen kannst, um dich mental zu stärken – gegen Angriffe von außen wie von innen. Denn Kritik ist wie Stress: Sie kommt einfach, ob du es willst oder nicht. Mach dir klar, dass du für dich kreativ bist, nicht für andere. Es tut dir gut, das Urteil deines Umfelds ist erst mal nebensächlich.

—— ÜBUNG ——
Positives Selbstgespräch

Am Anfang fühlt es sich bestimmt etwas merkwürdig an, die folgenden Sätze laut auszusprechen. Du kannst sie stattdessen aufschreiben oder stumm im Geist wiederholen. Natürlich kannst du auch andere Sätze verwenden, die dich bestärken und dabei helfen, deine Zweifel zu zerstreuen.

• Ich erlaube mir, kreativ zu sein.

• Ich akzeptiere meine Kreativität als Teil meiner Persönlichkeit.

- Ich nehme mir Zeit für mich selbst.

- Ich habe alles, was ich brauche.

- Ich erfreue mich an der kreativen Betätigung.

Es gibt unzählige Gründe, warum Menschen ihre Kreativität nicht ausleben. Die meisten behaupten, keine Zeit dafür zu haben – ich bin aber der Meinung, dass deine geistige und deine körperliche Gesundheit wichtiger sind als dein voller Kalender. Keiner erwartet von dir, dass du einen Roman schreibst oder eine Oper komponierst. Aber etwas Zeit am Tag, die du nicht vor dem Fernseher, am Handy oder mit irgendeinem anderen ablenkenden Medium verbringst, sollte drin sein, denkst du nicht auch?

Auch das Argument, dass du nicht gut genug bist, lasse ich nicht gelten. Ich frage dich stattdessen: gut genug wofür? Deine hohen Ansprüche sind, besonders in der Anfangsphase, vollkommen unnötig. Mach dich locker! Es geht nur um die Freude am Tun und um deine Zerstreuung. Wenn du erst mal etwas Übung hast, wirst du realistisch einschätzen können, wie weit deine Fähigkeiten reichen. Gib dir Zeit – und deiner Kreativität. Wenn du sie jahrelang nicht benutzt hast, kann es sein, dass sie sich erst nach ein paar Stunden Übung wieder zeigt.

Und deine Angst vor dem Scheitern darfst du den Hasen geben. Wirklich, die brauchst du nicht. Angst ist hier, wie so oft, ein schlechter Berater. Sie lähmt dich und verhindert, dass du über dich hinauswächst. Solltest du tatsächlich nicht das schaffen, was du dir vorgenommen hast, ist das auch kein Beinbruch. Fang einfach noch einmal von vorn an, oder wende dich einstweilen einem anderen kreativen Bereich zu und versuche es später noch einmal.

Vielleicht weißt du aber auch einfach nicht, wie du vorgehen sollst. Das ist ein Zweifel, den ich schnell zerstreuen kann, denn meine Antwort lautet: Indem du den ersten Schritt machst. Komm ins Tun! Du kannst dir auch Hilfe in Form eines erfahrenen Kreativen oder eines Seminars oder Workshops suchen. Volkshochschulen bieten jedes Jahr unzählige Kurse an, in denen man so ziemlich jedes kreative Handwerk von A wie Acrylmalerei bis Z wie Zumba ausprobieren kann. Diese Kurse kosten häufig nicht viel, falls du das Argument anbringen wolltest, für dein Hobby nicht viel Geld ausgeben zu wollen. Aber die Gemeinschaft von Gleichgesinnten unter Anleitung eines Profis oder Lehrers wird deine Kreativität ganz sicher beflügeln.

Es gibt also keine guten Gründe, warum du nicht gleich heute damit beginnen solltest, deiner Kreativität freien Lauf zu lassen.

Der einzige Grund, der dich tatsächlich von etwas abhalten könnte, liest in diesem Moment ein Buch über Kreativität. Genau: Du bist gemeint. Solltest du nämlich zu verbissen dein Ziel erreichen wollen, wirst du dir und deinem kreativen Schaffen keinen Gefallen tun. Auch wenn du dich ständig mit anderen vergleichst, die schon weiter sind als du, sorgst du zuverlässig dafür, dass bei dir bald nichts mehr geht. Und dabei ist es egal, ob es um Anne-Sophie Mutter auf der Geige oder Oma Gisela an den Stricknadeln geht. Vorbilder sind gut, aber Vergleiche sind Mumpitz. Die entmutigen dich nur – und Mut wirst du brauchen. Auch eine gewisse Portion Durchhaltevermögen. Wenn Tolkien aufgehört hätte zu schreiben, als ihm klar wurde, dass er die elbische Sprache erfinden muss, wären wir niemals in den Genuss von »Der Herr der Ringe« gekommen. Kreativität braucht Zeit. Natürlich ist die Vorstellung verführerisch, dass wir auf einen Knopf drücken oder einfach ein Programm einspielen können und es damit im Handumdrehen zu wahrer

Meisterschaft bringen. Aber wir haben ja gelernt, dass es nicht auf das Ergebnis, sondern auf den Weg dorthin ankommt. Wieso solltest du also eine Abkürzung nehmen wollen?

Auch deinen Perfektionismus darfst du in die Besenkammer sperren. Den kannst du bei deiner Steuererklärung oder beim Abzählen von Zahnstochern gern hervorholen, ansonsten steht er dir nur im Weg. Mach dir klar, dass es ein perfektes kreatives Artefakt gar nicht gibt. Selbst ein Jahrhundertwerk wie »Krieg und Frieden« wimmelt von Fehlern, und wenn man Coco Chanel heute fragen würde, hätte sie bestimmt auch ein paar andere Ideen für ihre Designs. Kunst und Kreatives sind immer Momentaufnahmen. Sie zeigen, was in diesem Moment in dir gesteckt hat. Mehr nicht. Mach dich deswegen nicht fertig. Wir lernen schließlich aus unseren Fehlern – sie machen uns besser. Jedes Mal, wenn du also ein vollkommen ungenießbares Rezept erfunden oder ein Futterhäuschen so krumm und schepp zusammengebaut hast, dass die Meisen dir einen Vogel zeigen, freu dich! Denn jetzt weißt du, was du beim nächsten Mal anders machen darfst.

Der wichtigste Faktor, um die eigene Kreativität nicht nur kennenzulernen, sondern ins Fließen zu bringen, ist deine innere Haltung zu ihr. Versuche, so offen und positiv wie möglich eingestellt zu sein. Ja, das ist nicht immer leicht. Aber hey, du hast doch schon ganz andere Sachen geschafft, an die du nie geglaubt hättest. Erinnerst du dich an deine erste Autofahrstunde? Wie unbeholfen hast du die Füße auf Gas- und Bremspedal bewegt, und dann auch noch das Schalten, Blinken, der Schulterblick … Heute musst du dir deswegen keine Gedanken mehr machen. Es funktioniert einfach. Auch beim Laufenlernen hast du dich als Kleinkind mehrere Hundert Male auf den Allerwertesten gesetzt, bevor es endlich einigermaßen klappte. Und jetzt kannst du es trotzdem. Also sei nachsichtig mit dir und gib den Dingen Zeit. Hauptsache, du legst los!

Du hast nun viel über den Einfluss von Stress auf dein Gehirn und deinen Körper, aber auch auf deine Kreativität erfahren – und wie wunderbar sich kreative Aktivitäten als stressmindernde Faktoren auf dein Wohlbefinden auswirken. Ich möchte die wichtigsten Punkte des Kapitels noch einmal für dich zusammenfassen.

Werde kreativ – egal in welchem Bereich! Natürlich wird es, besonders wenn du sehr unter Stress stehst, eine Weile dauern, bis du in die echte Produktivität oder sogar in den Flow kommst. Aber das macht nichts. Es geht darum, den ersten Schritt zu machen, in welcher Domäne, ist dabei egal. Wenn es dir am Anfang leichter fällt, dich mit dem Erfinden von Strickmustern oder dem Entwickeln neuer Kochrezepte zu beschäftigen, fang damit an. Du kannst dich der Domäne, in der du dich eigentlich betätigen willst, auch nach und nach annähern und von den positiven Auswirkungen deiner anderen kreativen Handlungen zehren.

Tu das, was dich glücklich macht! Denn ein positiv eingestelltes Gehirn ist kreativer als ein negativ eingestelltes. Glückshormone helfen dir, in die richtige Spur zu kommen. Dabei darfst du zu fast jedem Mittel greifen. Ein Wochenende im Grünen? Ein tolles Konzert? Ein Abendessen im Kerzenlicht? Eine Wellnessmassage? Alles, was dir hilft, deinen Körper zu entspannen und in Glückseligkeit zu versetzen, hilft auch deiner Kreativität. Halte Ausschau nach deinen Kraftquellen! Schuldgefühle sind hier vollkommen fehl am Platz. Du musst dich nicht schlecht fühlen, weil du dir etwas gönnst, und den Abwasch kannst du auch morgen erledigen. Schau vor allem am Ende eines stressigen Tages in den Spiegel und frage dich: Was kann ich tun, um mich heute glücklich zu machen? Und dann leg los.

Sorge für regelmäßige Entspannung! Am besten täglich. Yoga, Tai-Chi, Meditation, Sport, Tanz, Tagebuchschreiben, Ausmalbücher, Puzzeln … Was auch immer du tust, um deinen

Geist zu zerstreuen, tu es, sooft du Gelegenheit dazu hast. Falls nötig, schaffe Gelegenheiten.

Setz dich in Bewegung! Das ist der beste Stresskiller, den es gibt, und es ist wirklich egal, was du machst. Kickboxen, Joggen, Spazierengehen, Rollschuhlaufen, Badminton, Wandern … nicht nur dein Körper, auch dein Hirn wird es dir danken. Du musst ja nicht gleich einen Marathon laufen – denn körperliche Ertüchtigung, die dich stresst, ist nicht hilfreich.

Praktiziere *digital detox*! Keiner hört es gern, aber jeder weiß es: Soziale Medien sind natürliche Feinde deiner Kreativität und Ausgeglichenheit. Sie bringen dich aus dem Rhythmus, lenken dich ab und laden dich andauernd dazu ein, dich zu vergleichen. Wenn dein Handy alle drei Minuten pingt, klingelt oder vibriert, kannst du dir den Flow außerdem in die Haare schmieren. Also schalte alles ab, was dich von deiner eigentlichen Aufgabe ablenkt. Ja, auch dein Handy. Vor allem dein Handy! Ich weiß, dein Wunsch ist groß, das, was du produziert hast, sofort der Welt zu zeigen. Damit begibst du dich aber sehenden Auges in die Bewertungsfalle und darfst dich nicht wundern, wenn du kritisiert wirst oder die Likes ausbleiben. Bevor du dich also ans Klavier, vor die Leinwand oder an einen Webstuhl setzt, frage dich: Für wen mache ich das? Für mich oder für Instagram?

6

ACHTSAMKEIT

DIE KRAFT DES HIER UND JETZT

Wir haben im letzten Kapitel erfahren, dass Stress Kreativität sowohl positiv als auch negativ beeinflussen kann. In diesem Kapitel befassen wir uns nun mit der Achtsamkeit. Sicher ist dir dieser Begriff schon einmal begegnet – möglicherweise schon ein paarmal zu häufig, und du verdrehst gerade genervt die Augen. Das liegt unter anderem daran, dass die westliche Welt das Konzept der Achtsamkeit in den letzten Jahren begierig aufgegriffen und beinahe inflationär verwendet hat. Achtsamkeit, auf Englisch *mindfulness*, ist jedoch viel älter als Yogastudios und Instagram-Coachings. Sie hat ihren Ursprung im Buddhismus und stellt ein zentrales Prinzip fernöstlicher Lehren dar. Es finden sich seit 2500 Jahren verschiedene Ausprägungen der Achtsamkeit. Ihr Ursprung dürfte aber noch viel weiter zurückliegen.

Im westlichen Kontext erlangte der Begriff Achtsamkeit im Zusammenhang mit der Psychoanalyse und der Gestalttherapie Aufmerksamkeit. Seit den 1970er-Jahren entwickelte sich das psychotherapeutische Interesse an diesem Konstrukt kontinuierlich weiter. Was du heute in jeder Buchhandlung entdecken kannst, ist nicht nur ein kurzer Hype, sondern hat eine ganz schön lange Vergangenheit.

Verschiedene Studien belegen, dass praktizierte Achtsamkeit förderlich für die Kreativität ist. Kreative Arbeit wiederum kann meditativ und somit achtsamkeitsfördernd sein. Kurz gesagt: Kreativität macht achtsamer, und Achtsamkeit macht kreativer.[69] Genau deshalb lohnt es sich für uns, die Achtsamkeit und insbesondere ihre Wechselwirkung mit der Kreativität einmal genauer zu betrachten.

Mit einer achtsamen Haltung – und insbesondere mit Meditation – kam ich erstmals auf einer Reise nach Indien in Berührung. Den Bezug zur Kreativität konnte ich dann 2009 in New York im Rahmen einer Pressekonferenz der Jazzlegende Herbie Hancock herstellen. Der Beginn der Konferenz, die direkt am Central Park stattfand, verzögerte sich, und alle Beteiligten waren sichtlich angespannt. Bis zu dem Zeitpunkt, als Herbie den Raum betrat. Ich hatte schon einige Kreative kennengelernt, aber ihn umgab eine außergewöhnlich ruhige und positive Aura. Auf die Frage, wie es ihm gehe, meinte er nur: »Gut, ich habe schließlich gerade noch meditiert!«

Am nächsten Tag, bei seiner privaten Geburtstagsfeier, zu der er meine Kollegin und mich kurzerhand eingeladen hatte, erklärte er uns mehr über seinen Bezug zu Meditation und Achtsamkeit. Herbie Hancock war im Übrigen 2014 Professor für Poesie an der Harvard-Universität, wo er ebenfalls über die Verbindung von Buddhismus und Kreativität lehrte. Auch im Netz findet man viele interessante Interviews und Vorträge von ihm zu diesen Themen.[70]

Unser spannendes Gespräch war für mich der Auslöser, zu diesem damals noch exotischen Thema zu forschen. Unter anderem erfuhr ich, dass gerade in der Jazzmusik eine achtsame Haltung extrem hilfreich sein kann, wenn es darum geht, sich in der Improvisation mit anderen Musiker:innen zu verbinden.

Das konnten mir viele Jazzkünstler:innen im Nachhinein bestätigen.

Aber nicht nur im Jazz nutzen Kreative Achtsamkeit. Auch andere kreative Disziplinen machen davon Gebrauch. An manchen Schauspielschulen steht beispielsweise die Achtsamkeit für eigene Emotionen im Mittelpunkt. Viele berühmte Kreative sehen Meditation als einen zentralen Faktor für ihre Schaffenskraft: David Lynch, Paul McCartney, Katy Perry, Jerry Seinfeld, Albert Einstein, Hugh Jackman, Steve Jobs und sogar Chuck Norris. Die Liste ließe sich endlos fortsetzen. Und auch für Unternehmen wie Google oder SAP gilt: Meditation steht längst auf der Tagesordnung.

Aber was ist Achtsamkeit überhaupt? Unter Achtsamkeit versteht man einen geistigen Zustand, in dem man hellwach und nur im Hier und Jetzt ist. Alles, was innerlich oder äußerlich auftaucht, wird wahrgenommen, ohne dass man es bewertet. Aber Vorsicht, wir haben ja bereits im zweiten Kapitel gelernt: Unser Gehirn denkt immer. Es kann nicht anders – das ist sein Job. Achtsamkeit bedeutet nun, die eigenen Gedanken oder Gefühle wahrzunehmen, ihnen in diesem Moment jedoch keine Bedeutung zuzuschreiben. Es geht einzig und allein um das Sein im gegenwärtigen Moment, das Sicheinlassen auf das, was ist. Du kannst dir das so vorstellen, als würdest du dich in einem Kinosessel zurücklehnen und neutral beobachten, wie deine Gedanken auf der Leinwand vorüberziehen.

Achtsamkeit ist nach Jon Kabat-Zinn, dessen Theorie ich dir später noch genauer vorstellen werde, eine

1. auf den gegenwärtigen Moment bezogene

2. absichtsvolle und

3. nicht wertende Haltung.[71]

Schön und gut. Aber was hat diese Achtsamkeit mit deiner eigenen Kreativität zu tun?

Sie verhilft dir, zum Beispiel in Form der sogenannten Open-Monitoring-Meditation, zu einer unvoreingenommenen Wahrnehmung der Umwelt. Und das fördert unter anderem dein divergentes Denken, das für die Kreativität unabdingbar ist.[72]

Wenn du selbst schon einmal ein Bild gemalt, eine Skulptur bearbeitet oder einen Text geschrieben hast, ist dir bestimmt aufgefallen, dass es gar nicht so leicht ist, die Stimmen im Kopf auszuschalten, die alle naselang bewerten und begutachten. »Ist das schön?« »Kannst du das nicht besser?« »Wieso willst du eigentlich ein Bild malen?« Jeder, der schon einmal kreativ war, kennt das. Man denkt kaputt, was gerade erst im Entstehen ist, legt viel zu hohe Maßstäbe an, und am Ende des Tages hat die kreative Arbeit nicht zufriedengestellt, sondern unglücklich gemacht.

Wer sich regelmäßig in Achtsamkeit trainiert, lernt, einen anderen Blickwinkel auf die Dinge einzunehmen. Das funktioniert im Alltäglichen wie auch im Besonderen. Ziel achtsamkeitsfördernder Übungen ist es, in die Rolle eines neutralen, wertfreien Beobachters zu gelangen. Klingt einfach, ist es aber nicht. Denn den lieben langen Tag wird unser Organismus von Gefühlen geflutet, insbesondere dann, wenn wir unter Stress stehen. Stress ist für unsere Gefühle so etwas wie ein Multiplikator: Alles wird noch enttäuschender, schlimmer oder frustrierender. Der Körper befindet sich in einem permanenten Alarmzustand, welcher jedwedes Gefühl verstärkt, das in unserem Gehirn entsteht.

Achtsamkeit arbeitet genau diesem Gefühlsdrama entgegen. Sie gibt uns die Möglichkeit, eine Situation zunächst einmal wertfrei wahrzunehmen, anstatt sofort den Hormoncocktail zu mixen, der uns in die nächste Krise stürzt. Wer sich ein wenig mit Achtsamkeit beschäftigt und ab und zu kleine Übungen dazu macht, merkt schnell, dass er in schwierigen Situationen im Alltag entspannter bleibt. Ein leichter Auffahrunfall löst dann keinen Nervenzusammenbruch mehr aus, sondern wird von uns als das zur Kenntnis genommen, was er de facto ist: ein Blechschaden. Um den Rest kümmert sich die Versicherung.

Natürlich gelingt das nicht immer, und man wird auch nicht achtsam, nur weil man morgens zweimal bewusst durch das linke Nasenloch geatmet hat. Dennoch lohnt es sich, die Geisteshaltung der Akzeptanz von Zeit zu Zeit zu trainieren, um so stärker in die eigene Mitte zu kommen und dadurch ausgeglichener durchs Leben zu gehen. Wie du bereits erfahren hast: Wir sind häufig gestresst – sehr, sehr häufig, viel häufiger, als es unserem Organismus guttut. Den ganzen Tag werden wir von Informationen, Nachrichten und Bildern überschwemmt, wir sind ständig auf Achse, stets unter Termin- und Zeitdruck, erleben hohe Anforderungen im Arbeitsleben und im Privaten. Aufstehen, Kinder wecken, Frühstück machen, ab zur Kita, den letzten Parkplatz vor dem Büro ergattern, gerade noch rechtzeitig rein ins Meeting, danach drei Anrufe in Abwesenheit auf dem Handy, 124 neue Mails, Mittagspause, noch ein Meeting, und dann ist es auch schon wieder Zeit, zum Sport, zum Kindergarten oder zum Friseur aufzubrechen, einmal quer durch die Stadt in der Rushhour, die Nerven liegen blank, die Kleine hat ein aufgeschlagenes Knie und heult auf dem Rücksitz, rein in den Supermarkt, zu Hause schnell was zu essen machen, noch eine Ladung Wäsche waschen, die letzte Mail schreiben, und dann, *endlich*, sinken wir auf die Couch, legen die Beine hoch, atmen tief durch und fragen uns: »Ist das das erste Mal am heutigen Tag, dass ich nichts zu tun habe?«

Kein Wunder, dass Burn-out-Erkrankungen immer häufiger werden, dass sich der Einzelne immer gestresster fühlt. Das kann dazu führen, dass uns irgendwann selbst die einfachsten Dinge überfordern. Zum Beispiel ein gutes Buch zu lesen. Einen Nachmittag lang gar nichts zu tun. Oder sich auf eine Aufgabe zu konzentrieren.

Aber was soll Achtsamkeit an diesem proppenvollen Tagesablauf, bitte schön, ändern? Immerhin beseitigt das nicht die Ursache für den Stress – denn der kommende Tag wird ja wieder genauso turbulent. Oder?

Stimmt. Allerdings weiß man mittlerweile, dass das Gehirn kein Betonklumpen ist, sondern formbar. Du erinnerst dich bestimmt an das Wort und seine Bedeutung: Neuroplastizität. Die Fähigkeit unserer grauen Zellen, sich umzuformen – und zwar egal in welchem Alter.

Der Neuropsychologe Rick Hanson hat darauf hingewiesen, dass wir seit der Steinzeit eine Tendenz zum Negativfokus haben, um uns vor Gefahren zu schützen.[73] Durch die Konzentration auf Positives können wir das dadurch entstandene Ungleichgewicht kompensieren und unser Gehirn hin zu Zufriedenheit und innerer Stärke trainieren. Das gilt für Denkmuster, Gewohnheiten, aber auch für die eigene Wahrnehmung. Wir neigen dazu, alles um uns herum als statisch zu verstehen: war so, ist so, wird immer so bleiben. Das gilt vor allem für die Vorstellung unseres Selbst. Wenn wir uns selbst beschreiben, benutzen wir oft Formulierungen wie »Ich bin ein Mensch, der …«, oder wir sagen schlicht: »Ich bin halt so.« Was so viel heißt wie: wird sich leider nicht mehr ändern.

Dass wir beziehungsweise unser Gehirn sich jedoch immer wieder ändern können, zeigt uns allein der Liebeskummer, den wir alle schon einmal erlebt haben. Wenn eine Beziehung entsteht, baut das Gehirn neuronale Brücken auf, die sich aus Gefühlen, Erlebnissen und Erinnerungen speisen. Ist man dann wieder Single, müssen diese Brücken mühsam wieder abgebaut werden – das dauert, und das tut weh. Aber es funktioniert in der Regel. Wir kommen über den Verlust, die Enttäuschung und den Herzschmerz hinweg, eben *weil* unser Gehirn permanenter Veränderung unterliegt. Das ist der Grund, warum Raucher:innen zu Nichtraucher:innen werden können, warum wir Sprachen, die wir einmal hervorragend gesprochen haben, vergessen und weshalb wir nicht mehr in Tränen ausbrechen, wenn wir an unsere erste große Liebe denken.

Wir lernen also: Das Gehirn ist wandelbar – und damit auch unsere Gefühle. Unsere Wahrnehmung ist selektiv, und da sie von wandelbaren Faktoren beeinflusst wird, kann auch sie sich verändern. Wie du bei unserer Betrachtung des Gehirns erfahren hast, wird jeder Augenblick mit bereits Erlebtem abgeglichen. Was uns widerfahren ist, beeinflusst also, wie wir wahrnehmen. Da wir jeden Tag neue Dinge erleben und lernen, ist auch unsere Wahrnehmung ständig im Wandel. Genau hier kommt das Achtsamkeitstraining ins Spiel. Sind wir nämlich in der Lage, durch eine neue, aufmerksame, akzeptierende, nichtbewertende Perspektive auf das zu blicken, was uns widerfährt, ändert sich auch unsere Sicht auf die Welt. Im besten Fall rasten wir bei dem Auffahrunfall nicht mehr aus, schnauzen unseren Partner nicht wegen Kleinigkeiten an und reagieren gelassener, wenn uns die Vorgesetzte mal wieder eine Sonderaufgabe aufbrummt.

Wie du weißt, neigt das Gehirn zur Negativtendenz, das heißt, es wittert überall Katastrophen. Dank Achtsamkeit kreisen unsere Gedanken aber weniger ums Negative. Wir sind fürsorglicher mit uns selbst. Weil wir gelernt haben, nicht zu bewerten, sondern nur anzuerkennen, was ist. Im Lauf der Zeit verändert sich damit auch das, was wir als »normal« bezeichnen. Unser Gehirn hat neue Neuronenbrücken gebaut, die uns erlauben, unserer Welt, aber auch uns selbst aus einer neuen Perspektive zu betrachten.

Das alles ermöglichen verschiedene Achtsamkeitsmeditationen. Wenn du magst, kannst du bei nächster Gelegenheit damit loslegen, man kann seine Achtsamkeit nämlich fast überall trainieren. Okay, falls du gerade am Straßenverkehr oder einem Messerwerf-Workshop teilnimmst, wäre es besser, deine erste kleine Meditation erst später zu starten.

Ich empfehle dir, dich an einen ruhigen Ort zurückzuziehen und eine bequeme Position einzunehmen. Es ist wichtig, dass du zwischendurch nicht gestört wirst. Eine Meditation ist eine Übung. Mal wird sie besser gelingen, mal schlechter. Wichtig ist nur, dass du dir wirklich Zeit nimmst und dich nicht unter Druck setzt. Sobald du meditierst, werden die Gedanken in deinem Kopf möglicherweise unglaublich laut. Das ist normal – denn dein Kopf ist zum Denken da! Meditieren bedeutet nicht, keine Gedanken zu haben, sondern sie zuzulassen, wahrzunehmen und bewusst vorüberziehen zu lassen, bis der Geist sich nach und nach auf das Wesentliche konzentriert. Die erste Meditation wird für dich vielleicht ein wenig wie deine erste Stunde in der Fahrschule sein: Du fühlst dich überfordert und gestresst und fragst dich, wie überhaupt irgendjemand irgendwann einmal den Führerschein machen konnte. Heute kannst du in drei Zügen einparken und auch bei schlechten Sichtverhältnissen die Verkehrslage einschätzen. Du hast Routine bekommen. Wenn du regelmäßig meditierst, wird es dir bald genauso leichtfallen wie das Autofahren, versprochen!

An dieser Stelle möchte ich dich dazu einladen, dir bewusst zu machen, dass Meditation keinem Ziel folgt. Es geht also nicht darum, der Beste oder die Schnellste darin zu werden. Ich hatte zum Beispiel eine Kollegin, bei der genau das passierte: Ihr proppenvoller Kalender ließ lediglich eine Meditation um vier Uhr morgens zu. Dieser zusätzliche Termin löste allerdings noch mehr Stress in ihr aus, und das Konzept war schon nach zwei Wochen wieder verworfen. So sollte es nicht sein. Folge also bitte keinen Optimierungsgedanken. Vergiss sie am besten ganz schnell. Finde vielmehr heraus, was dir persönlich guttut.

Die Regisseurin Maren Ade hat mir erzählt, dass Meditieren sie manchmal eher anstrengt, weil es ihr zu intensiv ist – oder sie noch nicht die richtige Technik für sich gefunden hat. Anstelle einer Meditation hört sie viel Musik und sorgt so für eine angenehme »Leere im Kopf«.

—— Übung ——

Achtsamkeitsmeditation

Fangen wir mit einer einfachen Meditation an. Suche einen Ort auf, an dem du dich wohlfühlst und für wenigstens fünfzehn Minuten Ruhe findest. Du kannst sitzen, stehen oder liegen, wie es für dich am besten ist, auf einer weichen oder harten Unterlage. Du kannst die Augen offen lassen, halb oder ganz schließen, alles ist erlaubt. Allerdings ist es mit geschlossenen Augen am Anfang einfacher, da dich weniger Eindrücke von außen ablenken.

Atme bewusst durch die Nase ein und aus. Konzentriere dich auf die Atmung, ohne sie zu verändern. Fang an, deine langsamen, ruhigen Atemzüge zu zählen.

Eins. Ein und aus.
Zwei. Ein und aus.
Drei. Ein und aus.

Konzentriere dich auf das Hier und Jetzt.

Spüre, wie sich dein Brustkorb hebt und senkt, wenn du ein- und ausatmest.

Wenn ein Gedanke in deinen Geist kommt, nimm ihn wahr und erkenne ihn an.

Wende deine Aufmerksamkeit dann wieder deiner Atmung zu. Fang einfach wieder an zu zählen.

Eins. Ein und aus.
Zwei. Ein und aus.
Drei. Ein und aus.

Wird dein Gedankenstrom ruhiger? Kehrt langsam eine innere Ruhe in dir ein? Genieße den Augenblick! Dieser Moment im Hier und Jetzt gehört dir ganz allein. Bleibe so lange sitzen oder liegen, wie du magst.

Wenn du bereit bist, öffne langsam die Augen. Du darfst dich recken und strecken, bleib aber noch eine Minute sitzen und entspanne.

Spür doch mal in dich hinein: Wie geht es dir nach deiner ersten Meditation? Fühlt sich irgendetwas anders an? Sei stolz auf dich, dass du dir Zeit für dich genommen hast.

———————

Tadaa! Du hast deine erste kleine Achtsamkeitsmeditation erfolgreich hinter dich gebracht. Ich kann mir vorstellen, dass du es am Anfang für die leichteste Sache der Welt gehalten hast. »Hinsetzen und nichts tun – und ich werde ein entspannterer Mensch. Läuft bei mir.« Leider ist es nicht ganz so einfach, wie du sicherlich eben selbst bemerkt hast. Bestimmt hast du festgestellt, dass deine Gedanken kleine Biester sind. Sie drängen sich in dein Bewusstsein und versuchen, dich von deinem eigentlichen Ziel, dem Nicht-denken, abzulenken. Willst du nach ihnen greifen, schlüpfen sie zwischen deinen mentalen Fingern hindurch. Es erfordert also eine gewisse Disziplin, Achtsamkeit zu trainieren.

Au weia. Also kommst du um die Meditation nicht herum. Oder? Glücklicherweise gibt es auch andere Praktiken, um die Achtsamkeit zu trainieren. Wem das stille Sitzen und bloße Wahrnehmen zu langweilig oder anstrengend ist, der kann es mal mit Tanzen, Kunst oder Musik versuchen. Sicher ist es dir aufgefallen: Es handelt sich dabei um Tätigkeiten, bei welchen die Kreativität gefragt ist.

Und falls es dich tröstet: Du bist mit deinen schwadronierenden Gedanken bei der Meditation in allerbester Gesellschaft. Eine Studie von Matthew Killingsworth und Daniel Gilbert aus dem Jahr 2010[74] fand nämlich heraus, dass fast fünfzig Prozent der Befragten ein Wandern ihrer Gedanken beobachteten, während sie eigentlich geistig im Hier und Jetzt sein wollten. Stattdessen beschäftigten sie sich mit der Zukunft oder der Vergangenheit. Dranbleiben lohnt sich aber! Denn in der Studie wurde außerdem die aktuelle Gefühlslage der Testpersonen abgefragt. Es kam heraus, dass sich diejenigen, die ihre Gedanken auf die Gegenwart lenken konnten, glücklicher fühlten als diejenigen, deren Gedanken ständig in das Vergangene oder das Zukünftige abdrifteten. Dabei war vollkommen egal, ob diese Gedanken angenehm oder unangenehm waren. Die Forscher kamen zu dem Schluss, dass wir Glück empfinden, wenn wir voll und ganz bei der Sache sind.

Das jedoch sind wir sehr viel seltener am Tag, als wir annehmen. Unser Gehirn ist nämlich auf Effizienz ausgelegt. Es versucht, möglichst viele Prozesse ins Unbewusste zu verschieben, um Kapazitäten freizukriegen. Das bemerkst du am deutlichsten, wenn du deiner Morgenroutine folgst. Aufstehen, duschen, Zähne putzen, anziehen, Kaffee machen, Frühstück richten. Wo bist du in dieser Zeit mit deinen Gedanken? Ich wette, überall, aber nicht im Hier und Jetzt. Stattdessen hat der Autopilot die Kontrolle übernommen. Damit ist ein Zustand gemeint, in dem dein Gehirn auf äußere und innere Reize automatisch reagiert. Der Autopilot ist ein absolut unbewusster Mechanismus, der stoisch eingeschliffenen Verhaltens- und Denkmustern folgt.

Das bedeutet, dass du am Morgen und im verschlafenen Zustand in der Regel nicht deine kühnsten Baristafähigkeiten herausholst, sondern deine Hände wie von Geisterhand all die Tätigkeiten ausführen, die du jeden Tag um diese Uhrzeit tust. Auch beim Autofahren übernimmt sehr häufig der Autopilot, genauso bei rhythmischen, sich wiederholenden Tätigkeiten wie dem Stricken oder dem Anmalen einer Wand. Unser Bewusstsein ist ausgeschaltet. Manchmal kommt es vor, dass wir in diesem nahezu hypnotischen Zustand einen Weg entlanglaufen, den wir gar nicht gehen wollten. Schaltet sich unsere bewusste Aufmerksamkeit wieder an, sind wir überrascht, wo wir gelandet sind – oder wie wir die letzten fünfundzwanzig Kilometer auf der Autobahn hinter uns gebracht haben, an die wir uns gar nicht erinnern können.

Der Autopilot ist per se nichts Schlechtes, denn er nimmt uns viele Entscheidungen ab und sorgt dafür, dass wir nicht alles, was wir Tag für Tag tun, als neu erleben. Es wäre für unseren Geist unfassbar anstrengend, wenn wir intern erst eine Grundsatzdiskussion führen müssten, um zu entscheiden, welche Socken wir heute anziehen. Gleichzeitig macht uns der Autopilot aber auch blind, taub und unaufmerksam. Unser Gehirn *liebt* den Autopiloten, denn er erfordert weniger Arbeit und spart Energie. Allerdings hat das einen Preis. Im Autopiloten sind wir nicht achtsam. Wir nehmen den Duft von Regen, köstliche Aromen oder das Zwitschern der Vögel nicht wahr. Wir spüren unser Selbst nicht und verlieren uns aus dem Blick, da wir Bedürfnisse nicht mehr erkennen. Ziel eines achtsamen

Menschen ist es, zwischen dem notwendigen und dem unnötigen Autopiloten zu unterschieden.

Ein Problem neben der Unachtsamkeit ist nämlich, dass der Autopilot keine Neuerungen zulässt. Es wird so gemacht, wie wir es schon immer gemacht haben – das gilt für Tätigkeiten, aber auch für unsere Wahrnehmung. Für die Kreativität ist es, wie du dir sicher denken kannst, absolut notwendig, den Autopiloten abzustellen und in eine bewusste Geisteshaltung zu gelangen. Achtsamkeit ist also nicht nur ein nettes Gimmick der fernöstlichen Religion, das uns alle in über dem Boden schwebende, sorglose Yogis verwandelt. Sie ist eine Haltung, mit der wir dem Leben grundsätzlich begegnen können.

Von Achtsamkeit können wir eigentlich auch gar nicht genug haben. Britta Hölzel ist Neurowissenschaftlerin und hat sowohl in Boston als auch an der Charité in Berlin erforscht, wie sich Achtsamkeitsmeditationen auf uns auswirken. Auf neurobiologischer Ebene führen sie zu mehr Nervenverbindungen zwischen dem präfrontalen Cortex und der Amygdala. Im präfrontalen Cortex sitzt unsere Kontroll- und Entscheidungsinstanz, die Amygdala ist für Stress und Angst zuständig. Kurz gesagt hilft Achtsamkeitstraining dabei, Emotionen besser zu regulieren.[75] Vor allem für Angstpatienten sind das sehr gute Nachrichten, aber auch alle anderen können davon profitieren.

Darüber hinaus fördert Achtsamkeit die Konzentrationsfähigkeit, da das Gehirn darauf trainiert wird, sich zu fokussieren. Das Gleiche gilt übrigens auch für Gebete, die im Grunde der Meditation sehr ähnlich sind: Der Blick wird nach innen gelenkt, die Wahrnehmung konzentriert sich auf eine einzige Sache, alle anderen Gedanken werden ausgeladen. Ob für dich das »Omm!« oder das »Amen!« besser zu praktizieren ist, kannst du natürlich selbst entscheiden.

Mit Achtsamkeit kann man aber noch viel mehr erreichen – so viel, dass man sich fragt, warum wir sie nicht alle schon viel früher trainiert haben. Sie reduziert nämlich unsere Grübeleien, verbessert unser Erinnerungsvermögen, macht uns empathischer, flexibler und sorgt dafür, dass wir seltener aus dem Affekt handeln. Wir lernen buchstäblich wie ein Maler, in einer herausfordernden Situation einen Schritt zurückzutreten und aus unseren zuweilen irrationalen Verhaltensmustern auszusteigen. Kein Wunder, dass achtsame Menschen sich ihrer selbst bewusster sind – sie stehen in Kontakt zu sich und wissen, was sie fühlen. Das lässt sie auch gelassener in die Zukunft blicken, denn sie fürchten nicht, was auf sie zukommt. Immerhin stehen ihnen ja sehr gute Mittel zur Verfügung, auch Krisen gut zu meistern.

——— ÜBUNG ———

Dankbarkeitstagebuch

Eine weitere sehr einfache Übung, um deine Achtsamkeit zu trainieren, ist das Führen eines Dankbarkeitstagebuchs. Es ist wirklich einfach und dauert garantiert nicht lange, wird dir aber helfen, den Blick auf das Positive zu lenken und im Strudel des Alltags ein kleines Licht anzuzünden, das dich leiten kann. Versuch doch für den Anfang einfach mal, dir einmal pro Woche, bevor du ins Bett gehst, drei Dinge aufzuschreiben, für die du dankbar bist. Die Möglichkeiten sind unbegrenzt und reichen von bestimmten Personen, die dein Leben schöner machen, über Situationen, in denen du dich gut gefühlt hast, bis zu Emotionen und Gedanken, die du wahrnehmen durftest.

Dass es sich bei einem Dankbarkeitstagebuch um keinen esoterischen Unsinn handelt, hat mittlerweile sogar die Forschung erkannt.[76] In einer Studie fanden zwei Psychologen aus den USA heraus, dass Personen, die ein Dankbarkeitstagebuch geführt hatten, deutlich optimistischer und vitaler waren. Zudem waren sie körperlich fitter und hatten einen besseren Schlaf. Für die Studie hatten Robert Emmons und Michael McCullough die Testpersonen in drei Gruppen aufgeteilt. Über zehn Wochen wurden die Teilnehmenden dazu aufgefordert, am Ende jeder Woche Notizen im Tagebuch zu machen. Gruppe eins, die Dankbarkeits-Gruppe, sollte dabei aufschreiben, wofür sie dankbar war. Gruppe zwei, die Ärger-Gruppe, notierte, was in der vergangenen Woche schlecht gelaufen war. Gruppe drei, die Ereignis-Gruppe, hielt fest, welche Ereignisse sie beeinflusst hatten. Du siehst: Es hat eine Auswirkung, auf welche Gedanken du dich fokussierst. Deine innere Einstellung, ein Fokus auf die positiven Dinge und ein achtsamer Umgang mit dir selbst sind der Schlüssel zu mehr Zufriedenheit in deinem Leben.

Achtsamkeit kann dich bei der Selbstregulation unterstützen, die für die Erreichung deiner kreativen und nichtkreativen Ziele wertvoll ist. Britta Hölzel unterteilt die Selbstregulation in die Unterbereiche Aufmerksamkeitsregulation, Emotionsregulation und Selbstgewahrsein.[77] Für die Kreativität sind alle drei Faktoren wichtig.

Im Training der Aufmerksamkeit üben wir, Störreize auszublenden und zurück in eine aufmerksame Grundhaltung zu gelangen – auch deshalb, weil wir unsere Emotionen damit besser regulieren können, was sich positiv auf unser Wohlbefinden und unsere Schaffenskraft auswirkt.

Den Faktor Selbstgewahrsein wollen wir nun genauer unter die Lupe nehmen. Man versteht darunter die Perspektive, die wir auf uns selbst haben. Wenn wir Achtsamkeit üben, können wir zum Beispiel das Mitgefühl uns selbst gegenüber verstärken und besser verstehen, was wir im Moment brauchen. Der innere Kritiker wird leiser, wir sind nachsichtiger mit uns und lernen, liebevoll und freundlich mit uns umzugehen. Die Psychologie formuliert es folgendermaßen: Meditierende haben die Fähigkeit, sich nicht zu überidentifizieren, also weniger an ihrem eigenen Selbst und ihrer Vorstellung davon festzuhalten. Das macht sie flexibler im Umgang mit Niederlagen, aber auch empathischer im Umgang mit anderen. Klar, denn wer sich selbst Rückschläge eingesteht, gesteht diese auch anderen zu. Achtsamkeit hat also eine Auswirkung auf unsere innere Einstellung.

Um dir die Lehre der Achtsamkeit noch näherzubringen, möchte ich dir wie bereits erwähnt Jon Kabat-Zinn vorstellen. Eigentlich ist der Mann Molekularbiologie, in den 1990er-Jahren sorgte er jedoch mit seinem Achtsamkeitstraining »Mindfulness-Based Stress Reduction«, kurz MBSR, für Furore und ist seitdem der meistzitierte Autor in dieser Disziplin. In seinen Studien fand Kabat-Zinn heraus, dass regelmäßige Achtsamkeitsübungen nicht nur Stress reduzieren, sondern auch klinische wie nichtklinische Beschwerden positiv beeinflussen. Beim MBSR handelt es sich um ein acht Wochen dauerndes Training, das auf sieben Säulen fußt.

Der erste Grundsatz lautet: Beurteile nicht!

Zentrale Voraussetzung für Achtsamkeitstrainings ist, dass wir aus der bewertenden Rolle heraustreten und die Position eines neutralen Beobachters einnehmen. Anstatt die unbewussten Prozesse des Gehirns einfach als gegeben hinzunehmen, üben wir, die Reaktionen unseres Geistes zu kontrollieren und mit Abstand zu betrachten. Dein Unbewusstes ist nämlich Weltklasse darin, Dinge, Ereignisse, Gefühle oder was auch immer im Nullkommanichts zu bewerten und in eine Schublade zu stecken. Sie da wieder rauszubekommen, ist richtig schwer – einfacher ist es also, wenn wir dafür sorgen, dass die Schublade gar nicht erst aufgeht. Das hat zur Folge, dass wir auch mit uns selbst gnädiger umgehen. Wir neigen nämlich zu einer übertrieben kritischen Haltung uns und anderen gegenüber. Die Psychologie spricht in diesem Zusammenhang von Selbstmitgefühl, das durch die sehr hohen Ansprüche leiden kann, welche die Gesellschaft, aber auch wir selbst an uns stellen. Anstatt dich beim nächsten Mal damit fertigzumachen, dass du heute nicht zu dem kreativen Ergebnis gekommen bist, das du dir vorgenommen hattest, solltest du versuchen, nachsichtig mit dir zu sein. Morgen ist auch noch ein Tag.

—— Übung ——

Sei nett zu dir

Hast du bei dir schon einmal festgestellt, dass du zu übermäßiger Selbstkritik neigst und dich oft nicht mit Nachsicht und Geduld behandelst? Wenn du das nächste Mal schlechte Gedanken über dich hast, dich tadelst, weil du es wieder nicht zum Sport geschafft hast, auf dem Sofa liegen geblieben bist, anstatt einen schönen Abend mit netten Menschen zu verbringen, oder weil der Abwasch sich in der Spüle türmt, frage dich, welche tröstenden Worte du deinem besten Freund oder deiner besten Freundin sagen würdest. Sicher wären das eher Sätze wie: »Schwamm drüber!«, oder: »Was du heut nicht musst besorgen, das verschieb getrost auf morgen!« Und nicht: »Du kriegst echt nichts gebacken. Du bist so ein Versager, es ist einfach nur peinlich!« Oder?

Es hilft außerdem, nicht an dem »Warum« hängen zu bleiben, sondern sich mit dem »Wie« zu beschäftigen. Frage dich also beim nächsten Mal: Wie kann ich mich morgen motivieren, zum Sport zu gehen? Wie sorge ich dafür, mich beim nächsten Mal zur Verabredung mit meinen Freund:innen aufzuraffen? Auf welche Art gelingt es mir, dem Abwasch auch etwas Positives abzugewinnen? Oft ist es sinnvoll, sich die gute Stimmung nach dem Sport, der Verabredung oder den Haushaltstätigkeiten vorzustellen – denn wer mag nicht das Gefühl, etwas für sich und seinen Körper getan zu haben, sich im Kreise seiner Liebsten wohlzufühlen oder beim Anblick der sauberen Küche glücklich aufs Sofa zu sinken?

Der zweite Grundsatz heißt: Sei geduldig!

Ein afrikanisches Sprichwort lautet: »Das Gras wächst nicht schneller, wenn man daran zieht.« Unglücklicherweise haben wir in unserer rasanten, sich manchmal sogar selbst überholenden Welt voller Verfügbarkeiten vergessen, was es heißt, geduldig zu sein. Für ein achtsames Leben ist es aber absolut unentbehrlich, zu verstehen, dass alle Dinge, jedes Ereignis und jeder Prozess Zeit brauchen. Und zwar genau so viel Zeit, wie es eben dauert! Manche lernen Sprachen in vier Wochen, andere brauchen Jahre dafür. Da jeder mit anderen Voraussetzungen auf die Welt kommt, ist das absolut okay. Und was dem einen leicht von der Hand geht, muss beim anderen nicht ebenso schnell funktionieren. Spätestens bei der zweiten Achtsamkeitsmeditation wirst du wissen, wovon ich spreche: Möglicherweise wird es dir ein klein wenig besser als beim ersten Mal gelingen, deine Gedanken beiseitezuschieben, wenn sie in deinem Bewusstsein aufploppen. Solltest du nicht der Dalai Lama persönlich sein, ist jedoch zu erwarten, dass du nicht einfach so den Schalter umlegst und dich in die unendlichen Sphären hinaufmeditierst. Der Dalai Lama hat übrigens auch ein Weilchen gebraucht, um da anzukommen, wo er jetzt ist ... Probier es also mal mit Gemütlichkeit, anstatt alles sofort zu wollen. Regelmäßiges Training ist außerdem besser als kurze, aber intensive Sitzungen. Ausdauer lohnt sich auch auf lange Sicht: Eine Studie aus Israel zeigt, dass sich die Zahl deiner kreativen Ideen mit den Jahren der Achtsamkeitspraxis sogar noch deutlich steigern kann.[78] Wenn du mit dem Achtsamkeitstraining aber aufhörst, wandelt sich das Gehirn wieder zurück in seinen Ursprungszustand, und du kannst wieder von vorn anfangen. Das Organ in deinem Oberstübchen ist vielleicht kein Muskel wie der Bizeps oder der Latissimus, funktioniert aber nach einem ähnlichen Prinzip: Es bildet sich bei Nichtbenutzung zurück. *Use it or lose it.*

Kommen wir zum dritten Grundsatz: Bewahre dir den Geist des Anfängers!

Das ist ein wirklich wichtiger Grundsatz, den wir alle viel zu häufig vernachlässigen. Da wir bereits ein paar Jährchen auf der Erde wandeln, haben wir nämlich schon allerlei Erfahrungen gemacht, gute wie schlechte. Deshalb hat unser Unbewusstes sehr viele Schubladen angelegt, in denen es diese Erfahrungen untergebracht hat. Es will uns helfen, uns in der komplexen Welt zurechtzufinden, indem es unsere Erfahrungen archiviert, katalogisiert und in die dafür zuständigen Unterbereiche des Gehirns weiterleitet.

Wenn uns etwas widerfährt, gleicht unser Hirn dieses Erlebnis sofort mit früheren Erfahrungen ab. Kennen wir das schon? War es schon mal gefährlich? Ja? Nein? Vielleicht?

Das heißt konkret: Wir begegnen beispielsweise einer Person zum ersten Mal. Irgendetwas an ihr erinnert uns an jemand anderen, mit dem wir keine guten Erfahrungen gemacht haben. Das können Kleinigkeiten sein, eine bestimmte Art zu sprechen, ein merkwürdiger Gang, manchmal auch nur ein bestimmter Name. »Möp!«, trötet es in unseren grauen Zellen, und sofort wird eine Verbindung zur doofen Erfahrung hergestellt. Selbst wenn die arme Person, die auf den Namen Anna hört, mit der blöden Kuh aus der dritten Klasse nicht das Geringste zu tun hat. Unser Gehirn hat eine erste Einschätzung vorgenommen – daher auch das Wort »voreingenommen«. Auch ohne eine echte Erfahrung mit der neuen Anna gemacht zu haben, sind wir erst mal auf der Hut. Schubladen und Selektion sind im Grunde nichts Schlechtes, weil wir ohne sie mit all den vielen Sinneseindrücken und Erfahrungen sehr schnell überfordert wären.

Gelingt es uns jedoch, unsere Umwelt durch die viel beschworenen Augen eines Kindes zu sehen, stellen wir fest, dass uns andauernd aufregende Dinge passieren. Das Leben von Kindern quillt schier über vor Kreativität und steckt voller Wunder, und Kinder haben eine enorme Offenheit allem Neuen gegenüber. Ihr Erfahrungsschatz ist noch nicht so groß, die Schubladen sind weniger gefüllt. Das Gehirn bewertet also nicht sofort, sondern nimmt erst einmal wahr – und in dieser Zeit kann der Geist voll gegenwärtig ins Hier und Jetzt eintauchen. Es mag unglaublich klingen, aber wie voreingenommen du bist, ist eine individuelle Entscheidung, die du selbst treffen kannst. Möchtest du den Blick nach hinten richten und all das betrachten, was bereits war? Dann bringst du dich selbst vielleicht um die Möglichkeit, die Gegenwart überhaupt wahrzunehmen – und beeinflusst damit auch deine Zukunft. Möglicherweise ist Anna nämlich wahnsinnig nett und eigentlich die perfekte Freundin für dich. Leider wurde sie von deinem Unbewussten aussortiert,

217

bevor sie auch nur den Mund aufmachen konnte. Nach demselben Prinzip funktioniert übrigens auch jedes andere Vorurteil, das du bewusst oder unbewusst pflegst. Blonde sind doof, Dicke sind faul, Männer können einparken, Frauen nicht … Das Etikett klebt schneller, als wir gucken können. Doch du kannst dich bewusst dazu entschließen, deine Welt ab heute mit den Augen des staunenden Anfängergeistes zu betrachten. Du allein entscheidest, wie neugierig und offen du bist.

―――― Übung ――――

Mit anderen Augen

Hast du dir schon mal überlegt, wie ein Außerirdischer die Welt betrachten würde? Stell dir doch mal vor, wie es den Insassen einer fliegenden Untertasse gehen würde, wenn sie an einem normalen Werktag über eine Stadt wie Berlin flögen. Was würden sie sehen? Merkwürdige schmale Männchen, die in vierrädrigen Kisten durch die Gegend fahren oder die beiden lang gezogenen unteren Extremitäten zur Fortbewegung nutzen. Dabei starren viele auf ein kleines Ding in ihrer Hand, auf dessen Display sie herumwischen.

Auch mit einem x-beliebigen Gegenstand kannst du deinen kindlichen Entdeckergeist trainieren. Nimm dir doch zum Beispiel eine Himbeere und schau sie dir von allen Seiten an. Betrachte die Oberfläche – gibt es verschiedene Strukturen? Wie sieht die Himbeere von innen und von außen aus? Wie verändert sich ihr Aussehen, wenn du sie ins Licht hältst? Berühre die Himbeere. Wie fühlt sie sich an? Streichele ganz langsam über ihre Außenhaut, spür die feinen Härchen und die weiche Oberfläche. Untersuche dann, wie die Himbeere riecht. Was fällt dir zu diesem Geruch ein? Macht die Himbeere ein Geräusch? Zum Beispiel, wenn du mit den Fingern über ihre Haut streichst? Oder eine der kleinen Fruchtkammern zwischen den Fingern zerdrückst? Wie schmeckt die Himbeere? Lass deine Zunge langsam über die Frucht gleiten und nimm alles wahr. Koste dann die Aromen. Schmeckt diese Himbeere anders als die Himbeeren vor ihr?

Du merkst: Achtsamkeit bedeutet, sich auf etwas wirklich ganz einzulassen und es mit wachen Sinnen intensiv zu erleben – am besten wie ein neugieriges, die Welt entdeckendes Kind!

Weiter geht es mit Grundsatz Nummer vier: Hab Vertrauen in dich!

Ich weiß, wie leicht sich das sagt und wie schwer es ist, dieses Gefühl wirklich und wahrhaftig zu empfinden. Und ganz bestimmt wird es dir morgen nicht sofort gelingen, voller Vertrauen in dich selbst durch die Welt zu spazieren und allen Herausforderungen mit Nonchalance zu begegnen. Im Achtsamkeitstraining spielt dieser Aspekt jedoch eine wichtige Rolle. Mach dir also bewusst, dass du Fähigkeiten besitzt – es gibt Dinge, die du kannst. Möglicherweise denkst du, dass diese Fähigkeiten weniger wert oder schlechter ausgebildet sind als bei anderen. Wenn du deine Kochkünste allerdings mit denen eines Sternekochs vergleichst, ziehst du den Kürzeren, das liegt auf der Hand. Du hast aber auch nicht seine Ausbildung genossen, nicht sein Leben geführt, nicht seine Erfahrungen gesammelt und so weiter. Du bist du und niemand anderes sonst. Wenn du lernst, dir Dinge zuzutrauen, verliert die Beurteilung von außen ihre Kraft. Du konzentrierst dich auf das, was dich ausmacht: deine Talente, deine Begabungen und, ja, auch deine Schwächen und Fehler. Die hat jeder. Das macht uns aus als Menschen. Achte darauf, dir kleine Ziele zu setzen und dich mit deinen Ansprüchen an dich selbst nicht zu überfordern. Das ist nämlich ein Garant für Misserfolge, und das wird deinem Vertrauen in dich selbst nicht helfen.

Der fünfte Grundpfeiler für eine erfolgreiche Achtsamkeitspraxis hat es ein wenig in sich. Dabei geht es nämlich darum, keinem Ziel zu folgen.

In unserer Welt fällt dieser Aspekt besonders schwer. Immerhin werden wir von klein auf darauf trainiert, Ziele zu erreichen. Allerdings schränkt das unsere Wahrnehmung ein – und damit auch die Möglichkeiten, die sich uns bieten. Verfolgst du stur ein Ziel, bist du blind für vieles, was dir begegnet: Abkürzungen, Umwege oder wunderschöne Aussichtsplattformen. Du kannst das mit dem Aufstieg auf einen Berg vergleichen. Wenn du das Ziel hast, möglichst schnell zum Gipfel zu gelangen, wirst du den Blick die meiste Zeit auf den Boden heften und nur ab und zu aufschauen, allerdings ausschließlich zum Gipfel. Der nähert sich unendlich langsam, was deinen Aufstieg erschwert und dich zu allem Überfluss auch noch um den Genuss der schönen Wanderung bringt. Lässt du den Gipfel stattdessen Gipfel sein, steigst du also auf den Berg, weil dir die körperliche Anstrengung gefällt und du gern in der Natur bist, wirst du eine vollkommen andere Wahrnehmung deiner kleinen Tour haben. Möglicherweise erreichst du das Ziel, also den Gipfel, nicht, weil du nicht ehrgeizig genug nach oben spurtest. Das macht jedoch nichts, denn dein Ansinnen war ja nicht, dich oben ins Gipfelbuch einzutragen und dann wieder nach unten zu rasen. Du wirst stattdessen einen tollen Tag erleben und überrascht sein, wer oder was dir alles begegnet.

Das Beispiel des Berges soll dir verdeutlichen: Wenn dein einziges Bestreben ist, ein bestimmtes Ziel zu erreichen, legst du den Weg schon fest, auf dem du gehen wirst. Alternativen gibt es dann nicht mehr, Überraschungen und Unerwartetes erst recht nicht. Das mag im ersten Moment gut klingen, denn eine Überraschung kann negativ sein, und mit Unerwartetem kommen viele nicht klar. Mach dir jedoch bewusst, dass sich dir im Leben immer Hindernisse in den Weg stellen werden, dass Dinge passieren, die du nicht hast kommen sehen, und dass es von größter Bedeutung für deine Zufriedenheit ist, flexibel auf diese Begebenheiten zu reagieren.

In der Achtsamkeitsmeditation ist es genauso: Wenn du sie nur durchführst, um ein bestimmtes Ziel zu erreichen, wird der Weg lang und steinig, und die Wahrscheinlichkeit, dass du eben nicht im Hier und Jetzt, sondern nur in der Zukunft bist, ist gewaltig. Jede Übung ist so in Ordnung, wie sie gerade ist.

Greifst du nicht nach dem Ziel, gibst du der Gegenwart die Möglichkeit, sich vor dir zu entfalten. Falls dir bei der nächsten Achtsamkeitsübung also wieder Gedanken ans Abendessen in den Sinn kommen, nimm sie wahr und bewerte sie nicht – sie kommen und gehen, und das ist völlig okay! Komm einfach wieder zurück zur Übung. Lenke deine Aufmerksamkeit nicht in Richtung Kühlschrank und darauf, dass dein Mitbewohner bestimmt schon wieder den Joghurt aufgegessen hat, ohne neuen zu besorgen. Bleib in diesem Moment. Dann ist deine Achtsamkeit genau dort, wo du sie haben willst.

Wir sind beim vorletzten und sechsten Grundsatz der Achtsamkeitslehre angekommen: Akzeptiere!

In dem Moment, in dem du lernst zu akzeptieren, gelingt es dir, die Dinge so anzunehmen, wie sie sind – und sie nicht so haben zu wollen, wie sie deiner Meinung nach sein sollen. Akzeptanz setzt Aufgeschlossenheit voraus – auch gegenüber den Dingen, die sich nicht so gut anfühlen. Dazu gehören zum Beispiel auch deine eigenen Schwächen. Sie sind ein Teil von dir. Sie zeichnen dich aus! Hör auf, gegen sie anzukämpfen, sondern akzeptiere, dass es sie gibt. Das bedeutet nicht, dass du nicht an dir arbeiten darfst, und sich zu akzeptieren, wie man ist, heißt noch lange nicht, sich wie die Axt im Wald zu benehmen. Die Psychologie unterscheidet diese »achtsame Akzeptanz« sowohl von Passivität als auch von Selbstgerechtigkeit – mit beiden hat sie nichts zu tun.

Stell dir einmal vor, wie sich das Miteinander mit deinem Schatz verändern würde, wenn du aufhörtest, ihn verändern zu wollen. Ich weiß selbst, wie hart das ist, aber was wäre, wenn du in jeder herumliegenden Socke, in jedem penibel aufgeräumten Schreibtisch, in jeder noch so nervigen Marotte deines Partners einen Beweis für seine Liebenswürdigkeit sehen würdest? Wie zufrieden wärst du mit ihm oder ihr und eurer Beziehung? Genauso verhält es sich auch mit dir selbst. Wie entspannt wäre dein Alltag, wenn du wüsstest: »Ach, ich kenne mich gut. Wenn ich nach der Arbeit erst mal nach Hause gehe und dann zum Joggen loswill, wird das garantiert wieder nichts – die Couch ist zu verlockend!« Das gehört eben zu dir. Akzeptiere es. Und versuche doch einfach, dich am nächsten Morgen aufzuraffen.

Auch in Achtsamkeitsübungen steht die Akzeptanz weit vorn. Sie ist nicht einfach, wir hadern allzu oft mit uns selbst. Es ist jedoch möglich, eine Bereitschaft zu entwickeln, allem, was dir widerfährt, aufgeschlossen zu begegnen. In der Achtsamkeit schulst du den Blick für das, was notwendig ist, erklärst dich bereit dazu, die Dinge anzunehmen, wie sie sind, und ziehst aus dieser Fähigkeit Mut und Kraft für die nächsten Schritte. Stellst du bei Achtsamkeitsübungen beispielsweise fest, dass deine Gedanken heute einfach nicht einzufangen sind, ist es absolut in Ordnung, die Übung zu beenden. Probier sie morgen doch einfach noch mal!

Sechs Grundpfeiler haben wir schon kennengelernt, und nun folgt der siebte: Lass los!

Wir haben es alle schon mal gehört und in derselben Sekunde verflucht: Loslassen erhöht die Chancen, das zu bekommen, was wir wollen. Das gilt auch für die Achtsamkeit, zu deren grundlegenden Prinzipien das Loslassen gehört. Nun ist es dem Menschen in die Wiege gelegt worden, dass er Positives behalten und Negatives loswerden will. In der Meditation ist dieses Verhalten aber leider vollkommen nutzlos. Denn wie wir gelernt haben: Wir bewerten nicht. Stattdessen nehmen wir alles wahr, egal, ob es sich gut oder schlecht anfühlt, erkennen es an – und lassen es gehen. Ja, auch die superschönen Erinnerungen an den letzten Sommerurlaub an der Algarve. Brauchst du beim Achtsamkeitstraining nicht, denn du sollst dich nicht mit Vergangenem und nicht mit Zukünftigem beschäftigen. Nur mit der Gegenwart.

Wenn wir uns an etwas festhalten, richten wir unser Denken immer wieder auf bereits vergangene oder bevorstehende Dinge. Beide können wir nicht ändern, es ist also nutzlos, sich damit aufzuhalten. Darüber hinaus stören sie unser Im-Moment-Sein. Sobald es uns einmal gelungen ist, etwas Störendes aus unseren Gedanken zu verbannen, wird uns bewusst: Das können wir doch auch mit anderen Dingen tun. Gewohnheiten, die uns nicht guttun. Gedanken, die uns an der vollen

Entfaltung unserer Potenziale hindern. Gefühle, die unserem Wesen im Weg stehen. Mit einem Mal entscheiden wir, wem oder was wir in unserem Leben einen Platz einräumen.

Schön, denkst du jetzt vielleicht. Dann weiß ich nun also, was ich alles machen muss, um ein achtsamer Mensch zu werden. Aber warum, zum Teufel, ist das wichtig, wenn ich kreativ arbeiten will?

Berechtigte Frage. Ich habe dir ja schon erklärt, dass Kreativität ein besonderes Umfeld braucht, um sich optimal entfalten zu können. Ein Faktor ist unbestritten die Gegenwärtigkeit des Schaffensprozesses. Heißt: Wenn du kreativ sein willst, solltest du dich nicht mit der Vergangenheit oder der Zukunft beschäftigen. Das Hier und Jetzt ist gefragt, um den schöpferischen Prozess anzustoßen. Das erfordert einen leeren Geist – ergo einen achtsamen, auf den Moment gerichteten Zustand, der sich nicht sorgt, nicht ängstigt und sich nicht nostalgischen Gefühlen hingibt. Wer kreativ arbeitet oder schafft, betritt oft geistiges Neuland. Dieses Neuland hat zunächst einmal keine bewusste Verbindung zum Altbekannten. Das bedeutet nicht, dass man jedes Mal, wenn man zum Pinsel greift, das Rad neu erfinden muss. Kreative erweitern jedoch ihre Wahrnehmung, indem sie sich, ihr eigenes Schaffen und das Geschaffene immer wieder neu entdecken. Würden sie permanent den Vergleich zwischen alten Werken und dem im Entstehen Begriffenen ziehen, wären sie in der Reflexion, in der bewussten kognitiven Bewertung dessen, was sie gerade tun – und damit nicht mehr achtsam.

Viele Kreative haben gelernt, den inneren Kritiker zumindest im Prozess des Schaffens abzustellen. Perfektionismus und Kreativität vertragen sich nämlich ganz schlecht. Würde ein Autor jeden Text, den er schreibt, sofort bewerten, an jedem Satz so lange feilen, bis er genauso klingt, wie er es sich vorgenommen hat, hätte er am Ende des Tages vermutlich keine halbe Seite gefüllt.

Natürlich sind Bewertungen in unserem Leben wichtig, genau wie die Fähigkeit zur Selbstreflexion. Beide sind im kreativen Schaffensprozess jedoch eher hinderlich als fördernd. Unser innerer Kritiker verzerrt unsere Wahrnehmung. Sehr einfach ausgedrückt lässt sich sagen: Je mehr es uns gelingt, im Moment zu leben und das bewusste Denken auszuschalten, desto kreativer sind wir.

In den vergangenen Jahrzehnten hat die Wissenschaft herausgefunden, dass Achtsamkeit den kreativen Prozess positiv beeinflusst und die Problemlösungsbereitschaft hebt. Darüber hinaus lässt sie die Schaffenden fokussiert, gelassen und voller Akzeptanz gegenüber ihren eigenen Ideen werden.

Kreativität zu üben, hat aber nicht nur Auswirkungen auf das Gedicht, das du deiner Freundin zum Geburtstag schreibst, oder auf das Bild, das du für deine Wohnzimmerwand malst. Sie wirkt sich auch auf unser alltägliches Leben aus. Ständig sind wir mit kleinen bis großen Herausforderungen konfrontiert. Wenn wir weiterkommen wollen, uns entwickeln und wachsen, sind wir dazu aufgefordert, kreative Lösungsansätze zu entwickeln. Die befördern uns allerdings sehr schnell raus aus der Komfortzone – dem Ort, wo kein Wachstum stattfindet. Achtsamkeit hilft uns dabei, sowohl Probleme kreativer zu lösen als auch voller Vertrauen aus unseren gewohnten Denkmustern auszubrechen. Im Idealfall kann Achtsamkeit dazu führen, dass wir mit weniger Angst und mehr Zuversicht durchs Leben gehen. Und hey, wer kann nicht eine Extraportion Mut und Neugier in seiner Welt gebrauchen?

Jeder Mensch ist von Geburt an kreativ und damit in der Lage, andere, neue, mutige Ideen zu entwickeln und zum Leben zu erwecken, egal auf welchem Weg und in welcher Form sich diese manifestieren. Einzig und allein das riesige Gewohnheitstier in uns hält uns davon ab, diese für unsere Spezies typische Kreativität auch einzusetzen. Die meisten von uns mögen keine

Veränderungen und hängen an ihren Routinen. Dazu gehört ein Alltag im Autopiloten, genauso wie die Gewohnheit, alles, was uns begegnet, zu bewerten und stets innerhalb unserer bekannten Muster zu handeln.

Kreativität erfordert jedoch ein gewisses Maß an Aufgeschlossenheit, den Mut, sich auf etwas Neues einzulassen, und das Vertrauen in das eigene Selbst. Die Forschung hat sogar herausgefunden, dass Routinen schlecht für die eigene kreative Leistung sind und Reisen dem entgegenarbeiten. Das hat damit zu tun, dass unser Gehirn an neuen Orten, in fremden Kulturen, umgeben von anderen Menschen nicht dieselben Schemata verwenden kann, die es in unserer gewohnten Umgebung heranzieht. Das Restaurant in Japan? Du erinnerst dich vielleicht. In unserem alltäglichen Leben kennen wir uns aus. Essen gehen, das Theater besuchen, einen Arzt konsultieren. Alles schon gemacht. Der Basar von Marrakesch, die Wasserpuppenspiele von Hanoi oder ein indianisches Heilungsritual sind uns allerdings fremd. Wir haben keine Schublade, in welche wir die Erfahrung einsortieren können. Also bleiben wir gewahr, aufmerksam und neugierig, tricksen die Schemata unseres faulen Geistes aus und schaffen so Platz für neue Gedanken. Eine Urlaubsreise, bei der du Land und Leute kennenlernst und deine Komfortzone (ergo den All-inclusive-Bereich des Hotels) verlässt, ist also nicht nur Balsam für die Seele, sondern auch eine Erfrischungskur für deinen Verstand.

—— Übung ——

Alles neu

Du hast den Autopiloten ja bereits kennengelernt und weißt, dass es deinem Gehirn von Zeit zu Zeit guttut, wenn du den Mechanismus ausschaltest und bewusst wahrnimmst. Das geht besonders gut bei deinen Routinen. Wie wäre es, wenn du Dinge mal ganz anders machst als normalerweise? Dafür brauchst du wirklich nicht viel – im Grunde nur drei Dinge.

- Die Erkenntnis, dass du Gewohnheiten hast, die dein Handeln bestimmen. Kannst du einige davon benennen?

- Den Willen, eine Sache anders zu gestalten als sonst.

- Die Bereitschaft, den Moment voll und ganz zu erleben.

Du siehst, du besitzt bereits alle Werkzeuge, die du für ein Durchbrechen deiner Routinen brauchst. Dabei ist es vollkommen egal, womit du beginnst. Um den Anfang nicht allzu schwierig zu gestalten, ist es empfehlenswert, mit etwas absolut Alltäglichem anzufangen: dem morgendlichen Blick auf das Handy. Vielleicht greifst du nach dem Weckerklingeln reflexhaft nach dem Smartphone. Morgen früh versuchst du aber mal etwas anderes. Stell den Alarm aus, leg das Handy zurück und steh auf. Geh ans Fenster, öffne es und atme bewusst dreimal tief ein und aus.

Hört sich nicht so schwer an, oder? Und es tut auch nicht weh! Trotzdem dauert es, altes Verhalten durch neues zu ersetzen. Du darfst dich also in Geduld üben, denn um eine neue Gewohnheit zu etablieren, braucht es viele Wiederholungen. Damit es nicht langweilig wird, kannst du das Routinenbrechen aber auch auf andere Bereiche deines Lebens ausweiten. Benutze beim Zähneputzen die andere Hand! Oder stell die Reihenfolge deines morgendlichen Ablaufs um. Wie wäre es mit Frühstück im Bett? Oder in der Badewanne? Wie kommst du zur Arbeit? Nimm einen anderen Weg oder ein anderes Transportmittel! Du hast, genau wie wir alle, so viele Routinen, mit denen du brechen kannst, dass dir sicherlich viele Möglichkeiten einfallen, wie du den Autopiloten ausschalten und dein Leben wieder bewusster wahrnehmen kannst.

Wie wichtig Achtsamkeit für den kreativen Prozess ist, habe ich dir nun ausführlich dargestellt – aber es kommt noch besser. Es gibt nämlich eine Wechselwirkung zwischen Kreativität und Achtsamkeit, was so viel bedeutet wie, dass es sich um keine Einbahnstraße handelt. Denn Kreativität kann dabei helfen, den Geist zur Ruhe kommen zu lassen. So ist es gerade Menschen, deren Gedanken sich gern auch mal im Kreis drehen, möglich, durch kreative Phasen abzuschalten und die Gedankenspirale zu durchbrechen.

Du siehst, es kann dir nur guttun, wenn du deiner Kreativität ein wenig Raum zur Entfaltung gibst. Keiner erwartet von dir, der nächste van Gogh oder Shakespeare zu werden. Tatsächlich brauchst du nur den Willen, deine eigene Schöpferkraft kennenzulernen, und die Fähigkeit, dich zu konzentrieren. Über Achtsamkeitsmeditationen kannst du diese Fähigkeit schulen, aber natürlich sind auch andere Dinge hilfreich. Ein Buch zu lesen oder ein Sudoku zu lösen, zum Beispiel. Konzentration und Achtsamkeit bedingen sich gegenseitig. Je besser du dich konzentrieren kannst, desto leichter wird es dir fallen,

Achtsamkeit zu trainieren – und je achtsamer du bist, desto besser kannst du den Fokus halten.

Grundvoraussetzung für eine konzentrierte Atmosphäre ist allerdings, dass wir unsere Aufmerksamkeit auf einen bestimmten Punkt richten können. Das klappt natürlich *super*, wenn in der Nachbarwohnung seit Stunden der Hund bellt, alle drei Minuten eine Mail eintrudelt, die sofort beantwortet werden will, und das Handy jeden Instagram-Like mit einem Piepen verkündet. Ich gehe sogar so weit zu sagen: Unsere moderne Welt, die von uns eine ständige Simultanität (besser bekannt unter dem Modewort Multitasking) und sofortiges Reagieren erfordert, ist für uns eine absolute Konzentrations-Verhinderungs-Zone! Das Problem: Wir tun alles andauernd und gleichzeitig, aber nichts mehr richtig, und leben in ständiger Sorge, den Anschluss zu verpassen. Das ist auch der Grund, warum wir so vieles im Autopiloten tun. Dieser ermöglicht uns nämlich einen Moment der Unaufmerksamkeit in dem permanenten Blinken, Klingeln und Piepen.

Kreativität kann im Autopiloten nicht stattfinden, genauso wenig wie in einer unkonzentrierten, aufmerksamkeitsraubenden Atmosphäre. Der Autopilot bedeutet: Unsere Hände tun etwas, während unsere Gedanken woanders sind. Deshalb ist die Entscheidungsfähigkeit in diesen Momenten gehemmt – wir sind mental ja gerade überall, aber nicht im Hier und Jetzt. Egal, wie laut unsere Intuition in diesen Augenblicken schreit, wir hören sie nicht, da wir uns sprichwörtlich in einer anderen Welt befinden. Ziel der Achtsamkeit ist es also, den Autopiloten abzuschalten und die Wahrnehmung auf das zu richten, womit wir uns gerade beschäftigen. Das entspannt – und macht nachweislich zufrieden.

Ach ja, und noch eine Bemerkung zum Multitasking: Wenn das nächste Mal jemand stolz erzählt, dass er multitaskingfähig ist, darfst du ihn aufrichtig bemitleiden. Multitasking ist *der*

Killer für konzentriertes, effizientes Arbeiten, wie zahlreiche Studien mittlerweile belegt haben. Multitasking dürfen wir also getrost vergessen. Es macht nicht nur unkonzentriert, sondern auch doof.

Stattdessen raten Expert:innen dazu, sich möglichst nur einer einzigen Sache zu widmen und sie konzentriert zu bearbeiten. Und – hurra! – regelmäßig Pausen zu machen, damit die Ideen besser flutschen.

Jeder Kreative ist anders, genau wie jeder andere Mensch auch. Manchen küsst vollkommen unvermittelt die Muse, andere kitzeln ihre künstlerische Produktivität mithilfe von Disziplin und strikten Tagesabläufen heraus. Der japanische Schriftsteller Haruki Murakami hat einen Weg gefunden, um seine Kreativität optimal zu fördern: Sein Tag beginnt um vier Uhr morgens, nach sechs Stunden Arbeit macht er Mittagspause, am Nachmittag geht's zum Sport und um neun Uhr ist Zapfenstreich. Andere Autor:innen müssen sich vollkommen von der Außenwelt abschirmen, um überhaupt ins Schreiben zu kommen. Zum Beispiel Samuel Beckett. Der quälte sich erst am Nachmittag aus dem Bett, aß ein Rührei, schloss sich in seinem Zimmer ein und schrieb dann, solange er konnte. Gegen Mitternacht ging er aus, ließ sich in den Bars von Montparnasse mit billigem Fusel volllaufen und kehrte in den frühen Morgenstunden zurück – um bis zum Nachmittag zu schlafen. Patricia Highsmith hingegen schrieb auf dem Bett, umgeben von Aschenbechern, Donuts und Kaffee, um bloß den Anschein von Disziplin zu vermeiden. Demgegenüber schreibt Stephen King jeden Tag zweitausend Zeichen. Er bleibt so lange an seinem Schreibtisch sitzen, bis er das Soll erfüllt hat.

Die richtige Tageszeit, um kreativ zu sein, ist sehr individuell und nicht in Stein gemeißelt. Maren Ade sagte mir: »Wichtig ist herauszufinden, wann man schreiben kann. Früher konnte ich abends besser schreiben, heute klappt es morgens besser, wenn ich nicht vorher von etwas gestört werde. Aufstehen und direkt aus dem Haus an den Schreibtisch rennen, funktioniert auch manchmal gut.«

Du siehst, alles ist möglich. Manche sind täglich ein bisschen produktiv, andere warten auf den Ausbruch. Entscheidend für alle Kreativschaffenden ist, für einen Ausgleich zwischen Konzentration und Entspannung zu sorgen, um die Kreativität fließen zu lassen.

Kannst du dich noch an das siebte Prinzip der Achtsamkeitspraxis erinnern? Es lautet: Loslassen! Damit haben die meisten Kreativen die größten Probleme. Ein kreatives Werk ist im Grunde nämlich nie »fertig«.

Am Anfang dieses Kapitels habe ich dir erklärt, dass jede Erfahrung, jede Begegnung, jedes Gefühl deine Wahrnehmung verändert. Stell dir einmal vor, ein Musiker schreibt die letzte Note eines Songs. Das Lied wird eingespielt, aufgenommen, produziert und auf den gängigen Portalen hochgeladen – doch nur einen Tag nach dem Erscheinen hört der Musiker in einem anderen Song den *perfekten* Akkord. Dieser Akkord hätte seinem Lied absolute Einzigartigkeit eingehaucht, hätte aus seinem Song eine Hymne gemacht – aber die Chance ist vertan! Drama, Elend, Kummer, Schmerz … ja, Kreative sind manchmal echte Diven.

Es ist enorm wichtig, im kreativen Prozess irgendwann einen Endpunkt zu finden und zu beschließen: Das bleibt jetzt so. Ein Buch, ein Film, ein Bild sind im Grunde nur Zwischenergebnisse des Tages X und erheben niemals den Anspruch auf Vollständigkeit. Das gilt für jedes künstlerische Artefakt – und auch für deine Werke.

Jack Kornfield ist klinischer Psychologe und mit der modernen westlichen Wissenschaft vertraut, hat jedoch viele Jahre in buddhistischen Klöstern verbracht. Er sagt in diesem

Zusammenhang: »Die Dinge loszulassen bedeutet nicht, sie loszuwerden. Sie loslassen bedeutet, dass man sie sein lässt.«[79] Falls dir das schwerfällt, kann es helfen, bewusst Abstand zu deinem Werk zu nehmen und der selektiven Wahrnehmung damit ein Schnippchen zu schlagen. Wenn wir lange oder intensiv an etwas gearbeitet haben, sind wir nicht mehr in der Lage, objektiv zu sehen. Wir haben zum Beispiel die strenge Selbstkritik-Brille auf, durch die alles, was wir geleistet haben, verzerrt wird. Deshalb ist es gut, kreative Arbeit ein paar Tage, besser noch ein paar Wochen liegen zu lassen und Abstand zu gewinnen. Auch eine Meditation kann helfen, eine andere, neutrale Perspektive einzunehmen und uns wohlwollend erneut mit dem Werk auseinanderzusetzen.

Natürlich sind Kreative auch dann noch nicht dagegen gefeit, sich mit anderen zu vergleichen und ihre Werke bis auf die kleinste Kommastelle optimieren zu wollen. Eines ist jedoch sicher: Wer glaubt, sein Glück hänge davon ab, die eigenen Erwartungen oder die der anderen zu einhundert Prozent zu erfüllen, irrt gewaltig. Denn wenn du Perfektion für dich als Maßstab definierst, wirst du ständig frustriert und enttäuscht sein. Deswegen gilt: Lass los! Auch in kreativen Sackgassen ist es stets hilfreich, sich Unterbrechungen zu gönnen, um dem Frust aus dem Weg zu gehen. Lieber an etwas anderem weiterarbeiten oder sich Impulse von Außenstehenden holen, anstatt ewig und drei Tage an einem Rätsel herumzuknobeln, das du nicht lösen kannst. Das heißt auch, dass du während einer Pause aufhören solltest, dir über das Rätsel den Kopf zu zerbrechen. Wenn ein Maler an einem Gemälde verzweifelt, den Pinsel weglegt und zu einem Spaziergang aufbricht, dann aber die ganze Zeit weiter an seinem Problem herumfrickelt, löst er sich nicht davon. Sein Körper mag sich im Park befinden, sein Geist ist jedoch immer noch im Atelier.

Übe also regelmäßig, achtsam zu sein. Meditiere, lass los, nimm wahr – je mehr, desto besser. Man kann sich an Achtsamkeit nicht vergiften, allerdings sind auch keine sofortigen Auswirkungen zu erwarten. Es dauert ein wenig, bis sich Achtsamkeitsmeditationen im kreativen Schaffen bemerkbar machen – und auch nur dann, wenn du dranbleibst.

Ich hoffe, dass du jetzt denkst: »Okay, ihr habt mich überzeugt! Her mit den Übungen, ich möchte nämlich auch ein achtsamer und kreativer Mensch werden.«

Du hast ja in diesem Kapitel schon ein paar Übungen kennengelernt. Im Achtsamkeitstraining unterscheidet man zwischen formellen und informellen Übungen. Bei den formellen arbeitet man nach einer bestimmten Methodik zu einer bestimmten Zeit an einem entsprechenden Ort. Sitz- oder Gehmeditationen, sogenanntes MBSR-Yoga, der Bodyscan, achtsame Körperübungen und die Atemmeditation gehören dazu.

Daneben gibt es die informellen Übungen, die du wirklich überall und wann auch immer du es möchtest durchführen kannst. Beim Zähneputzen, beim Kochen, beim Putzen … Konzentriere dich beim nächsten Mal unter der Dusche doch mal ganz bewusst auf das warme Wasser und nicht auf die Dinge, die du heute noch erledigen musst. Fokussiere dich beim Frühstück auf den Geschmack des Essens, nicht auf den Einkaufszettel, den du nebenbei schreibst. Auf dem Weg zur Arbeit kannst du auf dem Fahrrad die frische Luft bewusst einatmen – und in der Bahn deine Aufmerksamkeit auf die Umgebungsgeräusche richten.

Egal, wie und wo du in deinem Alltag trainierst, es ist einzig und allein wichtig, dass du die Tätigkeiten bewusst und aufmerksam durchführst. Ja, genau, auch das Schälen einer Kartoffel. Oder hast du schon mal versucht, eine Rosine so langsam wie möglich zu essen? Wie hört sich ein Waldspaziergang an? Welches Geräusch macht das Abrollen deiner Schuhe auf dem Asphalt? Deiner Fantasie sind bei informellen Achtsamkeitsübungen wahrlich keine Grenzen gesetzt.

Dein Date mit der Achtsamkeit

Wie wäre es, wenn du deine Achtsamkeit nicht zwischendurch, sondern ganz bewusst trainierst? Lade dich selbst zu einem Termin mit dir ein! Dein Handy hast du doch sowieso immer bei dir – wieso also nicht mal ein Date mit dir und deiner Achtsamkeit vereinbaren? Sobald der Termin in deinem Kalender aufploppt und dich erinnert, dass es Zeit fürs Training ist, nimm dir ein paar Minuten und aktiviere deine Wahrnehmung. Was hörst du? Was riechst du? Was spürst du? Untersuche all deine Sinne, ohne zu bewerten. Frag dich außerdem: Wie geht es mir gerade? Was nehme ich wahr? Warum geht es mir gut – oder vielleicht auch nicht so sehr? Wie fühlt sich mein Körper an?

Stell dir die Achtsamkeit am besten wie eine gute Freundin oder einen langjährigen Freund vor. Würdest du ein Treffen mit ihm oder ihr leichtfertig absagen?

———————

7

RESILIENZ

DER INNERE ZAUBERTRANK

Wir sind fast am Ende unserer Reise durch die spannende Welt der Kreativität angekommen. In den letzten Kapiteln hast du erfahren, was Kreativität ist, wie sie in unserem Gehirn wirkt, wie du mit ihrer Hilfe in den Flow kommen kannst und welche Auswirkung sie auf dein Wohlbefinden hat.

Das letzte Kapitel wollen wir der Resilienz widmen, die für deine Kreativität aus vielen Blickwinkeln eine große Bedeutung hat. Bestimmt hast du schon einmal von Resilienz gehört. Damit wird die psychische Widerstandsfähigkeit einer Person beschrieben – wie sie also auf Krisen und Rückschläge reagiert, indem sie auf eigene Ressourcen zurückgreift. Solche Menschen gelten unter anderem als entscheidungsfreudiger und zuversichtlicher. Der Duden definiert Resilienz als die Fähigkeit, schwierige Lebenssituationen ohne anhaltende Beeinträchtigung zu überstehen. Eigentlich kommt das Wort aus der Materialkunde. Man bezeichnet damit Stoffe, die sogar nach extremer Spannung wieder in ihren Ursprungszustand zurückkehren. Gummi zum Beispiel ist sehr resilient.

Im Finnischen gibt es übrigens ein hübsches Wort, das etwas sehr Ähnliches beschreibt wie Resilienz: *sisu*. Der Begriff gilt als unübersetzbar und bezeichnet eine mentale Eigenschaft, die mit Kraft, Ausdauer, klagloser Beharrlichkeit oder Durchhaltevermögen umschrieben werden kann. Aber *sisu* klingt natürlich viel schöner. Und gilt in Finnland als identitätsstiftend, ähnlich wie das schwedische *lagom* oder das dänische *hygge*. Vielleicht war Finnland ja deshalb 2020 zum dritten Mal in Folge auf Platz eins der Liste der glücklichsten Länder der Welt.[80] Trotz des bescheidenen Wetters und der Tatsache, dass das längste finnische Wort 61 Buchstaben hat. Bestimmt hat *sisu* etwas mit der Zufriedenheit der finnischen Bevölkerung zu tun – und ihrer Resilienz.

Ein resilienter Mensch kommt in der Regel besser durchs Leben als ein nichtresilienter, denn er kann mit Niederlagen konstruktiv umgehen und aus ihnen Kraft schöpfen.

Für den kreativen Prozess ist Resilienz essenziell wichtig, denn im Schöpfungsprozess werden wir immer wieder mit Problemen, Hindernissen oder der eigenen Ambivalenz konfrontiert, die wir akzeptieren und letztlich überwinden müssen. Und damit sind nicht nur heruntergefallene Maschen und abgebrochene Buntstifte gemeint. Ich spreche von echten Blockaden, Momenten der gähnenden Leere und der absoluten Ideenlosigkeit im Hirn. Wenn eben einfach nichts mehr geht. Oder Tiefschläge, wenn das eigene Projekt verrissen oder die Kunst nicht als solche anerkannt wird – also harsche Kritik von außen, aber auch von innen. Solche Tiefpunkte lassen sich nicht vermeiden, sie sind sogar wichtig und trainieren die Resilienz.

Ich möchte dir ein paar Tipps geben, die solche Situationen weniger ausweglos erscheinen lassen. Darüber hinaus möchte ich dir das Konzept der Selbstwirksamkeit näherbringen, das ebenfalls einen bedeutenden Einfluss auf unser Leben, unser Wohlbefinden und natürlich auch auf den kreativen Akt hat, und erklären, warum es auf dem Weg wichtig ist, immer einmal mehr aufzustehen, als man hingefallen ist.

Bestimmt hast du schon mal von den Schreibblockaden bei Autor:innen gehört. Von einem Tag auf den anderen haben sie keine Ideen mehr und finden nicht mehr zurück ins Schreiben. Natürlich kann man auch als Nichtkreativer Blockaden haben, allerdings betreffen die in der Regel nicht den eigenen Beruf und damit die Existenzgrundlage. Wie du dir sicher denken kannst, fürchten deswegen vor allem Berufskreative Blockaden wie der Teufel das Weihwasser.

Aber was sind Blockaden eigentlich? Im Grunde handelt es sich um ein psychisches Phänomen, das Kreative vom Arbeiten abhält, hemmt oder sogar am Schaffen hindert. Es gibt 1001 Ursachen für Kreativitätsblockaden, einige haben ihren Ursprung in der Umgebung des Kreativen, andere kommen aus dem Inneren. Zu den Top Ten der »beliebtesten« Kreativitätsblockaden gehören:

- zu hoher Leistungsdruck

- zu starke Erfolgsorientierung

- Angst vor dem Versagen oder dem Erfolg

- Furcht vor Kritik und Bewertungen

- hinderliche Glaubenssätze und gedankliche Schranken

- Pessimismus

- fehlendes Selbstwertgefühl oder Selbstvertrauen

- Konformitäts- bzw. Originalitätsdruck

- Arbeiten unter Zwang

- Zeitdruck

Ja, genau: Zeitdruck kann zu Blockaden führen. Wir haben im Stresskapitel gelernt, dass ein bisschen Zeitdruck beflügeln kann – für die Kreativität ist er aber in den meisten Fällen Gift, vor allem dann, wenn er übermächtig wird.

Blockaden sind wie Haare und Seifenreste, die den Abfluss deines kreativen Waschbeckens verstopfen. Du kannst sie nicht ignorieren, aber das Herumpulen in dem ekligen Pfropf ist ziemlich lästig, vielleicht sogar schmerzhaft. Außerdem kannst du im ersten Moment gar nicht sehen, warum das Wasser nicht mehr abläuft. Im schlimmsten Fall hast du sogar versucht, den Hahn noch weiter aufzudrehen. Hoffst du, die Blockade verschwindet unter dem Wasserdruck einfach? Unwahrscheinlich.

Der beste Weg, auf eine Blockade zu reagieren, ist oft, für einen Moment innezuhalten und zu beobachten, ob es zumindest einen schwachen Ablauf des Wassers gibt. Dann gilt es, die Blockade anzuerkennen. Es hilft kein Jammern und kein Heulen. Jedenfalls nicht als Lösung des Problems. Du darfst natürlich trotzdem jammern und heulen, denn das kann zumindest helfen, etwas Druck abzulassen. Vielleicht stellst du aber dennoch fest: Hier geht es erst einmal nicht weiter. Wie du aus eigener Erfahrung mit verstopften Waschbecken weißt, gibt es verschiedene Möglichkeiten, wie du mit dem Problem umgehen kannst. Vielleicht hast du Rohrreiniger oder eine Stricknadel da? Manche schwören auch auf Backpulver. Und wieder andere lassen das Waschbecken erst einmal verstopft sein und putzen sich die Zähne in der Küche. Jedes Mittel, wie du mit einer Blockade umgehst, ist richtig. Hauptsache, du erkennst

238

sie an. Sie will dir nämlich nichts Böses. Das gilt auch für den Haar-Seifenrest-Pfropf in unserem Bild. Der ist zwar ärgerlich, hat es aber nicht auf dich persönlich abgesehen, im Grunde bist du ihm sogar herzlich egal. Er ist nicht entstanden, um absichtlich deine Energie auszubremsen oder dafür zu sorgen, dass du heute zu spät zur Arbeit kommst! Er *ist* einfach. Nicht mehr und nicht weniger.

Manche Menschen (ich bin leider nicht so) legen sich Abflusssiebe zu, die sie regelmäßig reinigen. Du kannst das mit der Seelenpflege und der Achtsamkeit vergleichen, die sich einige Kreative angewöhnt haben, um für einen besseren Kreativitätsfluss zu sorgen und dem Entstehen von Blockaden vorausschauend entgegenzuwirken. Beeindruckend, nicht wahr? Keine Sorge, auch ich pule mal im Abfluss herum und ärgere mich dann vielleicht, dass ich nicht besser für mein Waschbecken respektive mich selbst gesorgt habe. Das ist menschlich. Genau wie die Blockaden im Kopf. Sie zeigen sich entweder in Form von Gedanken oder Gefühlen, und meistens ist es sehr schwer, sie am Schlafittchen zu packen. Stress, aber auch Angst sind häufige Verursacher von Blockaden.

Man kann den kleinen Scheißerchen aber auf die Spur kommen. Dazu braucht es eine gehörige Portion Selbsterkenntnis und Akzeptanz. Diese wirken wie der oben genannte Rohrreiniger: Wenn sie die Blockade durchdrungen haben, löst sich der Klumpen im Abfluss meist auf.

In meinen Beratungen arbeite ich häufig mit Kreativen zusammen, vor allem mit Musiker:innen, die mir manchmal von Kreativitätsblockaden berichten. Ich empfehle ihnen genau wie dir: Erkenne zunächst einmal an, dass die Blockade zu dir gehört. Sie ist in dir entstanden, daher darfst du sie als Teil von dir betrachten. Sie will dir nicht schaden, sondern dich schützen. Wenn es dir gelingt, den Ursprung der Blockade zu entdecken, bist du auf dem besten Wege, sie zu lösen.

Vielleicht kennst du Sätze wie diese?

- Ich bin schlechter als andere.

- Aus mir wird nichts.

- Ich kann nichts.

- Dafür bin ich zu alt!

- Das hat noch nie geklappt.

- Was kann ich überhaupt?

- Das ist viel zu schwer.

Jeder Mensch hat Sätze dieser Art in seinem Kopf. Man nennt sie Glaubenssätze, die wir – meist aufgrund negativer Vorerfahrungen – so oft gedacht haben, dass sie zu Mantras geworden sind. Anstatt eine Blockade mit allen Mitteln zu bekämpfen (in unserem Waschbeckenvergleich: mit den Fingern im Ausfluss herumpulen, die Rohre abnehmen, das Waschbecken zertrümmern und so weiter), ist der Universalproblemlöser hier die Selbstreflexion. Frage dich, welche Sätze in dir ihr Unwesen treiben.

Einige Kreative haben beschrieben, dass es wichtig ist, bei einer kreativen Blockade erst einmal etwas anderes zu tun und alles wegzulegen, um es dann am nächsten Tag noch mal zu versuchen. Wenn du keinen ganzen Tag Zeit hast, gibt es eine Vielzahl weiterer Strategien, um schnell eine neue Perspektive einzunehmen. Igor Strawinsky zum Beispiel behob eine Blockade angeblich mit einem Kopfstand. Wenn die Blockade sich so jedoch nicht überwinden lässt (oder du keinen

Kopfstand kannst) und länger anhält, ist es wichtig, sich mit ihr auseinanderzusetzen.

Blockaden lösen

Falls du in der kreativen Arbeit oder in anderen Bereichen eine Blockade hast, kannst du folgendermaßen vorgehen:

Gehe deiner Blockade auf den Grund. Sie will dir etwas Wichtiges zeigen.

Gibt es negative Erfahrungen oder schlechte Erinnerungen, die mit der Blockade zusammenhängen? Finde heraus, welche es sind, und nimm dir deine Aufgabe erneut vor.

Stell dich genau den Gefühlen und Gedanken, die in dir entstehen, wenn du deiner Blockade gegenübertrittst. Mal dir eine Situation aus, in der die Katastrophe über dich hereinbricht. Beispielsweise: Stell dir vor, die Leser:innen deiner Texte bezeichnen sie als absolut einfallslos und langweilig. Spiele in Gedanken durch, wie du denjenigen begegnest, die dir eine solche Rückmeldung geben.

Denk darüber nach, ob diese Situation wirklich so schlimm wäre, dass du sie nicht bewältigen könntest. Ist es nicht viel blöder, dass dich allein die Angst vor der Situation von deinem Tun abhält?

Frage dich als Nächstes: Was würde dich erwarten, wenn du die Angst Angst sein lässt und einfach weitermachst?

Es klingt banal, aber allein dieses Gedankenspiel kann dir helfen, eine Blockade zu überwinden. Denn die Übung verleiht dir Selbstvertrauen und die Gewissheit, dass deine Ängste sich auf Dinge beziehen, die vor allem in deinem Kopf stattfinden. Und du wirst sehen, so individuell der Umgang mit Blockaden ist, so individuell sind auch die Auslöser.

Du kannst wirklich nur gewinnen, wenn du dich deinen Ängsten stellst. Unterdrückst du sie weiter oder ignorierst sie einfach, werden sie oft noch viel größer. Das Löschen von unliebsamen Programmen funktioniert nämlich vielleicht bei einem Computer, aber nicht bei deinen Gedanken. Du kannst deine Programme jedoch umschreiben, wie wir bereits im Kapitel 2 gelernt haben. Stichwort: Neuroplastizität.

Auch Resilienz hilft dir beim Überwinden von temporären Haar-Seifen-Pfropfen im Waschbecken deines Lebens und bei kreativen Blockaden. Sicher kennst du Geschichten von Menschen, denen Schreckliches widerfahren ist und die dennoch den Weg zurück ins Leben gefunden haben. Das können Personen sein, die jemanden verloren haben, aber auch Menschen, die selbst ein Trauma erlitten haben. Hast du dir schon einmal Gedanken darüber gemacht, *weshalb* es manche Menschen gibt, die unerschütterlich wirken, egal was ihnen widerfährt? Die selbst nach schlimmen Erlebnissen oder schmerzhaften Verlusten den Lebensmut nicht verlieren? Grund dafür ist die Resilienz, die seelische Widerstandskraft.

In den 1950er-Jahren begann die amerikanische Psychologin Emmy Werner mit einer Langzeitstudie auf Hawaii.[81] Fast siebenhundert Kinder wählte sie für ihre Studie aus und untersuchte sie über die folgenden vierzig Jahre in Bezug auf ihre Lebensumstände und ihre Resilienz. Werner fand heraus, dass Kinder, die aus schwierigen Verhältnissen stammten, nicht automatisch zu gescheiterten Erwachsenen wurden, wovon man damals noch ausging. Stattdessen ergab ihre Studie, dass etwa dreißig Prozent der Befragten mit eher komplizierten oder prekären Startbedingungen dennoch ein erfülltes Leben führten. Werners Forschung leistete einen wichtigen Beitrag für unser heutiges Verständnis von Resilienz. Wir wissen mittlerweile, dass resiliente Menschen genauso viele Tiefschläge verkraften müssen wie nicht-resiliente, aber meist einen anderen Umgang damit finden und eine andere Konsequenz daraus ziehen: Mein Handeln hat trotz allem eine Wirkung. Ich kann mein Leben selbst in die Hand nehmen und erkenne einen Sinn darin.

Resiliente Menschen sind in der Lage, ihre Ziele und Träume realistisch einzuschätzen, haben in der Regel stabile zwischenmenschliche Beziehungen und verfügen über eine gute Selbstwahrnehmung. Sie wissen, dass nicht alles so bleiben muss, wie es jetzt ist, sondern dass ihr zuversichtliches Verhalten eine Veränderung der Lage bewirken kann.

Natürlich bedeutet Resilienz nicht, dass man sich zum Übermenschen entwickelt und jeder noch so großen Katastrophe ins Gesicht lacht. Manchmal passieren auch den psychisch Stabilsten unter uns schreckliche Dinge, von denen sie sich nicht erholen. Dabei gibt es keine objektive Bewertung, was schrecklich ist und was nicht. Denn selbst wenn einem resilienten Menschen Schlimmes widerfährt und er es wegsteckt, kann es sein, dass ihn das Schicksal eines anderen nachhaltig mitnimmt.

Gewusst wie

Kennst du in deinem Umfeld einen besonders resilienten Menschen? Jemanden, den nichts umhaut und der immer wieder die Kraft findet weiterzumachen? Was zeichnet diesen Menschen deiner Meinung nach aus? Wie schöpft er stets neuen Lebensmut? Frag ihn doch mal. Vielleicht ist es ihm selbst gar nicht bewusst, aber sicher wird er dir erklären können, weshalb er immer einmal mehr aufsteht, als er hingefallen ist. Resiliente Menschen kennen übrigens in der Regel ihre Kraftquellen recht gut. Was kannst du für dich aus diesem Gespräch mitnehmen? Welche persönlichen Kraftquellen kannst du für dich finden?

——————

Resilienz ist kein Zufall, sondern das Produkt eines komplexen Zusammenspiels unserer Erziehung, der sozialen Umwelt und individueller Persönlichkeitseigenschaften. Welche Gene die Resilienz beeinflussen, wird noch erforscht. Die Wissenschaft ist sich allerdings einig, dass sie trainiert werden kann.

Und diejenigen, die allen Konflikten aus dem Weg gehen und meinen, es müsse im Leben alles leicht verlaufen und sie könnten trotzdem am Ende jedes Tages zufrieden in den Sonnenuntergang reiten, trainieren sie nicht. Das Leben ist Yin und Yang. Es braucht beide Seiten der Medaille, um es in seiner Fülle und seinen Variationen wertschätzen zu können.

In diesem Buch geht es aber um Kreativität, warum sollst du dich also mit psychischer Widerstandskraft beschäftigen?

Weil Kreativität und Resilienz viel mehr miteinander zu tun haben, als man im ersten Moment denkt.

Egal, ob du beruflich oder hobbymäßig kreativ bist: Kreativität erfordert Widerstandsfähigkeit. Kreativität ist ein Abbild unserer Emotionen, wo du zum Beispiel auch mal Scham zulässt oder andere Empfindungen, die möglicherweise nicht so schön für dich sind. In der Kreativität spielst du die Klaviatur des Lebens – alle Emotionen werden durchlaufen! Du trittst in Kontakt mit deinem Inneren und erschaffst etwas, mit dem du auch eine gewisse Verletzlichkeit zeigst.

Warum klingen manche Songs fröhlich und manche eher traurig? Weil sie unterschiedliche Emotionen derer widerspiegeln, die sie komponiert oder interpretiert haben. Nicht jeder Teil des kreativen Prozesses macht Spaß, und das erfordert dann auch schon mal Durchhaltevermögen und Zuversicht. Oder *sisu*! Es wäre fatal, in den unschönen Momenten sofort aufzugeben.

Dein Inneres zu zeigen, macht dich angreifbar. Und das nicht nur, weil wir in einer Gesellschaft leben, in der wir andauernd von anderen bewertet werden. Der Musiker Sebastian Madsen weiß, wie sich das anfühlt. »Es gab eine Phase, in der es mir schwerfiel, von außen beurteilt zu werden. Künstler, die ihr Gesicht hinhalten, legen ihre Seele aufs Silbertablett und holen das Innerste aus sich raus. Und alle, die sagen: ›Es ist mir egal, wenn jemand schlecht darüber schreibt!‹, lügen, denn: Das ist verletzend. Man muss nur lernen, damit umzugehen.«

Sebastian und seine Band Madsen hatten es besonders mit dem zweiten Album schwer, da ihr erstes ein Überraschungserfolg gewesen war – für die Platte danach wurden sie von der Kritik regelrecht zerrissen. Wie ging er mit den negativen Bewertungen um? Indem er sich wieder auf den Punk Rock besann. Du hast richtig gehört. Mit dieser Musikrichtung hatte Sebastian nämlich einst angefangen. Deshalb wusste er: »Punk Rock bedeutet, dass man nicht allen gefallen *möchte*.«

Du musst kein gefeierter Popstar sein, um unter Erwartungsdruck zu stehen. Jeder, der in einem kreativen Umfeld arbeitet, weiß, dass die Ansprüche an sich, fortwährend Neues zu erschaffen, ganz schön aufs Gemüt schlagen können.

Auch Literatur-, Musik-, Film- oder Kunstschaffende, die mit ihrem Erstlingswerk zu Erfolg und Bekanntheit gekommen sind, wissen, wie sich das anfühlt: Man möchte den Erwartungen gerecht werden, eigentlich sogar eine Schippe drauflegen. Und das ist viel, viel schwieriger, wenn man es unter dem wachsamen Blick der Öffentlichkeit tut, als wenn man jahrelang an seinem Debüt herumbastelt und es dann überraschend von vielen Menschen gemocht wird. Vielleicht wird man auch aus Angst vor dem Erfolg nie mit seinem Werk fertig. Heute weiß die Psychologie, dass die Angst vor Erfolg genauso lähmend sein kann wie die Angst vor Misserfolg.

Das Gleiche gilt auch für die Little Cs, die Alltagskreativen. Im Prinzip kannst du das schon mit deinem Instagram-Account überprüfen oder hast es vielleicht sogar selbst schon erlebt. Du lädst ein schönes Foto hoch und bekommst dafür unzählige Likes. Sofort verspürst du (bewusst oder unbewusst) den Druck, beim nächsten Mal ein noch besseres, zumindest aber ebenso beliebtes Bild mit der Gemeinschaft zu teilen. So geht es auch dem Hobbykoch, der zu einem Abendessen Gäste einlädt und eine neue kulinarische Kreation auftischt, auf die sich alle sehr freuen. Wir werden schnell süchtig nach positivem Feedback. Auch verspüren viele von uns Unsicherheit, Angst und Erwartungsdruck, wenn sie sich kreativer Arbeit zuwenden. Erst mit zunehmender Routine erlangen wir Selbstvertrauen und stellen nicht mehr alles infrage, was wir fabrizieren. Natürlich braucht das Zeit – manchmal sogar Jahre oder Jahrzehnte, in denen man in seiner Domäne vor sich hin arbeitet, ohne wirklich an die Öffentlichkeit zu treten, was man im Grunde ja auch gar nicht muss. Wichtig ist es, authentisch zu sein, in sich hineinzuhorchen und sich selbst kennenzulernen.

Peter Wouda, Designchef bei Volkswagen, weiß, welche Bedeutung Resilienz im kreativen Prozess einnimmt: »Resilienz ist bei uns extrem wichtig. Es arbeiten Hunderte von Designern in unserem Unternehmen. Aber es werden nicht Hunderte von neuen Autodesigns jedes Jahr in Serie umgesetzt und produziert. Vieles von unserer Arbeit geht ins Archiv, in den ›Ideenspeicher‹. Es kann sogar sein, dass ein Team über ein Jahr an einem Auto arbeitet und das Projekt dann eingestellt und nicht weiterverfolgt wird. Die Gründe dafür sind mannigfaltig, und das, nachdem du sehr viel Energie und Zeit investiert hast. Die Ergebnisse darfst du nicht mal deinen Freunden und Bekannten zeigen, weil sie der Geheimhaltung unterliegen. Du hast also zunächst einmal scheinbar nichts erreicht. Aber du hast Erkenntnisse gewonnen und im Team neue Skills lernen können. Das macht dich zu einem noch besseren Designer.«

Um in Bezug auf sein künstlerisches oder kreatives Schaffen wirklich resilient zu werden, benötigt man mitunter einige Zeit. Es ist wichtig, Schritt für Schritt vorzugehen, Fortschritte wahrzunehmen und aus Fehlern zu lernen. Erinnerst du dich an Erna und Otto? Die Hobbymalerin und ihren wenig empathischen Ehemann, der ihre Bilder in der Gästetoilette aufhängen wollte? Erna hätte die harsche Kritik ihres Gatten besser wegstecken können, wenn sie mehr Resilienz und Selbstsicherheit in Bezug auf ihr zeichnerisches Können gehabt hätte – die sie möglicherweise durch längere Erfahrung bekommen hätte. Leider war sie sich selbst noch vollkommen unsicher, was ihre Malerei anging, und deshalb besonders empfänglich für die vernichtenden Worte Ottos. Das ist der Grund, warum sie seitdem nie wieder gemalt hat. Denn aus Ottos unsensibler Kritik wurden Glaubenssätze, die Erna seitdem immer wieder unbewusst wiederholt: *Ich kann nicht malen. Ich bin unbegabt. Ich mache mich lächerlich mit meinen Bildern.*

Kreative Ideen zu entwickeln, ist nur die eine Seite. Es braucht eine ordentliche Portion Mut und innere Widerstandskraft, um den Gegenwind, der von anderen kommt, auszuhalten oder zu ignorieren. Mittlerweile weiß man, dass Resilienz sehr viel mit Achtsamkeit zu tun hat – und wie du die trainieren kannst, weißt du ja aus dem letzten Kapitel. Denn in achtsamen Momenten sind wir nicht nur ganz bei uns, wir schaffen es auch, uns mit der Kritik von außen und innen nicht zu identifizieren.

Wir alle haben eine innere Stimme, die uns von Zeit zu Zeit Empfehlungen gibt oder Einschätzungen mitteilt. In den meisten Fällen ist sie gut und richtig, denn sie verrät uns, was wir wirklich wollen. Häufig ist die innere Stimme aber vom Außen dominiert, zum Beispiel durch Glaubenssätze eingefärbt, die wir im Laufe unseres Lebens aufgeschnappt und verinnerlicht haben, und zwar so sehr, dass wir sie von der echten inneren Stimme nicht mehr unterscheiden können. Es ist dann ein Ding der Unmöglichkeit, diese Stimme einfach zum Schweigen zu bringen oder die Sätze zu ignorieren, die sie uns einflüstern will. Darüber hinaus kann dieser Widerstand sehr viel Kraft kosten, mitunter so viel, dass es richtiggehend lähmt. Die kleinsten Hindernisse türmen sich so irgendwann zu gewaltigen Massiven auf, und wir haben keine Ahnung, wie wir sie überwinden sollen.

Sicher bist du auch schon Menschen begegnet, die so von Selbstzweifeln zerfressen waren, dass sie jedes Kompliment sofort in seine Einzelteile zerpflückten und sich beinahe schämten, wenn du etwas Nettes gesagt hast. Für Kritik sind sie hingegen meist empfänglicher, ungefähr so wie ein ausgetrockneter Boden bei der ersten Regenflut: Sie nehmen alles auf, jeden noch so belanglosen Kommentar, und bestätigen damit ihre eigene

Unsicherheit. *Hab ich es doch gewusst! Ich hab nix drauf, ich kann nichts, ich bin nichts ...*

Kennst du »Der Herr der Ringe«? Eine der Figuren heißt Gollum und ist ein unansehnliches Geschöpf, das in der Dunkelheit lebt und den Verlust seines Schatzes, des Rings, betrauert. Dieser Gollum hat eine gespaltene Persönlichkeit und hört immerzu zwei Stimmen in seinem Kopf: eine bösartige, gemeine, die durch den Einfluss des Ringes nur Schlechtes im Sinn hat, und eine freundliche, nachsichtige, die seinen früheren Charakter und die letzten Züge seiner Menschlichkeit darstellen soll. Manchmal, wenn wir an uns selbst zweifeln oder die Unsicherheit überhandnimmt, kommt uns unser innerer Monolog vielleicht vor wie die zwei Stimmen in Gollums Kopf, die ihm alle möglichen Dinge einflüstern wollen. Mach dir in diesen Momenten klar: Eine innere Stimme, die mir lediglich schadet, die mich aufhält, die verhindert, dass ich mich frei entfalten kann, ist in Wahrheit gar nicht meine Stimme. Es sind Glaubenssätze und Selbstzweifel, die durch mein Außen entstanden sind. Wenn man so will: Da spricht der Ring, nicht mein Selbst. Falls du den »Herrn der Ringe« nicht magst, kannst du dir auch ein Teufelchen auf der Schulter vorstellen, das dir schädigende Gedanken unterjubeln will. Jedes Bild hilft, das dir verdeutlicht: Das gehört nicht zu mir. Ich kann und darf es loslassen.

Wir neigen dazu, unsere Gedanken für die Wahrheit zu halten. Aber wir sollten nicht immer alles glauben, was wir denken. Außerdem gehört Scheitern zum kreativen Prozess und, na ja, zum Leben dazu. Wir meinen oft, dass wir das Risiko des Scheiterns minimieren können, indem wir Perfektionismus an den Tag legen – aber dieser ist, wie ich bereits erwähnte, eine Illusion. Wachstum bedeutet zwangsläufig, dass man sich aus der eigenen Komfortzone hinausbewegen muss, und das beinhaltet immer auch das Potenzial zu scheitern.

In Deutschland haben wir leider keine besonders wohlwollende Kultur des Scheiterns, die USA sind da tatsächlich fortschrittlicher. Beinahe jeder wirklich erfolgreiche Mensch weiß von mindestens einer großen Niederlage im Leben zu berichten. Die Kunst liegt darin, aus diesen vermeintlichen Rückschlägen zu lernen, neue Kraft zu schöpfen und Wachstum zu generieren. Ja, dafür braucht es eine gewisse Stabilität und Stärke, damit uns nicht die kleinste Erschütterung sofort umwirft. Und genau hier kommt die Resilienz ins Spiel. Sie ist ein Synonym für das Urvertrauen, dass es schon einen Weg aus der aktuellen Situation geben wird, selbst wenn er sich noch nicht gezeigt hat. Die meisten Dinge, die sich uns als Hindernisse in den Weg stellen, sind in Wahrheit nicht mehr als Schlaglöcher oder Geschwindigkeitsbegrenzer. »Wenn du denkst, es geht nicht mehr, kommt irgendwo ein Lichtlein her«, würde meine Großmutter dazu sagen, und die hat in ihrem Leben einige Widrigkeiten überwunden.

Es gibt immer eine, meistens sogar mehrere Möglichkeiten, Unwegsamkeiten hinter sich zu lassen. Du kannst um sie herumfahren, das Tempo drosseln und vorsichtig über sie rollen, Gas geben und mit Karacho drüberbrettern – oder stehen bleiben und dich fragen, wie du sie um Gottes willen überwinden sollst. Entscheide selbst, welche Möglichkeit für dich die richtige ist.

Mir ist vollkommen klar, dass ich mich gerade wie ein Mensch gewordener Abreißkalender anhöre. Und vielleicht denkst du dir auch: »Quatsch mich nicht voll! Zeig mir lieber, wie ich an diese Fähigkeit komme, optimal mit Niederlagen, Traumata, Krisen und Misserfolgen umzugehen.« Wenn du jetzt hören willst, dass das alles auf Knopfdruck oder allein durch den Besuch eines vielversprechenden Seminars klappt, muss ich dich leider enttäuschen. Eine Vielzahl von Faktoren hat Einfluss auf deine Resilienz. Nachhaltiges Training ist dennoch das Stichwort. Aber zunächst wollen wir herausfinden, wie es um deine vielleicht schon vorhandene Resilienz bestellt ist.

In der Psychologie wird von sieben Säulen der Resilienz gesprochen. Ich werde dir die Säulen nacheinander vorstellen, damit du überprüfen kannst, wie es bei dir in diesen Kategorien aussieht – wo du schon ganz gut dastehst und wo es eventuell noch Nachholbedarf gibt.

Die erste Säule der Resilienz ist der Optimismus – und zwar nicht das positive Denken generell, sondern die Zuversicht in Bezug darauf, einen Rückschlag hinter sich lassen zu können. Krisen bewältigen sich besser, wenn man den Glauben daran hat, dass sie zeitlich begrenzt sind und man an ihnen nicht zugrunde gehen wird. Klingt erschreckend simpel, ist aber ein elementarer Bestandteil des Ganzen. Wer einem Misserfolg pessimistisch und mit Schwarzmalerei begegnet, wird viel größere Schwierigkeiten haben, ihn hinter sich zu lassen und an ihm zu wachsen, als jemand, der seinen Optimismus nicht verliert. Niemand wird als Pessimist:in geboren. Zwar haben wir von Natur aus die Neigung, Risiken abzuwägen, Schmerz zu vermeiden und negative Ereignisse eher abzuspeichern als positive – aber das alles hat mit unserem Steinzeitgehirn zu tun, das uns davon abhalten will, pfeifend und krachend durchs Unterholz zu marschieren, wo eventuell der Säbelzahntiger auf sein Abendessen wartet. Diese Situation ist in der heutigen Welt eher selten zu erwarten – und trotzdem entwickeln sich manche von uns zu regelrechten Miesepetern, deren Glas grundsätzlich halb leer ist und die fest davon ausgehen, dass es das Leben nicht gut mit ihnen meint. Wieso? Kein Baby kommt pessimistisch auf die Welt, und Kinder sind es schon dreimal nicht. Wir sehen schwarz, weil das Leben und unsere Bezugspersonen, das Umfeld und unsere Sozialisation uns bestimmte Dinge gelehrt haben. Deswegen glauben wir mitunter, dass das Gras auf der anderen Seite grüner ist als das in unserem Vorgarten, dass das Wetter nur gut wird, wenn wir unseren Teller leer essen, und dass man den Tag nicht vor dem Abend loben darf, weil bis zur

Dämmerung immer noch alles schiefgehen kann. Es handelt sich dabei um Sätze, die uns mantraartig vorgekaut werden, bis sie zu unseren eigenen Glaubenssätzen werden.

Die gute Nachricht ist: Das muss nicht so sein. Jeder hat das Zeug dazu, mit Zuversicht durchs Leben zu gehen. Es ist eine Entscheidung, die man trifft, keine willkürliche Bestimmung deiner Gene oder eines weißhaarigen Mannes, der im Himmel auf einer Wolke sitzt und Charakterroulette spielt. Du kannst dich ändern – es gibt nur eine einzige Bedingung: Du musst es wollen.

Die zweite Eigenschaft, die man als resilienter Mensch braucht, ist Akzeptanz. In meinen Augen ist das ein essenzieller Baustein der Resilienz, der beinhaltet, dass man die schwierige Situation anerkennt. Ja, eine Trennung tut weh. Und ja, dass du deinen kleinen Laden schließen musstest, ist unfair und gemein. Vielleicht ist es sogar der schlimmste Schlag, den du in deinem Leben bisher einstecken musstest. Versuche dennoch anzuerkennen, dass es ist, wie es ist. Du kannst es nicht ändern, nur damit leben. Erst wenn du die Erkenntnis erlangt und akzeptiert hast, dass du manchmal einfach nichts dafürkannst (oder eben doch, aber das tut in dem Fall nichts zur Sache) und die Dinge nicht zu ändern vermagst, bist du in der Lage, gestärkt weiterzugehen.

Die nächste Säule der Resilienz beschreibt die Lösungsorientierung. Wir neigen dazu, gerade in Krisen, nach dem Warum zu fragen: Warum ich? Warum so? Warum, warum, warum? Es gibt auf diese Fragen keine Antworten. Also versuche, dich dem »Wie« zuzuwenden: Wie kann ich mich aus der Krise befreien? Wie gehe ich mit ihr um? Wie gehe ich aus ihr hervor? Wie löse ich mein Problem?

Es geht darum, mittels Kreativität den Handlungsspielraum zu vergrößern. Zum Beispiel dadurch, dass das Ziel so (um)formuliert wird, dass es erreichbar erscheint. Oder auch dadurch, dass nicht nur eine, sondern mehrere Lösungen akzeptiert werden. Das Problem kann so zum Motor der Kreativität werden. Ein kreativer (und resilienter) Umgang mit einem Problem kann schon darin bestehen, es nicht Problem, sondern Aufgabe oder Herausforderung zu nennen, weil der Begriff weniger negative Gefühle auslöst.

Womit wir beim vierten Bestandteil der Resilienz angekommen sind: dem Verlassen der Opferrolle. Es kann verführerisch wirken, die Verantwortung an andere abzugeben – allerdings nimmt man sich damit selbst alle Handlungsoptionen. Außerdem bringt es schlicht und ergreifend nichts. Klar, manchmal steht dein Leben vielleicht so sehr kopf, dass es unmöglich erscheint, die Opferrolle zu verlassen. Es ist aber meistens machbar. In der Psychologie spricht man auch von erlernter Hilflosigkeit. Damit wird das Phänomen beschrieben, wenn Menschen aufgrund negativer Erfahrungen der Meinung sind, keinen Einfluss auf ihre Lebenssituation mehr zu haben und nicht mehr dafür verantwortlich zu sein.

Zu einem resilienten Verhalten gehört, die Verantwortung für das eigene Handeln zu übernehmen. Ich weiß, das ist nicht immer leicht. Es bedeutet übrigens nicht, dass du dir das gesamte Leid der Welt auf die Schultern packen sollst und fortan wie der ultimative Sündenbock herumlaufen musst – das wäre auch viel mehr Opferhaltung, als dir guttut. Mit Verantwortung ist gemeint, dass du dich fragst: Was hätte ich anders machen können? Wie kann ich mein Leben verantwortungsvoll gestalten? Es geht bei dieser Säule darum, sich die eigene Verantwortung bewusst zu machen und diese zu übernehmen. Nicht weniger und auch nicht mehr als diese.

Die beiden letzten Bestandteile der Resilienz sind ein stabiles soziales Netzwerk – damit ist dein Umfeld gemeint und nicht nur die Anzahl deiner Follower auf diversen Onlineplattformen – und eine realistische Einschätzung der eigenen

Zukunft. Beide Werte sollten im Idealfall bereits in deinem Leben vorhanden sein. Und falls nicht? Dann lohnt es sich, so bald wie möglich daran zu arbeiten!

Resilienz ist im Alltag wirklich hilfreich. Denn resiliente Menschen erleiden keinen Nervenzusammenbruch, wenn der Urlaub abgesagt wird oder das Abendessen anbrennt. Sie ärgern sich vielleicht kurz, überlegen dann, welche Alternativen sie haben, lernen für die Zukunft und lassen los. Einen Rückschlag nehmen sie sich nicht so zu Herzen – sie sehen in ihm vielmehr die Möglichkeit, sich zu verbessern und es einfach wieder zu versuchen.

Brendan Leash ist Professor für Illustration in New York. Er erzählte mir einmal von einem Projekt im Rahmen seiner Ausbildung. Seinen damaligen Professor respektierte er nicht nur aufgrund seiner wertschätzenden didaktischen Art und Persönlichkeit, sondern auch wegen seiner Kunst – vor allem für sein Plattencover eines Ex-Beatles. Die Messlatte hing also ziemlich hoch. Die Reaktion des Professors auf einen von Brendans Entwürfen, die er ihm zeigte, lautete allerdings ganz nüchtern: »Das löst so gar nichts in mir aus.« Autsch! Das vielleicht Schlimmste, was hätte passieren können, passierte. Und dennoch blieb Brendan seiner Disziplin treu und hatte bis zuletzt einen guten Kontakt zu seinem Professor, von dem er im Übrigen immer noch in den höchsten Tönen spricht. Er lernte aus der Geschichte, dass ehrliche Kritik wichtig und richtig ist. Sein Entwurf scheiterte übrigens beim Auftraggeber, genau wie es sein Professor prophezeit hatte. Aber für einen beruflichen Werdegang können Rückschläge wie dieser gesund sein, auch wenn sie schmerzen, denn sie stärken uns. Der nächste Rückschlag wird dann mit Sicherheit weniger schlimm sein. Brendan erzählt bis heute all seinen Studierenden von diesem einschneidenden Erlebnis, das seinen eigenen Lehrstil geprägt hat.

Nicht jeder hat das Glück, mit einer großen Portion Resilienz ausgestattet zu sein. Ich komme an dieser Stelle noch einmal auf Erna und Otto zurück. Du weißt schon, die Hobbymalerin und ihr superempathischer Ehemann. Erna ist leider nicht besonders resilient, deswegen hat Ottos Kritik in ihrem Inneren für einen regelrechten Selbstkritik-Tornado gesorgt.

Na toll, ich fahre eine Woche in die Normandie und lerne malen, und dann zeige ich meinem Mann ein einziges Bild, und er lacht mich aus. Ich habe es doch gewusst, ich kann es nicht. O Gott, ist das peinlich! Ich schäme mich so. Ich habe einfach kein Talent, ich muss der Wahrheit ins Gesicht blicken. Und das Malen am Wochenende bei Ulla sage ich auch ab. Ich bin doch nicht bescheuert und mache mich gleich wieder zum Deppen! Vermutlich denkt die auch, dass ich zwei linke Hände habe, und amüsiert sich insgeheim über mich.

Nehmen wir an, Erna wäre resilienter. Wie hätte sie auf Ottos Kritik reagiert? Vielleicht so:

Meine Güte, Ottos Aussage hat mich ganz schön getroffen. Warum eigentlich? Bestimmt, weil ich noch so unsicher mit meinen Bildern bin. Ich weiß ja selbst, dass ich noch nicht so viel kann und da noch Luft nach oben ist. Und ein Renoir wird wohl auch nicht mehr aus mir. Aber deswegen mache ich das doch alles gar nicht. Und überhaupt, was juckt es die Eiche, wenn sich die Sau daran reibt? Mir doch egal, ob Otto die Bilder gefallen. Der kann ja selbst nicht mal einen geraden Strich malen. Vielleicht ist er auch nur neidisch, weil ich ein Hobby gefunden habe, das mir Spaß macht. Sei's drum. Zeige ich Otto die Bilder eben erst mal nicht mehr. Aber Ulla hat geschrieben, ob wir uns am Wochenende treffen und weitermalen. Super Idee! Die hat tolle Tipps und zeigt mir, wie ich besser werden kann. Wäre doch gelacht, wenn ich mir von Otto die Laune verderben lassen würde.

Schlechte Erfahrungen gehören zum Leben, man kann sie nicht verhindern. Wenn es uns aber gelingt, die negativen Empfindungen ebenfalls zu akzeptieren, können wir gerade an diesen Erfahrungen wachsen.

Alles hat sein Gutes

Die folgende Übung soll dir helfen, den Silberstreif am Horizont zu erkennen, auch wenn dir eigentlich zum Heulen zumute ist. Nehmen wir einmal an, dir widerfährt etwas Unangenehmes. Beispielsweise hast du bei der Firmenfeier nach einem Getränk zu viel die Karaokemaschine übernommen und eine selbst in deinen Ohren schreckliche Version vom Céline-Dion-Klassiker »All by Myself« geschmettert. Vor deiner Chefin und der gesamten Belegschaft. Es war peinlich und unangenehm, und selbst Wochen später sprechen dich die anderen noch darauf an. Wie gehst du damit um?

Bewerte die Situation neu und finde einen positiven Aspekt! Immerhin weiß jetzt jeder, wie du heißt und was du nicht kannst: singen.

Suche positive Bestärkung! Ganz sicher hat man nicht nur über dich gelacht, sondern auch deinen Mut bewundert, es überhaupt probiert zu haben. Nimm diese positive Rückmeldung unbedingt zur Kenntnis.

Löse das Problem! Neue Ideen zu entwickeln, stärkt das Selbstwertgefühl. Wie wäre es, wenn du für die nächste Weihnachtsfeier oder das Sommerfest ins Organisationskomitee der Firma gehst und den Abend mitgestaltest? Damit kannst du auch verhindern, dass wieder jemand eine Karaokemaschine leiht.

Nimm es mit Humor! Okay, dein Auftritt war zum Fürchten. Umso besser. Falls dir deine Chefin beim nächsten Meeting eine unliebsame Aufgabe aufs Auge drücken will, drohe ihr mit einem Augenzwinkern: »Ich kann das machen … doch dann werde ich vermutlich bei nächster Gelegenheit wieder singen müssen. Wollen Sie das?«

Je häufiger du Ansätze wie diese in kleinen Situationen des Alltags übst, desto besser werden sie dir in einer größeren Krise gelingen. Es ist schließlich noch kein Meister vom Himmel gefallen, weder beim Singen noch bei der Krisenbewältigung.

Manchmal gibt es keine bestimmte Krise, die uns unzufrieden macht, sondern wir sind »mit der Gesamtsituation unzufrieden«, wie es in der erfolgreichen deutschen Filmkomödie »Der Schuh des Manitu« heißt. Auch in diesen »globalen«, allumfassenden Krisenmomenten hilft es, einen Schritt zurückzutreten und die eigene Lage neutral zu bewerten. Was kannst du konkret tun, um deine Situation zu verändern? Wie möchtest du dich stattdessen fühlen? Was musst du dafür tun? Wen kannst du um Rat fragen? Wer kann dich unterstützen? Was sind Zwischenziele, und wo willst du langfristig hin? Welche Alternativen hast du? Worauf musst du dich einstellen? Wie du siehst, handelt es sich um Fragen, die einen Ausweg aus deiner Krise suchen – niemals eine Frage nach dem Warum. Du darfst dich in schwachen Momenten natürlich auch mal wie der größte Pechvogel von allen fühlen. Achte jedoch darauf, dass dieses Gefühl nicht zu deiner Grundhaltung wird. Wer nämlich als Pechvogel durchs Leben geht, erfährt sehr viel weniger Positives als jemand, der sich wie ein Stück Gummi immer wieder aufrichtet und in seine alte Form zurückfindet.

Die menschliche Kulturgeschichte ist übrigens voll von resilienten Figuren. Siegfried, der Drachentöter, Aschenputtel, Sindbad, Odysseus, David, der es mit dem Riesen Goliath aufnimmt, Tom Sawyer, Pippi Langstrumpf, Harry Potter … Stell dir mal bitte vor, J. K. Rowling hätte entschieden, aus Harry Potter einen nichtresilienten Jungen zu machen. Sie hätte bestimmt keine sieben Bände über ihn geschrieben. Lord Voldemort würde auch noch leben.

Menschen lieben Heldengeschichten. Wir bewundern diejenigen unter uns, die den Glauben an sich selbst nicht verlieren, egal wie hart ihnen der Wind ins Gesicht bläst. Dem kanadischen Psychologen Albert Bandura zufolge verfügen diese Personen über eine hohe Selbstwirksamkeitserwartung. Damit bezeichnet man das Vertrauen in sich selbst, ein bestimmtes Vorhaben erreichen zu können. Je selbstwirksamer wir uns fühlen, desto höher sind unsere Motivation und unser Selbstvertrauen.

Auch beim Thema Selbstwirksamkeit habe ich gute Nachrichten für dich: Genau wie die Resilienz kann man sie fördern. Dabei hilft es, den Blick auf das zu richten, was man bereits geschafft hat, sich klarzumachen, dass das aus eigener Kraft und nicht durch Zufall oder Glück gelungen ist, und sich gleichzeitig zu fragen, welche Fähigkeiten dafür notwendig waren. Auch der Blick auf andere kann aufschlussreich sein, aber bitte, ohne sich zu vergleichen: Wie haben es Personen in einer ähnlichen Situation geschafft, sich aus ihrer Lage zu befreien? Natürlich kommt es auch auf das persönliche Umfeld an, in dem man sich befindet: Gibt es Menschen, die mich bestärken oder ermutigen? Ist es sinnvoll, dem Schwarzmaler und Pessimisten von meiner Lage zu erzählen – möglicherweise wird er mich ja eher demotivieren? Kenne ich Problemlöser:innen und Optimist:innen, die mich mit guten Ideen und motivierenden

Ratschlägen versorgen können? Was hilft mir dabei, meine eigenen Fähigkeiten zu erkennen? Auch die bewusste Wahrnehmung der eigenen Gefühlswelt ist hilfreich. Anspannung und Aufregung, die wir oft als negativ empfinden, zeigen uns im Grunde einfach nur, dass uns etwas wichtig ist. Genau wie Wut und Trauer uns darauf hinweisen, dass unsere Werte verletzt wurden. Das alles sind Hinweisschilder, die es nicht zu ignorieren, sondern wertzuschätzen gilt.

Ich habe es bereits in einem der vorangegangenen Kapitel erklärt, aber es ist so wichtig, dass ich es noch einmal betonen möchte: Für den kreativen Prozess ist die Rückbesinnung auf die eigene Selbstwirksamkeit von allergrößter Bedeutung. Nur wer davon überzeugt ist, dass er eine gute Idee entwickeln oder kreative Arbeit leisten kann, ist in der Lage, seine Potenziale abzurufen, Hindernisse zu überwinden und genug Geduld aufzubringen, um bis zum Ende durchzuhalten.

Jaja, ich weiß. Abreißkalender. Aber weißt du was? Auch die Wissenschaft konnte mittlerweile bestätigen, dass wir mehr erreichen können, wenn wir uns auf unsere Stärken konzentrieren statt auf unsere Schwächen. 2012 wurden in Ohio Menschen mit Depressionen untersucht.[82] Dabei wandten die Forscher zwei unterschiedliche Therapieansätze an: Die Therapeut:innen von Gruppe A konzentrierten sich in den Gesprächen auf die Stärken und Ressourcen, die den Betroffenen zur Verfügung standen, die Therapeut:innen aus Gruppe B auf ihre Schwächen und darauf, wie sie sie kompensieren konnten. Vier Monate später fand man heraus, dass die Therapie, die sich auf die Stärken besonnen hatte, mehr Wirkung bei den Erkrankten zeigte, da sie sich zuversichtlicher und lebendiger fühlten.

Wer sich auf seine Stärken konzentriert, ist nicht nur optimistischer, sondern hat auch eine bessere Emotionsregulation, ist häufig körperlich gesünder und weist in der sozialen Kompetenz höhere Werte auf. Und klar, natürlich reagieren diese

Menschen auch in Krisen souveräner. Es sind mehr Ressourcen in Bezug auf Selbstvertrauen und Selbstwirksamkeit da, auf die Betroffene zurückgreifen können. Starke und selbstbewusste Personen entwickeln sich außerdem schneller und lernen Neues leichter. Du kannst es dir wie eine Pflanze in sehr guter, nährstoffreicher Erde vorstellen. Selbst mit derselben Portion Wasser am Tag wächst sie besser als eine Pflanze, die wenig Nährstoffe aus dem Boden bekommt. Und natürlich ist es eine Aufwärtsspirale: Wer sich vertraut, fühlt sich besser, leistet bessere Arbeit, vertraut sich deshalb noch mehr, fühlt sich noch besser und so weiter.

Peter Drucker, ein US-amerikanischer Ökonom österreichischer Herkunft, der vor allem in den 1940er- und 1950er-Jahren viele Bücher zum Thema Management schrieb, sagte einmal: »Man sollte so wenig Anstrengung wie möglich investieren, um Schwächen zu verbessern. Es braucht viel mehr Energie und Arbeit, um von Inkompetenz zu Mittelmaß zu kommen, als von guter Kompetenz zur Exzellenz.«[83] Also: Stärke lieber deine Stärken, als deine Schwächen zu bekämpfen. Und jetzt kommt's: Zum Stärken der Stärken ist kreative Arbeit besonders wirksam. Während wir unsere Emotionen verarbeiten und Neues ausprobieren, erleben wir, wie wir ein Werk aus uns heraus erschaffen, und stärken so das Vertrauen in unsere Fähigkeiten.

Was weder beim Stärken von Stärken noch beim Schwächen von Schwächen hilft, ist, sich durch den Prozess zu quälen. »Was uns nicht umbringt, macht uns härter« ist ein unsinniges Sprichwort, das viele von uns leider in ihre Glaubenssätze aufgenommen haben. Dranbleiben ist wichtig, aber über die eigenen Grenzen hinweg durchzuhalten und sich in eine Sache zu verbeißen, bringt rein gar nichts. Wir werden nicht widerstandsfähiger, wenn wir unsere Bedürfnisse ignorieren und uns überfordern, ganz im Gegenteil.

Wie du aus dem vorangegangenen Kapitel weißt, kann Achtsamkeit hilfreich sein, wenn es darum geht, wieder in deine innere Mitte zu kommen und die Wahrnehmung auf die Bereiche zu fokussieren, die dich stärken. Für diejenigen unter uns, für die das Glas immer halb leer ist, ist das möglicherweise eine weitere niederschmetternde Botschaft. »Ich muss also optimistisch werden? Wie denn, in einer Welt, in der alles den Bach runtergeht?«

Richte den Blick auf das Gute. Auf das, was schön ist. Nicht auf den nervigen Kollegen oder die zu laute Nachbarin, die die Türen in ihrer Wohnung schlägt, ohne Rücksicht auf andere im Haus. Du kennst das sicher: Konzentrierst du dich auf das, was dich nervt, bekommst du noch viel mehr davon. Und zwar nicht, weil es da oben irgendwer auf dich abgesehen hat oder das Universum dir absichtlich Böses wünscht. Sondern weil deine selektive Wahrnehmung sich verändert. Dein Bewusstsein sortiert die guten Dinge nämlich aus und verbeißt sich in dem Schlechten, das du erwartest. All deine Filter sind auf »Ich bin einfach ein Pechvogel« eingestellt. Wenn du also an jeder Ecke Kritik, Pech und Niederlagen vermutest, wirst du sie sehen! Und umgekehrt. In diesem Zusammenhang hast du bestimmt schon einmal von der »selbsterfüllenden Prophezeiung« gehört. Ein wesentlicher Mechanismus dabei ist, dass Menschen an ihre Vorhersage glauben und entsprechend so agieren, dass diese sich schließlich erfüllt. Gustav Gans ist nicht deswegen der glücklichste Bewohner von Entenhausen, weil er andauernd Münzen auf der Straße findet – sondern weil er weiß, dass das Leben es gut mit ihm meint, er nach den Münzen Ausschau hält und aufmerksam ist. Die Münzen liegen für alle Enten auf der Straße, aber nur Gustav Gans findet sie. Zufall? Ich glaube nicht. Fang damit an, den Scheinwerfer deiner Aufmerksamkeit auf die Münzen auf der Straße zu richten. Ich meine das übrigens im übertragenen Sinn, weil ich natürlich nicht möchte, dass du mit gesenktem Kopf durchs Leben läufst. Fang an, wie ein Optimist zu denken, selbst wenn du gerade noch keiner bist, denn das fördert auch deine Kreativität. Peter Wouda von VW sagte in unserem Gespräch: »Kreativität ist immer optimistisch – denn man geht davon aus, Lösungen zu finden.« Es erfordert ein bisschen Übung, aber wenn du sowieso gerade anfängst, dein Leben um Kreativität und Achtsamkeit zu bereichern, kannst du das doch gleich mit erledigen, oder?

—— Übung ——

Denken wie ein Optimist

Wie denkt man wie ein Optimist? Es ist im Grunde ganz einfach, wenn du folgende Tipps beachtest:

Fehler passieren. Anderen, aber auch dir. Sei nachsichtig. *Nobody's perfect.* Du übrigens auch nicht. Macht aber nix.

Hör auf zu jammern. Ernsthaft: Dein Wehklagen hilft niemandem. Es verführt dich vielmehr dazu, den Fokus auf das Schlechte zu legen. Hinfallen, aufstehen, Krone richten, weitermachen. Das ist dein Mantra.

Schlechte Tage gehören dazu. Das Gute ist aber, dass auch sie nur vierundzwanzig Stunden haben. Also geh früh ins Bett und hake den Tag gedanklich ab. Es bringt nichts, dir zusätzlich schlechte Gefühle aufzuerlegen. Die werden nämlich rein gar nichts an deiner Situation ändern.

Du kommst mit einem Verhalten oder einem Projekt nicht weiter? Ändere die Strategie! Such dir Hilfe, mach eine Pause, nimm einen anderen Weg. So beförderst du dich selbst aus der Abwärtsspirale. Frage dich außerdem, welche Fähigkeiten du erwerben wirst, während du deine Krise bewältigst. Das richtet den Blick auf die Zukunft und holt dich aus deinem Loch.

Raus aus dem Grübelkreislauf. Schreib stattdessen abends auf, was an diesem Tag gut gelaufen ist. Ja, es ist vielleicht mühsam. Mach es trotzdem. Es wird dir helfen.

Achtsamkeit kann dich dabei unterstützen, den Widrigkeiten des Alltags etwas entgegenzusetzen. Meditation ist hilfreich, jedoch nicht für jeden etwas. Wenn du aber auf dem Weg zur Arbeit zukünftig fünf Minuten mehr einplanst und nicht die Zeit im Nacken hast, sondern Raum schaffst für deine Empfindungen, während du deine Umwelt aktiv wahrnimmst, tust du dir auch schon etwas Gutes. Es gibt vielleicht zwitschernde Vögel, denen du lauschen kannst, oder das Geräusch des knirschenden Schnees unter deinen Schuhsohlen. Du kannst nicht verhindern, dass dir auch in Zukunft jemand die Vorfahrt nimmt. Doch mit einem achtsamen Verhalten bist du in der Lage, deine aufkommenden Gefühle besser zu verstehen.

Dein Selbstverständnis und deine Selbstwahrnehmung sind wichtige Faktoren, wenn du deine Resilienz verbessern willst. In der nachfolgenden Übung werden wir deinen bisherigen Erfolgen auf den Grund gehen und herausfinden, was alles Tolles in dir steckt.

Entdecke deine Resilienz

Beantworte die folgenden Fragen entweder gedanklich oder noch besser schriftlich:

Welche kleinen und großen Krisen hast du in deinem Leben bereits gemeistert?

Wenn eine Person, die dir nahesteht, fragen würde, dank welcher Fähigkeit dir das gelungen ist – was würdest du antworten?

Welche deiner bisherigen Strategien kannst du auf eine aktuelle Krise übertragen?

Was kannst du richtig gut? Schreibe mindestens zehn Dinge oder Fähigkeiten aus den Bereichen Beruf, Beziehungen und Hobbys auf.

Auf welche Fähigkeiten kannst du dich immer verlassen?

————

Oft haben wir das Gefühl, von Anforderungen überrollt zu werden. Priorisierung hilft, Entscheidungen zu treffen und zurück ins Handeln zu kommen. Wie häufig geht es wirklich ums Ganze? Wir neigen dazu, uns unter dem Druck von Anforderungen verrückt zu machen, dabei sind die wenigsten für unser Leben essenziell. Wohl dem, dem es gelingt, seine Prioritäten nicht vom Außen setzen zu lassen, sondern selbst zu entscheiden, was welche Wichtigkeit hat.

Wir sind am Ende unserer Reise durch das Land der Kreativität angelangt. Unterwegs hast du gelernt, dass du kreativem Schaffen in deinem Leben Raum geben darfst. Es ist vollkommen egal, ob das, was du strickst, nähst, kochst, singst oder schnitzt, am Ende des Tages Weltklasse ist. Denn für deine Persönlichkeit, deine Resilienz und dein persönliches Wohlbefinden kommt es allein auf den kreativen Prozess an. Das Produkt ist nebensächlich. Hab keine zu hohen Ansprüche an dich und erwarte keine Wunder. Selbst wenn Kreativität in deinem Alltag bereits eine größere, vielleicht sogar eine existenzielle Rolle spielt. Du bist ein Mensch, und Menschen machen Fehler. Wenn wir lernen, unsere Rückschläge und Niederlagen nicht als persönliches Versagen, sondern als Meilensteine auf unserem Lernweg zu begreifen, machen wir einen entscheidenden Schritt in Richtung Selbstvertrauen und Zufriedenheit.

Ich hoffe aber nicht nur, dass dieses Buch deine Zweifel in Bezug auf dein eigenes Schaffen zerstreuen konnte. Ich wünsche mir für dich, dass es dich gut unterhalten und vor allem inspiriert hat. Vergiss niemals: Jeder Mensch ist kreativ. Möglicherweise fehlt dir noch das Handwerkszeug, oder du suchst noch nach einem persönlichen Weg, wie du dich auf das Abenteuer Kreativität einlassen kannst. Ich kann dich nur dazu ermutigen, dich auszuprobieren, Neues zu wagen und einen Teil deiner Persönlichkeit kennenzulernen, der dir bislang vielleicht verborgen war.

Hast du Lust? Dann warte nicht länger.

Fang einfach an!

Danksagung

Danke an alle, die mich auf dieser spannenden Reise begleitet haben – danke für eure wertvolle Zeit und Inspiration.

Meinem Sohn – für seine unerschütterliche Weisheit. Alex Eß – für alles und immer. Meiner Familie, meinen Freundinnen und Freunden – für all die Unterstützung. Schön, dass ihr da seid!

Maren Ade, Frank Ferrer, Luke Howard, Brendan Leash, Bill Lloyd, Sebastian Madsen, Peter Wouda und allen anderen Kreativen, die mir in meinem Leben beruflich und privat begegnet sind – für all die inspirierenden Gespräche und Gedanken zum Thema Kreativität.

Danke an Meike Böttger, Isabella Hauber, Joachim Hentschel, Josefine Nowack, Frieda Oberlin, Claudia Pelzer, Andrea Poeschk, Pascal T., Silke Westera, Claudia Winkler, Daniel W., Claire Zeidler.

Besonderer Dank gilt Lisa Bitzer (aka der Fels in der Brandung).

Svenja Monert von Audible und Matthias Kühr von Amazon Publishing – für die Möglichkeit, dieses Hörbuch und Buch zu veröffentlichen.

Meiner Heimat und Kraftquelle, dem Allgäu.

Tanja Queckenstedt, im Dezember 2020

Quellenverzeichnis

1   Interview im Magazin von Andy Warhol (1979): https://www.interviewmagazine.com/culture/new-again-truman-capote-1

2   https://www.cutes-magazin.de/news/lieferanten/22-08-2019-mehr-als-die-haelfte-der-deutschen-ist-kreativ/ (abgerufen am 15.12.2020)

3   https://www.uni-trier.de/fileadmin/fb1/prof/PSY/HBF/jetztneu-24-30.pdf (abgerufen am 15.12.2020)

4   Csíkszentmihályi, M.: Kreativität: Wie Sie Ihre Grenzen überwinden und das Unmögliche schaffen. 2010. S. 529

5   Hennessey, B.; Amabile, T.: Creativity. Annual Review of Psychology 61. 2010. S. 561–598

6   Csíkszentmihályi, M.: Kreativität: Wie Sie Ihre Grenzen überwinden und das Unmögliche schaffen. 2010. S. 162

7   Lubart, T.: Creativity. In: Sternberg, R. (ed.): Thinking and Problem Solving. 1994. S. 290–323

8   Runco, M.; Jaeger, G.: The Standard Definition of Creativity. Creativity Research Journal. Vol. 24. 2012. S. 92–96

9   Csíkszentmihályi, M.: Kreativität: Wie Sie Ihre Grenzen überwinden und das Unmögliche schaffen. 2010. S. 18f.

10 Wirtz, M.: Konvergentes Denken. Dorsch, Lexikon der Psychologie. 2016. https://dorsch.hogrefe.com/stichwort/konvergentes-denken (abgerufen am 11.11.2020)

11 Wirtz, M.: Divergentes Denken. Dorsch, Lexikon der Psychologie. 2016. https://dorsch.hogrefe.com/stichwort/divergentes-denken (abgerufen am 11.11.2020)

12 Conner, T.; DeYoung, C.; Silvia, P.: Everyday creative activity as a path to flourishing. The Journal of Positive Psychology, 11. 2016. S. 1–9

13 https://www.deutschlandfunkkultur.de/mit-hilfe-vom-staat-islands-ueberlebenskuenstler.979.de.html?dram:article_id=325468 (abgerufen am 15.12.2020)

14 https://abi.de/data/File/Unterrichtsidee24/170108_PT_abi_U_U24_Kreativwirtschaft.pdf (abgerufen am 15.12.2020)

15 https://de.statista.com/statistik/daten/studie/38357/umfrage/anzahl-der-selbststaendigen-schriftsteller-innen-seit-2003/ (abgerufen am 15.12.2020)

16 Kerr, B., et al.: Creativity and Innovation in Iceland: Individual, Environmental, and Cultural Variables. Gifted and Talented International, 32. 2017. S. 27–43

17 Simonton, D.: Creativity from a Historiometric Perspective. In: Sternberg, R. (ed.): Handbook of Creativity. 1999. S. 116–136

18 Jauk, E.; Benedek, M.; Neubauer, A.: The Road to Creative Achievement: A Latent Variable Model of Ability and Personality Predictors. European Journal of Personality. 2014, 28(1). S. 95–105

19 Weisberg, R. W.: Creativity: Understanding Innovation in Problem Solving, Science, Invention, and the Arts. 2006. S. 212

20 Macnamara, B.; Hambrick, D.; Oswald, F.: Deliberate Practice and Performance in Music, Games, Sports, Education, and Professions: A Meta-Analysis. Psychological Science, 25. 2014. S. 1608–1618

21 Guilford, J.: Creativity. The American Psychologist, 5(9). 1950. S. 444–454

22 Aziz-Zadeh, L.; Liew, S.-L.; Dandekar, F.: Exploring the neural correlates of visual creativity. Social Cognitive and Affective Neuroscience, 8(4). 2013. S. 475–480

23 Dietrich, A.; Kanso, R.: A Review of EEG, ERP, and Neuroimaging Studies of Creativity and Insight. Psychological Bulletin, 136(5). 2010. S. 822–848

24 Men, W., et al.: The Corpus Callosum of Albert Einstein's Brain: Another Clue to His High Intelligence? Brain, 137(4). 2014. S. e268

25 Limb, C.; Braun, A.: Neural Substrates of Spontaneous Musical Performance: An fMRI Study of Jazz. PLoS ON. 2008.

26 McPherson, M., et al.: Emotional Intent Modulates The Neural Substrates of Creativity: An fMRI Study of Emotionally Targeted Improvisation in Jazz Musicians. Sci Rep, 6(18460). 2016.

27 Durante, D.; Dunson D.: Bayesian Inference and Testing of Group Differences in Brain Networks. Bayesian Analysis. First online Nov. 2016

28 https://psychologie.uni-graz.at/de/neuigkeiten/detail/article/synapsen-swing-2/ (abgerufen am 15.12.2020)

29 Raichle, A., et al.: A default mode of brain function. Proceedings of the National Academy of Sciences, 98 (2). 2001. S. 676–682

30 Das Dilemma mit den sozialen Medien. 2020. https://www.netflix.com/de/title/81254224 (abgerufen am 15.12.2020)

31 Cousijn, J., et al.: The Relation between Resting State Connectivity and Creativity in Adolescents before and after Training. PLoS ONE, 9(9). 2014. S. e105780

32 https://www.dasgehirn.info/handeln/schlaf-und-traum/irrte-freud (abgerufen am 15.12.2020)

33 Baird, B., et al.: Inspired by Distraction: Mind Wandering Facilitates Creative Incubation. Psychological Science, 23(10). 2012. S. 1117–1122

34 Wilson, T., et al.: Just think: The Challenges of the Disengaged Mind. Science, 345 (6192) 2014. S. 75–77

35 Meyer, M., et al.: Creative Expertise is Associated With Transcending the Here and Now. Journal of Personality and Social Psychology, 116(4). 2019. S. 483–494

36 Locke, E.; Latham, G.: A Theory of Goal-Setting and Task Performance. 1990.

37 Deci, E.; Koestner, R.; Ryan, R.: A Meta-Analytic Review of Experiments Examining the Effects of Extrinsic Rewards on Intrinsic Motivation. Psychological Bulletin, 125(6). 1999. S. 627–668

38 Cameron, J.; Banko, K.; Pierce, W.: Pervasive Negative Effects of Rewards on Intrinsic Motivation. The Myth Continues. The Behavior Analyst, 24. 2001. S. 1–44

39 Stangl, W.: Motivation. Online Lexikon für Psychologie und Pädagogik. 2020. https://lexikon.stangl.eu/337/motivation/ (abgerufen am 18.11.2020)

40 https://www.praktischarzt.de/ratgeber/zu-wenig-schlaf-schlafmangel/ (abgerufen am 15.12.2020)

41 Threadgold, E., et al.: Background Music Stints Creativity: Evidence from Compound Remote Associate Tasks. Applied Cognitive Psychology, 33(5). 2019. S. 873–888

42 Wallas, G.: The Art of Thought. 1926.

43 Hasel, V.: Der tanzende Direktor: Lernen in der besten Schule der Welt. 2019.

44 Sternberg, R.: In Search of the Human Mind. 1995.

45 Weinberg, B.; Galenson, D.: Creative Careers: The Life Cycles of Nobel Laureates in Economics. De Economist, 167. 2019. S. 221–239

46 Oppezzo, M.; Schwartz, D.: Give Your Ideas Some Legs: The Positive Effect of Walking on Creative Thinking. Journal of Experimental Psychology: Learning, Memory and Cognition. 40(4). 2014. S. 1142–1152

47 Werth, L., et al.: Psychologische Befunde zu Licht und seiner Wirkung auf den Menschen – ein Überblick. Bauphysik, 35(3). 2013. S. 193–204

48 Csíkszentmihályi, M.: Das Flow-Erlebnis. Jenseits von Angst und Langeweile: im Tun aufgehen. 1987.

49 https://www.dw.com/de/die-suche-nach-der-kreativit%C3%A4t-im-gehirn/a-41638971 (abgerufen am 15.12.2020)

50 Thrash, T.; Elliot, A.: Inspiration as a Psychological Construct. Journal of Personality and Social Psychology, 84(4). 2003. S. 871–889

51 Peifer, C., et al.: Cortisol Effects on Flow-Experience. Psychopharmacology, 232(6). 2015. S. 1165–1173

52 Engeser, S.; Rheinberg, F.: Flow, Performance and Moderators of Challenge-Skill Balance. Motivation and Emotion, 32. 2008. S. 158–172

53 Schüler, J.; Brunner, S.: The rewarding effect of flow experience on performance in a marathon race. Psychology of Sport and Exercise, 10. 2009. S. 168–174

54 Peifer C., et al.: The Relation of Flow-Experience and Physiological Arousal Under Stress – Can U Shape It? Journal of Experimental Social Psychology, 53. 2014. S. 62–69

55 https://www.geo.de/geolino/mensch/15699-rtkl-tipps-der-stars-was-gegen-lampenfieber-wirklich-hilft (abgerufen am 15.12.2020)

56 https://www.psychologytoday.com/us/blog/understand-other-people/201503/overcoming-fear-public-speaking (abgerufen am 15.12.2020)

57 Lazarus, R.; Folkman, S.: Stress, Appraisal, and Coping. 1984. S. 44, 53.

58 Brooks, A.: Get excited: Reappraising Pre-Performance Anxiety as Excitement. Journal of Experimental Psychology: General, 143(3). 2014. S. 1144–1158

59 Yerkes, R.; Dodson, J.: The Relation of Strength of Stimulus to Rapidity of Habit-Formation. Journal of Comparative Neurology and Psychology, 18. 1908. S. 459–482

60 Ludwig-Maximilians-Universität München: Smartphone- und IoT-Verbrauchertrends 2017. https://www.presseportal.de/pm/112066/3638753 (abgerufen am 9.12.2020)

61 Grant, S.; Langan-Fox, J.: Personality and the Occupational Stressor-Strain Relationship: The Role of the Big Five. Journal of Occupational Health Psychology, 12(1). 2007. S. 20–33

62 Amabile, T., et al.: Time Pressure and Creativity in Organizations: A Longitudinal Field Study. Harvard Business School Working Paper, 02-073. 2002

63 Ritter, S.; Dijksterhuis, A.: Creativity – the unconscious foundations of the incubation period. Frontiers in human neuroscience, 8. 2014. S. 215

64 Conner, T.; DeYoung, C.; Silvia, P.: Everyday creative activity as a path to flourishing. The Journal of Positive Psychology, 11. 2016. S. 1–9

65 Kaimal, G.; Ray, K.; Muniz, J.: Reduction of Cortisol Levels and Participants' Responses Following Art Making. Journal of the American Art Therapy Association, 33. 2016. S. 74–80

66 https://www.ox.ac.uk/research/choir-singing-improves-health-happiness-%E2%80%93-and-perfect-icebreaker (abgerufen am 15.12.2020)

67 https://www.br.de/radio/bayern1/singen-102.html#:~:text=Dass%20Singen%20die%20Stimmung%20verbessert,und%20verbessert%20damit%20unseren%20Gef%C3%BChlszustand (abgerufen am 15.12.2020)

68 Brown, B.: Interview mit Chase Jarvis. Chase Jarvis LIVE. 10.4.2014 https://www.youtube.com/watch?v=kAk4cwjvJ0A&feature=emb_logo (abgerufen am 27.1.2021)

69 https://www.deutschlandfunknova.de/beitrag/achtsamkeit-kreativ-durch-achtsamkeit (abgerufen am 15.12.2020)

70 https://www.youtube.com/watch?v=xSFMkJQKigk (abgerufen am 15.12.2020)

71 Kabat-Zinn, J.: An Outpatient Program in Behavioral Medicine for Chronic Pain Patients Based on the Practice of Mindfulness Meditation: Theoretical Considerations and Preliminary Results. General Hospital Psychiatry, 4(1). 1982. S. 33–47

72 Colzato, L.; Szapora, A.; Hommel, B.: Meditate to Create: The Impact of Focused-Attention and Open-Monitoring Training on Convergent and Divergent Thinking. Frontiers in Psychology, 3(116). 2012.

73 Hanson, R.: Denken wie ein Buddha. Gelassenheit und innere Stärke durch Acht-
    samkeit. 2013. S. 41

74 Killingsworth, M.; Gilbert, D.: A Wandering Mind Is an Unhappy Mind. Science,
    330(6006). 2010. S. 932

75 https://www.derstandard.at/2000062904278/Om-oder-Amen-Warum-Medita-
    tion-und-Gebete-gesund-sind (abgerufen am 15.12.2020)

76 Emmons, R.; McCullough, M.: Counting Blessings Versus Burdens: An Experi-
    mental Investigation of Gratitude and Subjective Well-Being in Daily Life. Journal
    of Personality and Social Psychology, 84(2). 2003. S. 377–389

77 Hölzel B., et al.: How Does Mindfulness Meditation Work? Proposing Mechanisms
    of Action From a Conceptual and Neural Perspective. Perspectives on Psychological
    Science, 6(6). 2011. S. 537–559

78 Berkovich-Ohana, A., et al.: Creativity Is Enhanced by Long-Term Mind-
    fulness Training and Is Negatively Correlated with Trait Default-Mode-Related
    Low-Gamma Inter-Hemispheric Connectivity. Mindfulness, 8(3). 2017.
    S. 717–727

79 Kornfield, J.: Offen wie der Himmel, weit wie das Meer. 2006. S. 174.

80 https://worldhappiness.report/news/its-a-three-peat-finland-keeps-top-spot-as-hap-
    piest-country-in-world/ (abgerufen am 11.1.2021)

81 Werner, E.: Overcoming the Odds: High Risk Children from Birth to Adulthood.
    1992.

82 Cheavens, J., et al.: The compensation and capitalization models: a test of two
    approaches to individualizing the treatment of depression. Behaviour Research and
    Therapy, 50(11). 2012. S. 699–706

83 Im Original: »One should waste as little effort as possible on improving areas of
    low competence. It takes far more energy and work to improve from incompetence
    to mediocrity than it takes to improve from first-rate performance to excellence.«
    Drucker, P.: Managing Oneself. 2008. S. 9

Sample

Not For Resale

Printed in Germany
by Amazon Distribution
GmbH, Leipzig

26681580R00161